Symptomensammlungen homöopathischer Arzneimittel

Heft 3

Lilium

von Dr. med. Georg v. Keller, Tübingen

KARL F. HAUG VERLAG · HEIDELBERG

© 1973 Karl F. Haug Verlag, Heidelberg
Alle Rechte, einschließlich derjenigen der photomechanischen Wiedergabe
und des auszugsweisen Nachdrucks vorbehalten.
Verlags-Nr. 7218
ISBN 3–7760–0245–X

Druck: Fotodruck Präzis · B. v. Spangenberg KG · Tübingen.

Vorwort

Mancher Leser mag sich darüber wundern, daß ich bei der Zusammenstellung dieser Sammlungen so viel Fleiß und Mühe auf scheinbar unwichtige Kleinigkeiten verwandt habe. Ich möchte deshalb hier beginnen, einzelne Fälle aus meiner Praxis und den dazugehörigen Weg der Mittelfindung zu schildern, um zu zeigen, warum es darauf ankommt, den genauen Wortlaut der einzelnen Symptome zu kennen.

Im Beginn dieses Jahres klagte eine meiner Patientinnen (adipös, 47 Jahre, dunkelblond) erstmalig über Beschwerden, die keine Selbstheilungstendenz zeigten. Der Symptomenkomplex wurde von der Patientin selbst viel ernster genommen als frühere, immer bald von selbst vorübergehende Beschwerden verschiedener Art. Sie äußerte sich über diese neuen Schmerzen folgendermaßen: „Ich fühle mich durch sie bedroht, nicht nur belästigt."

Es handelte sich um Schmerzen, die nur bei Anstrengung, zum Beispiel bei Überwindung eines geringen Höhenunterschiedes auftraten. Auch bemerkte die Patientin diese Schmerzen nur nach 13 Uhr, niemals am Vormittag. Wenn sie diese Schmerzen nicht hatte, fühlte sie sich vollkommen wohl. Die Schmerzen waren nicht im Herzen, sondern, nach Angabe der Patientin, in der Hauptschlagader lokalisiert, nämlich hinter und unter der Halsgrube im Inneren der Brust, auch hinter dem linken Schlüsselbein bis zur hinteren Rachenwand und in den linken Arm ausstrahlend, und zwar ausgesprochen in die *Knochen* des linken Armes, bis vor in die Finger. Die Schmerzen in der Hauptschlagader wurden als Ausdehnungsgefühl empfunden, so, als wäre die Hauptschlagader erweitert, oder vielmehr, als *würde* sie von innen her *gewaltsam erweitert* und ausgedehnt. In der Rachenhinterwand fühlte sie gleichzeitig ein Brennen tief innen, in den Knochen des linken Armes ein Brennen und Bohren. Sie fühlte sich zwar bedroht durch diese Schmerzen, hatte aber keine ausgesprochenen Angstgefühle.

Ich erinnerte mich, daß Asa foetida Ausdehnungsgefühl und Knochenschmerzen hat. Um sicher zu gehen, daß ich kein ähnlicheres Mittel übersehe, suchte ich mit Hilfe der Repertorien die Mittel heraus, die „Ausdehnung" oder „Druck von innen nach außen" in der Brust haben. Von diesen 23 Mitteln hatten nur 6 auch Knochenschmerzen: Argentum, Asa foetida, China, Ledum, Silicea und Valeriana. Fünf Mittel konnte ich nach kurzer Betrachtung ausschließen, während Asa foetida, je genauer ich die Symptome in den verschiedenen Quellen studierte, desto sicherer das ähnlichste Mittel blieb. Ich gab Asa foetida LM VI und hatte die Genugtuung, daß die Beschwerden innerhalb weniger Tage verschwanden und nicht wieder aufgetreten sind.

Die einzelnen, auf den Fall bezüglichen Symptome der Asa foetida sind folgende:

Prüfungsbericht *Franz*, SAC 1.3.187:
Nach 5 Stunden: Drücken in den linken Rippenmuskeln von innen nach außen, welches sich beim Ein- und Ausatmen verstärkt. Am ersten Tag: Ziehen längs der linken Halsseite herab bei Bewegung. – Am Schulterende des Schlüsselbeines, ein drückender Schmerz. – Große Mattigkeit bei Bewegung, so lange er still liegt oder steht, fühlt er sich munter und stark. Nach 26 Stunden:

Drückende Schmerzen in der rechten Brustseite von innen nach außen. — Stiche im linken Schultergelenke von innen heraus. — Stechender Schmerz in der inneren Seite des linken Oberarmes. — Feiner Stich im Ellbogen. Nach 63 und 64 Stunden: Mit Beengung des Halses Drücken in der Brust. — Nach dem Rachen dringendes Stechen in der Brusthöhle. — Drückendes Pochen in der Brusthöhle, nach dem Rachen zu dringend. — Feiner, langer Stich bis in die Ellbogenbeuge. — Spitzig stechendes Brennen in die Spitze des linken Zeigefingers. Ohne Zeitangabe: Bohrendes Stechen in der linken Brusthöhle von innen heraus.

Prüfungsbericht *Joerg,* Allens Encyclopedia:
Kongestion und Ausdehnung des Herzens. — Drückender Schmerz in der Gegend des Herzens, als sei es überfüllt. — Drücken und Brennen in Speiseröhre und Hals, ähnlich wie Sodbrennen.

Prüfungsbericht *Lembke,* NZK 13.129:
1. Tag: Starkes Drücken im Gelenk des linken Daumens und später in den Gelenken der anderen Finger. — Drücken im Brustbein. 2. Tag: Drückende Schmerzen in dem linken Brustkasten, in den Ellenbogengelenken, links unter dem Schulterblatt, in den Händen, Schultern.

Aus Herings Guiding Symptoms:
Brennen, gefolgt von Wundheit, im Rachen. — Gefühl, als sei das Herz geschwollen, als wolle das Herz bersten. Druck in der Herzgegend, als sei das Herz zu voll und ausgedehnt. — Manchmal Gefühl, als sei das Herz fest zusammengebunden, als könne es nicht schlagen, später nur bei Anstrengung oder beim Gehen.

Behandlungsbericht *Baudis,* SAC 6.3.112:
Ziehen längs der linken Halsseite herab, bei der Bewegung. Drückendes Stechen in der Brusthöhle beim Sitzen. Ziehender Schmerz längs dem Oberarm herab bis zum Ellbogengelenke, Reißen in dem Vorderarm bis zu den Fingerspitzen.

Behandlungsbericht *Kurtz,* AHZ 31.18:
Charakteristisch ist der am gewöhnlichsten brennend stechende Schmerz, der stets von innen nach außen geht.

Behandlungsbericht *v. Villers,* ZKH 1.15:
Die aus den verschiedensten Empfindungen zusammengesetzten Schmerzen treten absatzweise auf, sie treten zu den verschiedensten Stunden mit großer Heftigkeit ein, während Pat. sich einen Teil des Tages ganz frei davon fühlte.

Behandlungsbericht *Lobethal,* AHZ 201.331:
Asthma, durch jede körperliche Anstrengung hervorgerufen.

Vergleicht man die beiden Symptomenreihen miteinander, findet man eine ganz unerwartete Übereinstimmung nicht nur der Empfindung und der Lokalisation, sondern auch der Modalitäten und Begleitsymptome. Sogar das Auftreten der Schmerzen bei Anstrengung, und nur bei Anstrengung, das sich wohl Fühlen in den Zwischenzeiten und das gleichzeitige Auftreten von Brust- und Halsschmerzen sind schon notiert worden.

Wie deutlich in diesem Falle Asa foetida angezeigt ist, geht auch aus dem Vergleich mit den Symptomen der anderen in Frage kommenden Mittel hervor. In der folgenden Zusammenstellung sind alle Symptome enthalten, die bei dem betreffenden Mittel überhaupt auf den Krankheitsfall Bezug haben, man sieht deutlich, daß nicht einmal eine ähnliche Empfindung gefunden werden kann.

Argentum: In der rechten Brust von innen heraus, ein fast minutenlanger, so heftiger Stich, daß er weder ein- noch ausatmen konnte. — Feine Stiche innerhalb des oberen Teils des Brustbeines, von innen heraus, beim Tiefatmen, unter der zweiten bis dritten Rippe rechts.
China: Scharfe Stiche in der Brusthöhle von innen nach außen, in der Gegend der 6. und 7. wahren Rippe. — Taktmäßige stumpfe Stiche von innen heraus in der Brusthöhle. — Scharfe Stiche neben der rechten Brustwarze von innen nach außen.

Ledum: Harter Druck von innen nach außen, eine Handbreit unter der rechten Brustwarze, beim Ausatmen heftiger, früh im Bette.

Silicea: Beklemmung der Brust, als würde ihm der Hals zugeschnürt.

Valeriana: Plötzliche Stiche in der Brust und in der Lebergegend von innen nach außen. — Heftige Stiche und Druck von innen nach außen in der Gegend der letzten wahren Rippen. — Dumpfer Stich, ähnlich einem Druck von innen nach außen, in der linken Brustseite unter der Achselhöhle.

Ich glaube auf diese Weise deutlich gemacht zu haben, warum es notwendig ist, für solche Vergleiche alle vorhandenen Quellen zur Verfügung zu haben und den genauen Wortlaut aller Symptome nachschlagen zu können.

Dieses Vergleichen der Symptome der in Frage kommenden Mittel mit den Krankheitssymptomen ist das A und O unserer Tätigkeit. Weil aber die meisten von uns nicht die Möglichkeit haben, die Symptome aus der gesamten homöopathischen Literatur oder wenigstens aus den größeren Sammelwerken herauszusuchen und mit dem Krankheitsfall zu vergleichen, unterbleibt diese Tätigkeit meistens in der Praxis, wir begnügen uns dann mit dem Repertorisieren allein und gewinnen infolgedessen nie die Sicherheit, mit der die alten klassischen Homöopathen ihre Mittelwahl getroffen haben. Denn das ausschließliche Repertorisieren ist nicht nur wesentlich unsicherer im Erfolg, es bildet auch nicht den Arzt weiter für die Behandlung späterer Fälle. Jeder Fall, mit dem ich die in Frage kommenden Mittel vergleiche, bleibt fruchtbar in meinem Gedächtnis haften, die Arzneimittelbilder stehen bald lebendig vor mir und ich kann nach einigen Jahren oft fast intuitiv das richtige Mittel erkennen. Intuition ist nicht der richtige Ausdruck, es handelt sich einfach um ein unbewußtes schnelles Vergleichen der in Frage kommenden Mittel. Diese Fähigkeit kann sich aber nur dann ausbilden, wenn man nicht nur mechanisch nach Wertzahlen repertorisiert, sondern wenn man täglich wenigstens einige Fälle in der gezeigten Weise bearbeitet.

Quellenverzeichnis

Nach dem Wortlaut eines jeden Symptoms folgt die Quellenbezeichnung in kleiner Kursivschrift. Quellenbezeichnungen ohne Zeitangabe enthalten meistens einen kurzen Bindestrich. Die Ziffer oder der Buchstabe vor diesem Bindestrich steht für die Quelle nach der unten stehenden Liste, die Zahl nach dem Bindestrich ist die Nummer des Symptoms in den Prüfungsberichten oder des Falles in den Krankheitsberichten.

Zeitangaben stehen zwischen zwei langen Bindestrichen in der Mitte der Quellenbezeichnung. Bei Lilium erfolgen die Zeitangaben in Tagen. Dabei bedeutet: *m:* morgens, *v:* vormittags, *M:* mittags, *n:* nachmittags, *a:* abends, *N:* nachts.

6—7a—33G,133,256 oder *6G,6,6—7a—33,133,256* bedeutet also, daß es sich um drei Symptome mit den Nummern 33, 133 und 256 des Prüfers Nr. 6 handelt, die alle gleichzeitig am Abend des siebenten Tages nach Beginn der Prüfung aufgetreten sind, und daß das Symptom Nr. 33 in Herings Guiding Symptoms erwähnt worden ist.

Ziffern an erster Stelle einer Quellenbezeichnung besagen, daß das Symptom aus einer Prüfung an Gesunden stammt. Kleinbuchstaben stehen für Heilungsberichte. Auf Ziffern, Zahlen oder Kleinbuchstaben folgende Großbuchstaben bedeuten eine Hervorhebung in einem der großen Sammelwerke.

Abkürzungen

AHZ: Allgemeine homöopathische Zeitung. **HRC**: The Homoeopathic Recorder. **MHR**: The Monthly Homoeopathic Review. **ORG**: The Organon. **VAC**: Archiv für Homöopathie (Alexander Villers). **ZBV**: Zeitschrift des Berliner Vereins homöopathischer Ärzte. **ZKH**: Zeitschrift für klassische Homöopathie und Arzneipotenzierung.

Prüfungsberichte

1 Vergiftungsfall: Ein kleines Mädchen steckte Blütenstaub einer Lilie in ihr rechtes Nasenloch, nach 4 Stunden wurden Opiumtinktur und Branntwein angewendet. Tod nach 59 Stunden. *Dr. R.T.Warren*, Bost. Med. and Surg. Journ. 67.279, 1862.
2 Dr. S. P. Graves nahm 2 mal 5 Tropfen einer D3.
3 Dr. J. P. Savage (leidet unter nervösen Kopfschmerzen, sonst gesund) nahm am ersten Tag 30 gtt. der Tinktur um 15^{30}, 19^{30} und 21^{30}, am zweiten Tag um 11^{30} und 11^{45} und am 4. Tag um 19^{30}.
4 F. G. Barker, 3o Jahre alt, nahm am ersten Tag um 20^{00} 6 Tropfen der Tinktur, am zweiten Tag am Nachmittag 2 mal 8 Tropfen, am 4. Tag um 5^{40} ebenfalls 8 Tropfen und am 5. Tag um 6^{30} 12 Tropfen.
5 Miss Y., 42 Jahre alt, hatte die letzten zwei Jahre nicht mehr menstruiert, war aber immer guter Gesundheit; nahm am ersten, zweiten und dritten Tag um 8^{30} je 5 Tropfen Tinktur, vom 4. bis 13. Tag täglich 10 Tropfen, am 14. Tag 25 Tropfen, am 18. und am 24. Tag 30 Tropfen.

Quellenverzeichnis

5' Dieselbe Prüferin nahm von der D1 am ersten Tag 15 Tropfen, am zweiten Tag 2 mal 15 Tropfen, am dritten Tag 2 mal 20 Tropfen, am 5. und 6. Tag 5 Tropfen und am 1o. und 13. Tag 30 Tropfen.
6 Miss F., 55 Jahre alt, nahm am 1., 8., 11. und 15. Tag die C300, am 21., 23., 25. und 29. Tag die C5.
7 Miss N. W. nahm vom 1. bis 4. Tag 3 Tropfen der D3 2 mal täglich, am 7. bis 10. Tag die D3o.
8 Miss S.A.F. nahm eine Viertelunze. Zwei Wochen lang keine Symptome.
9 Mrs. C.L.B. nahm 6 Tage lang 2 mal täglich die D3.
10 Mrs. B. nahm 5 Tage lang täglich 5 Tropfen, nach einem Monat einmal 12 Tropfen (?).
11 Mrs. J.F. nahm am ersten Tag von der D3 2 mal 5 Tropfen, am zweiten Tag 2 mal 8 Tropfen, am dritten Tag 3 mal 16 Tropfen und am 14. Tag 12 Tropfen.
12 Mrs. L.B.C. nahm eine Woche lang von der D3 morgens und abends 5 Tropfen, dann eine Woche lang die doppelte Dosis.
13 Dr. Samuel Lilienthal. Nahm fast eine ganze Unze der Tinktur innerhalb einiger Tage, am 5. Tag dann eine halbe Unze.
14 Mrs. —, 48 Jahre alt, seit einem Jahr Menses unregelmäßig, hat viele Jahre lang unangenehme Völle, Druck und Klopfen des Herzens gehabt, das im vergangenen Jahr sehr zugenommen hat. Sie hat jetzt fast konstante, dumpfe, drückende Schmerzen in der Herzgegend, die durch jede, auch geringe Nahrungsaufnahme verstärkt werden, häufiges Herzklopfen, dauernde Angst vor ernster Erkrankung, kein Klappenfehler, Herzspitzenstoß verbreitert, die Systole scheint manchmal unvollständig zu sein. Sie nahm 4 Tage lang 3 mal täglich die 30. Potenz. Dr. L. M. Kenyon.
15 Mrs. M., 28 Jahre alt, nahm von der D1 am ersten Tag alle 2 Stunden, am zweiten und dritten Tag alle 6 Stunden, am 5. Tag 6 Tropfen und am 6. Tag 10 Tropfen.
16 Miss U. Prüfungsprotokoll von *Dr. George C. Dermott.*
Nr. 2-13 und 15 stammen aus der Prüfungssammlung von *Dr. William Payne,* Trans. Am Inst. of Hom. 1867 und 1870, p 94.
Die Symptome der Prüfer 1-16 sind in Allens Encyclopedia mit 1-629 durchnumeriert.
17 Prüfung mit Verdünnungen eines Wurzelextraktes von *Lilium superbum. Edward Reading,* Inaug. Thesis, vorgelegt dem Med. Coll. of Penn. 1853, Abschrift des Prüfungsprotokolls in Allens Encyclopedia. Die Symptome wurden von mir mit 1-98 nu.neriert.
18 Barton L. Beeker, Student der Medizin, 5 Fuß 5 Zoll groß, 125 Pfund schwer, nervösen Temperamentes, von heller Farbe, ohne erbliche Belastung. Hat als Kind die Masern überstanden und vor 5 Jahren ein Intermittens, raucht ein oder zwei Zigarren über Tag und trinkt Kaffee. 1. Tag: 8^{00} 5 Gran.
19 T. L. MacDonald, Student der Medizin, 6 Fuß groß, 160 Pfund schwer, cholerischen Temperamentes, von dunkler Farbe, leidet an häufigen nächtlichen Pollutionen, die gebessert sind durch Sulfur 200. Keine erbliche Belastung. Braucht weder Stimulantien noch Narkotica, aufgeregt nach Kaffee, Fett macht Übelkeit und er ist sehr empfindlich gegen kaltes Wasser. Puls im Liegen 64, im Sitzen 72, im Stehen 80, Respiration 20. Nahm 5 Gran 8^{15}, nach 3 Wochen 8^{30} 10 Gran.
20 W. F. Minard, Student der Medizin, 5 Fuß 4 Zoll groß, 128 Pfund schwer, nervös, von dunkler Farbe, keine erbliche Belastung, hat Masern, Scharlach, Keuchhusten, Varizellen, Variola und das Heufieber gehabt, genießt weder Tee, Kaffee noch Tabak, ist sehr empfindlich gegen Mückenstiche, Honig ist Gift für ihn, und er kann fettes Fleisch nicht vertragen. Puls im Liegen morgens 76, abends 66; im Sitzen morgens 80, abends 70; im Stehen morgens 90, abends 92. Respiration 15. Nahm 11^{50} 10 Gran, um diese Zeit waren Puls im Liegen 76, im Sitzen 80, im Stehen 90, die Temperatur $98,6^0$, die Zunge hinten leicht belegt, Stuhl und Urin normal.
Nr. 18-20 aus dem „Bericht der Prüferkommission" des American Institute of Homoeopathy für die Sitzung 1888, *Dr. Charles Mohr,* Vorsitzender. ZBV 8.84f.
21 Weitere Prüfungssymptome aus Clarkes Dictionary.
22 Weitere Prüfungssymptome aus Hales New Remedies.
23 Weitere Prüfungssymptome aus Herings Guiding Symptoms.
24 Weitere Prüfungssymptome aus Lilienthals Therapeutics.
25 Erweiterte Prüfungssymptome aus Kents Materia Medica, VAC 8.114 und ZBV 11.243.
26 *Sigmund Raue,* Erweiterung von Prüfungssymptomen, AHZ 138.40.
27 Erweiterte Prüfungssymptome aus Allens Keynotes.
28 *Caroll Dunham,* Erweiterung von Prüfungssymptomen, North Amer. J. of Hom., AHZ 82.53.

Hervorhebung in Arzneimittellehren

A Kursivdruck in Allens Encyclopedia. *AA:* Fettdruck.
G Erwähnung in Herings Guiding Symptoms.
T Erwähnung in Lilienthals Therapeutics.

Quellenverzeichnis

Fremde Heilungsberichte

a Symptome offenbar klinischen Ursprunges aus Herings Guiding Symptoms. Symptome Nr. 1-33. Die folgenden Quellen können mit einiger Sicherheit den Symptomen zugeordnet werden: *a-2: Herbert*, A.H.O. 8.397. *a-4: Knerr*. *a-5: Hawkes*, ORG 2.114. *a-6: Buffum*, Norton's Ophth. *a-8: Pease*, Hom. Phys. 3.380. *a-14: Farrington*, Raue's Path. p. 743. *a-16: Wright*, Raue's Rec. 1873, p. 165. *a-17: Price*, Raue's Rec. 1870, p. 38. *a-19: Sanford*, Raue's Rec. 1871, p. 151. *a-20: Miller*, Raue's Rec. 1874, p. 230. *a-21: Boardman*, Raue's Rec. 1873, p. 167. *a-26: Mohr*, Hah. Med. 13.538. *a-31: Kenyon*, Hah. Med. 5.147.

b Symptome offenbar klinischen Ursprunges aus Lilienthals Therapeutics. Symptome Nr. 1-8.

c *W. E. Payne*, klinische Beobachtungen in Hales New Remedies, aus Raue's Rec. 1872, p. 194. Fall Nr. 1-3. *c-3:* Mehrere Fälle von verzögerter Genesung nach Entbindung. Lil. 30.

d Klinische Symptome aus Kents Materia Medica und aus „Clinical Cases". Fall 1-5.

e *E. W. Berridge*, Clarkes Dictionary und ORG 1.281. Mrs. –, hat seit 13 Jahren an Herzanfällen gelitten, der erste nach einer Entbindung. Eine Dosis Lil. cm (Fincke). Teilweise gleicher Fall wie *b-5*.

f *W. H. Woodyatt*, MHR 22.147. Fall 1-3. *f-1:* Mrs. E., 37 Jahre alt, Lil. 30, 4 mal täglich. *f-2:* D.L.K., 30 Jahre alt, Lil. 30, 4 mal täglich, 2 Wochen lang. *f-3:* Miss M., 16 Jahre alt, Lil 30, 4 mal täglich, 2 Wochen lang.

g *Hale*, L'Hahnemannisme, 1.5; AHZ 97,14. Eine jung verheiratete Frau, früher mit Ausnahme einer peinlichen Verstopfung ganz gesund. Lil., 4. Verreibung des Pollens.

h *Neidhard*, Hahnem. Monthly Mai 1885; AHZ 111.77. Fall 1-3. *h-1:* Lil 1, *h-2:* Lil 3, *h-3:* Lil 1.

i *A. Pfander*, AHZ 115.97. Fall 1-9. *i-1:* Frau W., ca 40 Jahre alt, in ärmlichen Verhältnissen lebend. Lil 3. Dec., 10. Dec. *i-2:* Frl. P., 30 Jahre alt, nicht ausgesprochen chlorotisch, hat leicht gelblichen Teint. Lil 11. Cent. *i-3:* Frau H., 30 Jahre alt, hat vor 3 Monaten ihr 3. Kind geboren. Lil 11. Cent. *i-4:* Frau Z., ca 35 Jahre alt, in ärmlichen Verhältnissen. Lil 3. Dec. *i-5:* Elise E., 26 Jahre alt. Lil 12. Cent. 3 mal täglich. Lil 30. *i-6:* Frau A., ca 35 Jahre alt, von anaemischem Aussehen, seit ca 8 Tagen krank. Lungenperkussion und Auskultation normal. Über li Clavicula eine vergrößerte Drüse, li oben am Sternum fluktuierende, schmerzhafte Schwellung (chronisch). Lil 30, 3 mal täglich 3 Kügelchen. *i-7:* Rosine W., 35 Jahre alt, Köchin, wurde schon an Ulcus duodeni, Haemoptoe und Wanderniere li behandelt. Lil 30. *i-8:* Frau P., 24 Jahre alt, etwas anaemisch. Lil 3. Dec. *i-9:* Frau W., 25 Jahre alt, hat vor 8 Monaten zum 2. Mal geboren. Lil 30. Cent., morgens und abends 4 gtt.

j *A. Pfander*, AHZ 124.8. Frau Sch., 35 Jahre alt. Lil 3.

k *Alb*, AHZ 125.102, Frau W. Br., 33 Jahre alt, sie hat früher viel an hochgradiger Chlorose gelitten, wurde vor 2 Jahren zuletzt von einem ausgetragenen Kinde entbunden und erlitt im Herbst des vorhergehenden Jahres einen Abortus. Lil 3. D, 3 mal täglich.

l *Theophil Bruckner*, Schweizer Volksarzt 23,1896. VAC 6.61. 31 jährige Frau. Lil 30.

m *Sigmund Raue*, AHZ 138,40. Fall 1-2. *m-1:* Eine 27 jährige Frau, seit 4 Jahren verheiratet, bisher kinderlos. Lil 2. Dec., 3 stündlich. Nach Verschlimmerung 3. Dec. 3 stündlich, nach Verschlimmerung Lil 30. *m-2:* Lil 3. Dec.

n *v.Otste*, ZBV 30.128. Frau R., 38 Jahre, 4 Kinder. Lil 3.

o *Dermitzel*, ZBV 32.113. Frau B., 25 Jahre alt, hat im Anschluß an Entbindung akute Metritis durchgemacht. Lil D2, 3 stündlich 5 Tropfen.

p *Margaret Burgess Webster*, HRC 57.183. Eine schwächliche, unterernährte Frau von 65 Jahren. Lil 200.

q *Willibald Gawlik*, AHZ 210.505. Fall 1-2. *q-1:* Frau Sch., 58. Lil D3. *q-2:* Patientin, Anfang 50.

r *Martin Stübler*, ZKH 10.145. 40 jährige Frau, von kräftiger, athletischer Konstitution, dunkler Haarfarbe und gerötetem Gesicht, 4 Aborte. Lil LMVI, mittags 5 Tropfen.

s *Martin Stübler*, AHZ 212.500. 56 jährige Geschäftsfrau, ausgesprochen pyknisch, laut, lebhaft und heiter, rotbackig, ziemlich bajuwarisch, adipöser Bauch. RR 172/100.

t *o.V.* ZKH 11.66. 30 jährige Frau, klinisch Herz o.B. An den Genitalien kein krankhafter Befund.

Eigene Fälle

aa Frau E.B., 76 Jahre. Vor langer Zeit Operation wegen Scheidensenkung.
bb Fräulein L.B., Französin, 22 Jahre, umschrieben rote Backen.
cc Fräulein I.J., 34 Jahre.
dd Frau A.N., 54 Jahre, pyknisch, RR im Sitzen 205/100, nach Behandlung 160/100.
ee Frau E.M., 64 Jahre, Duodenaldivertikel.

ff Frau L.N., 44 Jahre, Arbeiterin, hat als Kind Gelbsucht gehabt.
gg Fräulein M.S., 21 Jahre, groß, schlank, blond.
hh Herr H.S., 47 Jahre, Lehrer.
ii Fräulein A.T., 27 Jahre, Studentin der Psychologie, Blutdruck 100/60 im Sitzen, sonst keine krankhaften Befunde.
jj Fräulein R.W., 36 Jahre, Lehrerin, rötlichblond.

Lilium

PSYCHE — Wahnideen

1 **Fürchtet, eine schreckliche, unerkannte, unheilbare Krankheit zu haben:**
Angst, eine schreckliche innere Krankheit zu haben, die sich schon festgesetzt hat (sehr deutliches Symptom, das von zwei Prüfern beobachtet wurde) *5AG-9*. Die Besorgnis vor einem Unglück oder vor einer ernsten Krankheit war sehr verstärkt *14G-19*. Möchte weinen wegen etwas, das in ihrem Unterleib nicht in Ordnung ist *7-24*. Die Symptome waren so konstant, daß ich es mit der Angst zu tun bekam, eine falsche Diagnose gestellt zu haben und eine organische Herzkrankheit zu haben. Eine Untersuchung beruhigte mich. Zur Zeit habe ich keine Beschwerden *3G-422*. Glaubt eine organische Krankheit zu haben, die niemand versteht *23-1*. Fühlt, daß sie herzkrank ist und sich nicht erholen kann *a-5*. Fürchtet, eine innere Krankheit zu haben, von der sie sich nie erholt *cGT-3*. Macht sich Sorgen über ihre eigene Gesundheit *p*. Hat unverhältnismäßig starke Angst, daß sie einen Bandwurm haben könnte. „Ich steigere mich hinein in den Schmerz". Die Mutter kommt und erzählt, daß sie nicht weiß, was sie machen soll. Das Mädchen liegt ihr dauernd in den Ohren, daß sie bestimmt sehr krank sei, daß sie wahrscheinlich eine unheilbare Krankheit habe. Sie ist durch vernünftiges Zureden zwar davon abzubringen, die Angst kommt aber immer wieder *gg*. Mir fehlt nichts Konkretes *ii*. Hat Angst, daß sie schwer krank ist, sieht aber gesund aus *jj*.

2 **Fürchtet, ihren Verstand zu verlieren, wenn sie sich nicht ganz fest in der Hand hält:**
Gefühl, als würde sie verrückt werden, wenn sie sich nicht fest in der Hand hält *10GT-3*. Abenteuerliches Durcheinander im Kopf, als wenn ich verrückt werden wollte *7G-16*. Drückte ihrer Schwester gegenüber Angst vor Wahnsinn aus *6G-17*. Meine Augen haben einen wilden Ausdruck und mein Mann fürchtet, daß ich wahnsinnig werden könnte *12-121*. Besorgnis mit Angst, verrückt zu werden *17-3*. Verrückt machende Kopfschmerzen; Gefühl, als ob sie den Verstand verlieren sollte *a-5*. Fürchtet, verrückt zu werden *cGT-3*. Hatte Angst, daß sie verrückt werden würde *d-1*. Überaus erregt, wild um sich blickend *r*. Glaubt, verrückt zu sein *bb*. Kopfschmerzen zum Wahnsinnigwerden *cc*.

3 **Wahnsinniges, wildes Gefühl im oder auf dem Kopf:**
Abenteuerliches Durcheinander im Kopf, als wenn ich verrückt werden wollte *7G-16*. Alles schien mir unwirklich zu sein *12-47*. Fast verrücktes Gefühl im Kopf *14GT-51*. Mein Kopf war so durcheinander, daß ich Angst hatte, Unterricht zu halten *13G-52*. Der Kopf gerät durcheinander *7-53*. Der Kopfschmerz wechselte die Stelle zum Hin-

terkopf und den Nacken abwärts, er hinterließ ein merkwürdiges konfuses Gefühl um den Kopf *6G-82*. Ein verrücktes Gefühl auf dem Kopf oben darauf *7G-111*. Ein abenteuerliches Gefühl geht vom Hinterkopf zum Scheitel herauf. Es wird manchmal beschrieben als ein Kriebeln oder als elektrisches Gefühl *25-13*. Verrücktmachende Kopfschmerzen; Gefühl als ob sie den Verstand verlieren sollte; das abenteuerliche Gefühl scheint den Hinterkopf hinauf zu laufen *a-5*. Sie klagte über ein abenteuerliches Gefühl im Kopf *d-1*. Findet sich selbst „wild", kann dieses „Wilde" aber nicht lokalisieren *r*. Gefühl im Kopf, als wenn es so komisch durch den Kopf geht. Gefühl auf dem Scheitel, als wären das Kopfschmerzen auf der Haut *cc*. Blutleere im Kopf, kann nicht mehr denken *jj*.

4 **Glaubt, daß ihr Seelenheil verwirkt ist:**
Tiefe Wehmut, der Prüferin scheinen die Himmel Blech und die Erde Eisen zu sein, sie litt schwer unter dem Gefühl moralischer Entgleisung *16A-10*. Quält sich wegen ihres Seelenheiles *a-1*. Zweifelt an ihrem Seelenheil, glaubt, daß sie dazu verdammt ist, ihre Sünden und die ihrer Familie zu büßen *aT-4*. Glaubt, daß sie ihr Seelenheil verlieren wird *a-5*.

5 **Glaubt, von einem Dämon oder vom Animalischen beherrscht zu werden:**
Der Geschlechtstrieb wurde so stark, daß die Prüferin sagte: „Ich habe Angst vor mir selbst, ich glaube, ich bin von einem Dämon besessen *16A-350*. Nicht sie selbst, sondern ihr erregtes Nervensystem treibt sie zur Anstrengung *7-351*. Ihr ganzer Körper wird durch das Mittel stark beeinflußt, sie ist nicht mehr sie selbst *7-546*. Sie fühlt, daß ihre Instinkte vorherrschen, daß sie ihr Eigenleben verliert *7-547*. War mit dem Mann in einer Weise streitsüchtig, daß sie es selbst nicht mehr verstand, daß er es bei ihr aushielt *r*.

6 **Gefühl, als bestände sie aus zwei getrennten Personen:**
Gefühl, als bestände sie aus zwei getrennten Personen *7-2*.

7 **Glaubt sterben zu müssen:**
Glaubte, sterben zu müssen *7-540*. Furcht zu sterben *m-1*. Sie fürchtete, daß sie sterben könnte, wenn sie allein gelassen würde *p*. Herzstörungen mit einer rasenden Todesangst *s*.

8 **Verdrehte, ungesunde Ideen über Religion und Lebensführung:**
Sie hat eine deutliche Neigung zu ungesunden, unlogischen, phantasievollen Ideen über Religion und Lebensführung *25-16*. Sie denkt über alles anders als andere Leute, empfindet jeden Eindruck falsch und alles an ihr ist verdreht *25-17*. Glaubt, daß der Prolaps durch heftigen Coitus verursacht wurde *a-17*.

PSYCHE — Impulse

1 **Fühlt sich wie gehetzt durch drängende Pflichten, die sie aber nicht ausführen kann:**
Fühlt sich wie gehetzt und doch unfähig, als wenn sie viel zu tun hätte und es nicht könnte *7-24*. Ich kann um mich herum jede Menge Sachen sehen, die ich unbedingt tun muß, aber ich kann mich nicht dazu zwingen, irgendetwas zu tun *12-40*. Dauernd Gefühl von Gehetztsein wie von drängenden Pflichten und äußerster Unfähigkeit, sie auszuführen *16AAG-350*. Gefühl von Gehetztsein, als wäre sie gezwungen zu arbeiten, ohne arbeiten zu wollen *7G-351*. Ein gehetztes, zwingendes Gefühl um das Herz, mit Gefühl von Mattigkeit. Fühlt sich gehetzt, als wenn sie schnell atmen müßte, tut es aber nicht *7G-415*. Unruhe, müde *15-538*. Fühlt sich gehetzt und kann doch nicht viel tun *7-546*. Unruhiges, gehetztes Gefühl, als ob sie wichtige Pflichten hätte, die sie aber nicht ausführen kann *a-8*. Beim Erwachen morgens macht sie sich Sorgen, was sie Mittags essen würde *p*. Zustand vollkommener Verzweiflung, kann es kaum mehr schaffen *r*. Innere Unruhe und Hast, findet Erleichterung in der Beschäftigung, leistet jedoch nicht viel *t*. „Übelkeitsgefühl", Gefühl als müßte sie arbeiten und es geht nicht *ii*.

2 **Anfälle krankhafter sexueller Erregung, flucht und äußert Obszönitäten:**
(siehe V-5-1: Anfallsweise verstärktes weibliches Verlangen).
Neigung, zu fluchen, das Feuer und andere Dinge zu verdammen und obszöne Gedanken zu denken und auszusprechen *7G-25*. Obwohl sonst sehr religiös, flucht sie jetzt wie ein Sergeant *p*.

3 **Impuls, andere zu schlagen:**
Während einer Vorlesung Impuls, den Professor zu schlagen; Neigung, andere Leute zu hauen oder zu schlagen *7G-25*. Wurde angesprochen, wurde so wild, daß sie ihm etwas an den Kopf hätte werfen können *25-11*. War in einem Erregungszustand, schlug ihre 17 und 4 jährigen Kinder. Abneigung gegen Sexuelles, so daß sie ihren Mann in Stücke reißen könnte, wenn er sich ihr nähere *r*.

4 **Grundloses Weglaufen, schlägt die Türe zu, fährt andere an:**
Sie kann kaum ein anständiges Wort zu einem sprechen. Sie geht in die Höhe, sogar wenn man ihr freundlich zuspricht *25-8*. Wenn sie angesprochen wird, springt sie auf und rennt hastig und erregt hin und her und schlägt die Tür zu ohne Grund *25-10*. Glaubte, davonlaufen zu müssen, wenn sie angeredet wurde *25-20*. War mit dem Mann in einer Weise streitsüchtig, daß sie es selbst nicht mehr verstand, daß er es bei ihr aushielt *r*.

5 **Kann nicht ruhig sprechen, muß laut schreien, wiederholt dabei einzelne Worte immer wieder:**

Wehtun der Bauchmuskeln, ein unerträgliches Wehtun; sie möchte schreien 7-236. Will schelten, obwohl sie guter Laune ist 24-9. Ruhig mit jemand zu sprechen, ist der Kranken unmöglich 25-3. Sie kann kaum ein anständiges Wort zu einem sprechen. Sie geht in die Höhe, sogar wenn man ihr freundlich zuspricht 25-8. Sie redete unaufhörlich, so laut sie konnte. Sie wiederholte stundenlang einzelne Worte, so laut sie konnte, wie: „beeil dich, beeil dich", tausendmal am Tag p. Das Herz läuft so schnell, daß ich schreien muß. Ich muß schreien, das bessert, sonst könnte ich nicht mehr atmen bb.

6 **Zielloses Umherlaufen, Bewegungsdrang:**
Sie konnte die Geduld mit sich selbst verlieren und umherstürmen, aber sie fühlt sich gehetzt; konnte ziellos für unbegrenzte Zeit umhergehen oder laufen 7-27. Sie handelt ohne zu denken; fühlt dauernd den Trieb, schnell zu gehen; fühlt sich gehetzt, weiß aber nicht warum 7-45. Unruhig, will etwas tun, weiß aber nicht was 7-537. Fühlt sich gehetzt, läuft den ganzen Tag herum, fand keinen Geschmack am Denken oder Lesen, es war eine ziellose Eile und Bewegung, auf und nieder (nach 61 Tagen). Derselbe unruhige Drang, herumzulaufen (nach 75 Tagen) 7G-540. Träge, will aber nicht stillsitzen; unruhig, will aber nicht herumgehen 7G-541. Wälzt sich dauernd hin und her, sucht nach einem Vorwand zum Aufstehen 7-576. Ovarschmerzen schlimmer im Gehen, trotzdem zwang sie ein Unruhegefühl dazu, das Bein auszustrecken und zu beugen wie beim Gehen; diesem Drang konnte sie nicht widerstehen, obwohl sie wußte, daß die Anstrengung von großem Schmerz gefolgt werden würde 22-22. Rauft ihre Haare, läuft Tag und Nacht herum, versucht zu fliehen aT-4. Augenschmerzen, muß mit den Fingern auf die Augäpfel drücken, diese Bewegung wird jetzt schon automatisch ausgeführt fT-1. Kann nicht ruhig sitzen. Hat dauernd den Drang zur Bewegung. Fühlt sich in Bewegung wohler. bb. Hatte Durchfall, mußte immer herumgehen. Kann nachts nicht ruhig liegen, muß herumwandern. Fühlt sich schlechter durch Bewegung, hat aber den Drang zur Bewegung ff.

7 **Unruhe, Aufregung:**
Aufregung 7-2. Eine Menge geistiger Unruhe während der ganzen Prüfung 6-17. Fühlt sich sehr nervös 7-24. Bauchschmerzen mit Unruhe und Müdigkeit 15-242. Unruhe 6-536. Allgemeine Unruhe des ganzen Körpers 6-539. Körperliche Reizbarkeit 6-545. Fühlte sich schlecht und unruhig 13-551. Unruhe 6-583; 13G-584. Allgemeine Unruhe 6-617. Unruhe 6-618. Starke Unruhe 17-87. Unruhe, Umherwerfen, kann nicht lange in derselben Lage bleiben 17-89. Extreme Unruhe 17-90. Sehr nervös 11-542. Allgemeine Nervosität i-2. Kann sich nicht lange stillhalten i-6. Überaus erregt, kann kaum ruhig sitzen r. Aufgeregt, keine Ruhe in der Nacht ff. Innerlich unruhig hh. Ist sehr nervös. Innere Unruhe. Zapplig jj.

8 **Redet gern und viel:**
Fürchtet, etwas Falsches zu sagen, und doch möchte sie gern sprechen 7-49. Sie redete unaufhörlich. Sie wiederholte stundenlang einzelne Worte p. Große Gesprächigkeit r. Lamentiert viel t. Redet viel, ist aber ablenkbar, wechselt oft das Thema dd.

PSYCHE — Emotionell

1 Denkt ans Sterben, ohne sich viel daraus zu machen, will nur wissen, wie das auf andere wirken wird, fühlt sich verlassen:
Gefühl, als wenn sich niemand um mich kümmerte; Gedanken an Selbstmord; wieviel Opium es wohl brauchen würde, um mich für immer einschlafen zu lassen, und wer meine Leiche finden würde, und wer sich wohl darüber Gedanken machen würde; eine neue Gedankenrichtung für sie 7-16. Wollte, daß jemand bei ihr blieb und mit ihr sprach, glaubte sterben zu müssen und kümmerte sich nicht darum, wollte nur wissen, wer ihre Leiche versorgen würde 7-540. Kopfschmerz vollkommen unerträglich, läßt sie den Tod herbeiwünschen a-5. Sie fürchtete, daß sie sterben könnte, wenn sie allein gelassen würde p. Fühlte sich als schwache und übergangene Frau s.

2 Brütet teilnahmslos vor sich hin, wird wütend, wenn sie angesprochen oder getröstet wird:
Schweigsam und zurückhaltend 13-6. Möchte nicht gern angesprochen werden 6-28. Will allein gelassen werden 13-39. Möchte ruhig im Stuhl sitzen ohne zu sprechen oder angesprochen zu werden 12-40. Teilnahmslosigkeit 17-2. Die Augen haben ihren Glanz und ihre Lebhaftigkeit verloren und sind ausdruckslos 17-16. Will nicht sprechen, will nur schlafen 22-3. Sie geht in die Höhe, sogar wenn man ihr freundlich zuspricht 25-8. Sitzt und brütet und denkt über die Vergangenheit nach; wenn sie angesprochen wird, springt sie auf 25-10. Wurde heute auf der Straße von jemand angesprochen, wurde wild; sie dachte gerade über sich selbst nach und wollte nicht gestört werden 25-11. Glaubte, davonlaufen zu müssen, wenn sie angeredet wurde 25-20. Möchte nicht essen; teilnahmslos an allem, was für sie getan wird a-3. Trostzuspruch verschlimmert aT-4.

3 Wegen der Unmoral ihrer sexuellen Impulse völlig verzweifelt:
(siehe I-1-A-4: Glaubt, daß ihr Seelenheil verwirkt ist).
Sie war überzeugt, daß das sexuelle Verlangen jenseits ihrer Kontrolle vom Arzneimittel kam, trotzdem litt sie schwer unter dem Gefühl moralischer Entgleisung 16A-350. Neigt zu obszönen Reden, danach folgt aber schnell ein schlechtes Gewissen t.

4 Neigung zu krampfhaftem Weinen:
Aufregung, Weinen 7-2. Niedergedrückte Gemütsstimmung; Neigung zum Weinen 5'-8. Niedergedrückte Gemütsstimmung, dauernde Neigung zum Weinen 5AAGT-9. Verzweifelt, sie kann es kaum vermeiden, häufig zu weinen, dies ist ihrer natürlichen Disposition entgegengesetzt 14T-15. Möchte weinen wegen eines Gefühls von Gereiztheit 7-24. Konnte sich hinsetzen und weinen 7-27. Niedergeschlagen, Neigung zum Weinen 11-37. Muß immer weinen (sehr ausgeprägt) 22-1. Neigung zum Weinen 23-2.

Lilium ist nicht nachgiebig, sie hat ein plötzliches, krampfhaftes, heftiges Weinen *25-5*. Völlig niedergedrückte Gemütsstimmung; kann es kaum vermeiden zu weinen; Neigung zum Weinen; weint viel *a-3*. Verzweifelt, weint viel *a-22*. Viel Neigung zum Weinen, ohne zu wissen, warum *i-5*. Ist deprimiert und muß weinen *r*. Zuhause weinte sie auch nicht selten *s*. Depressiv, weinerlich *t*. Weint leicht *cc*. Schwermut, könnte immer weinen *ff*. Könnte manchmal heulen *hh*.

5 **Niedergeschlagene, trübsinnige, kummervolle Stimmungslage:**
Niedergeschlagenheit *7-7*. Niedergeschlagen *7-11*. Niedergeschlagenheit des Gemüts *7-12*. Verzweifelt *5'-13*. Verzweifelt, und nicht gebessert durch Arbeit *13-14*. Mißmutig, von düsterer Gemütsstimmung *6-17*. Dauernd voller Kummer *6-18*. Gedrückter Stimmung *13-22*. Niedergeschlagenheit *7G-178*. Trübsinn *1-279*. Niedergeschlagenheit *7-351*. Von düsterer Gemütsstimmung *17-2*. Unglückliches Gesicht *a-21*. Deprimiert *i-3*. Wenn sie allein ist, ist sie traurig *bb*. Depressiv *jj*.

6 **Möchte nicht allein sein, jemand soll mit ihr sprechen:**
Abneigung gegen Alleinsein, hat jedoch keine Angst; ruhig, hatte es aber gern, andere zu sehen und sprechen zu hören *7AGT-5*. Sie möchte, daß jemand mit ihr spricht und sie unterhält (bei ihr ein ungewöhnliches Gefühl) *7-24*. Wollte, daß jemand bei ihr blieb und mit ihr sprach *7-540*. Sie fürchtete, daß sie sterben könnte, wenn sie allein gelassen würde *p*. Angst beim Alleinsein *bb*.

7 **Unzufrieden mit dem, was sie hat:**
Verlangen nach allen möglichen feinen und eleganten Dingen; sie ist unzufrieden mit dem, was sie hat und beneidet andere *7-27*. Möchte nicht zufrieden sein *7-29*. Sie sucht immer neue Nahrung für ihren Kummer *25-3*. Es ist unmöglich, sie zufriedenzustellen *25-8*. Unzufrieden *hh*.

8 **Anderen gegenüber intolerant, mißtrauisch, überheblich:**
Übelgelaunt, hat keine Geduld mit irgendwem oder irgendwas *7-26*. Beneidet andere *7-27*. Ärgert sich über jeden *6-28*. Ein Bewußtsein eines unnatürlichen Gemüts- und Gefühlszustandes, der endlich in Exaltation übergeht, worin die Prüferin geneigt ist, in Personen oder Dingen Fehler zu finden und ihre eigene Wichtigkeit und Vortrefflichkeit herauszustreichen, auf andere aber geringschätzig herabzusehen *28-2*. Sie verdächtigte jeden, dachte, daß sie beraubt oder vergiftet würde *p*.

9 **Reizbar, übelgelaunt, empfindlich, ungeduldig:**
Reizbar *13-20; 13-21; 13-22*. Reizbar, ungeduldig *6-23*. Reizbar *13T-531*. Übelgelaunt und empfindlich *7G-541*. Nervös und reizbar *7-543*. Reizbar *a-22*. Reizbar, unzufrieden *hh*.

10 **Angst, Besorgnis vor einem kommenden Unglück:**
(siehe I-1-A-1: Fürchtet, eine schreckliche Krankheit zu haben; I-1-A-2: Fürchtet, ihren Verstand zu verlieren).

| PSYCHE | Emotionell / Intellektuell | I-1-D |

Die Besorgnis vor einem Unglück oder einer ernsten Krankheit war sehr verstärkt *14G-19*. Ängstlichkeit und Besorgnis vor einem kommenden Unheil *22-14*. Ist sehr ängstlich *a-3*. Besorgt *a-22*. Besorgnis *a-31*. Furcht zu sterben *m-1*. Wurde plötzlich sehr nervös und besorgt; morgens machte sie sich Sorgen, was sie mittags essen würde, über mögliches Unglück, das Familienangehörigen zustoßen könnte, und über ihre eigene Gesundheit *p*. Angst beim Alleinsein *bb*.

11 **Körperliche Beschwerden verursachen Angst:**
(vgl. I-1-A-1: Fürchtet, eine schreckliche Krankheit zu haben)
Abwärtsdrängen in der Vagina, oder vielmehr, Angst davor *7-339*. Kann sich nicht bewegen vor Angst, der Uterus würde herausfallen *a-17*. Hat Angst, sich zu bewegen, weil alles nach unten durchfallen könnte *a-19*. Patientin ist sehr nervös, fürchtet sich schon, wenn jemand an das Bett herankommt. Gefühl von Zusammenschnüren im Oesophagus, Angst verursachend *i-6*. Herzattacken, Angstgefühle *q-2*. Blähungen führen zu Herzstörungen und einer rasenden Todesangst *s*. Herzklopfen und Herzangst *ee*. Aufschrecken im Schlaf mit Angstgefühl *ff*. Kloßgefühl im Hals bei Angstgefühlen *jj*.

12 **Gibt vor, fröhlich und heiter zu sein:**
Sie weiß, daß sie nervös und reizbar ist, sagt aber, es sei alles in Ordnung *7-543*. Entgegengesetzte Gemütszustände: Fühlt sich nervös, reizbar, will schelten, obwohl sie in guter Laune ist *24-9*. In Gesellschaft übermütig, wenn sie allein ist, traurig *bb*.

PSYCHE   Intellektuell

1 **Kann sich nicht ausdrücken, kann ihre Symptome nicht beschreiben:**
Schwierigkeiten, ihre Gedanken auszudrücken, Worte zu wählen *6-17*. Kann das richtige Wort nicht finden *13G.34*. Konnte die richtigen Worte nicht finden, um meine Gedanken auszudrücken *13-41*. Sie kam zu mir, um von ihren Beschwerden zu berichten, weil sie in einem Zustande war, in dem sie sie nicht selbst aufschreiben konnte *7-42*. Sie kann ihre Symptome nicht aufschreiben *7-43*. Unmöglich, einen klaren Gedanken zu fassen *13-46*. Mein Kopf war so durcheinander, daß ich Angst hatte, Unterricht zu halten *13G-52*. Der Kopf gerät durcheinander *7-53*. Ein verrücktes Gefühl auf dem Kopf, so daß sie ihre Symptome nicht aufschreiben kann *7G-111*. Große Schwierigkeiten, ihre Gedanken auszudrücken, gebraucht oft falsche Worte, wenn sie sie richtig stellen will, gebraucht sie dann oft wieder falsche Worte *22-2*. Ihre Gedanken sind schon ohnehin nicht klar *25-18*. Alle Symptome sind unklar beschrieben, die Prüfer haben vergeblich versucht, ihre eigenartigen Empfindungen darzustellen *25-21*. Findet sich selbst wild, kann aber dieses „Wilde" nicht lokalisieren *r*. Gebraucht falsche Worte, um seine Ideen auszudrücken *22T-13*.

2 **Unfähig, sich zu konzentrieren:**
Kann sich nicht konzentrieren *11-37*. Kann sich nicht fortgesetzt konzentrieren, kann nicht klar denken *11G-38*. Große Schwierigkeit, mich auf meine Lektion zu konzentrieren *13-41*. Große Schwierigkeit, sich zu konzentrieren *17-1*. Schwierigkeiten, sich auf das augenblickliche Thema zu konzentrieren *22T-13*. Sie verschreibt und verspricht sich leicht und kann nicht bei einer Sache bleiben *25-19*. Kann manchmal in der Schule nicht aufpassen *gg*. Muß sich Mühe geben, um sich zu konzentrieren *hh*. Kann sich nicht konzentrieren. Wenn sie sich konzentrieren muß, strengt das an und sie bekommt Kopfschmerzen *ii*.

3 **Gebraucht falsche Worte:**
Den ganzen Tag mache ich Fehler beim Sprechen, ich gebrauche falsche Worte *13G-48*. Sie fürchtet sich, jemand anderem etwas zu sagen, weil sie etwas falsches sagen könnte *7-49*. Gebraucht oft falsche Worte, wenn sie sie richtig stellen will, gebraucht sie oft wieder falsche Worte *22-2*. Gebraucht falsche Worte *22T-13*. Sie verschreibt und verspricht sich leicht *25-19*.

4 **Unfähig, sich zu erinnern:**
Schwierigkeiten, sich zu erinnern *6-17*. Vergesse, was ich sagen wollte *13G-34*. Kann sich nicht gleich auf gewöhnliche Dinge besinnen *11G-38*. Ist vergesslich *7-45*. Vergeßlich *7-528*. Je mehr sie über etwas nachdenkt, desto weniger kann sie sich daran erinnern. Wenn sie an etwas anderes denkt, kommt es ihr wieder *25-9*.

5 **Kann sich nicht selbst entscheiden, muß sich auf andere verlassen:**
Kann sich nicht selbst entscheiden, muß sich auf andere verlassen *7T-45*.

6 **Träge, antriebslos, verlangsamt:**
Mit starkem Gefühl von Langsamkeit *7-12*. Sie verlor Kraft und Energie *7-27*. Keine Lust zum Sprechen oder Lesen *7-29*. Gedanken und Gefühle stumpf und träge *7-33*. Stumpfsinn *23G-34*. Unaufgelegt zur Arbeit *13-35*. Unaufgelegt zu geistiger oder körperlicher Arbeit *7G-36*. Will sich nicht die Mühe geben zu antworten *13-39*. Möchte ruhig im Stuhl sitzen ohne zu sprechen oder angesprochen zu werden, und ohne gezwungen zu sein, nachzudenken *12-40*. Will sich nicht beklagen, will aber auch den Leuten nicht aus dem Weg gehen *7-43*. Will nicht lesen *7-44*. Abgestumpftheit *7G-178*. Trägheit *7-351*. Abgespannt, träge *7-528*. Findet keinen Geschmack am Denken oder Lesen *7G-540*. Keine Lust und keine Kraft für das Geschäft, das ihr bisher nie eine Last war, möchte nicht irgendeine Arbeit versuchen *7-546*. Versuchte zu komponieren, konnte aber nicht *4-471*. Abneigung gegen jede Art von Arbeit *17-84*. Keine Lust zu arbeiten *a-32*. Steht vor dem Examen, kann aber nicht richtig arbeiten, kann nichts tun *ii*.

7 **Aufnahmefähigkeit und Denkfähigkeit herabgesetzt:**
Aufnahmefähigkeit und Denkfähigkeit scheinen herabgesetzt *7-32*. Kann nicht klar

denken *11G-38*. Sie kann nicht denken *7-45*. Kopfschmerzen mit Denkbehinderung *hh*. Blutleere im Kopf, kann nicht mehr denken *jj*.

8 **Unfähig zu geistiger Arbeit:**
(siehe I-1-B-1: Kann ihre Pflichten nicht ausführen).
Unfähigkeit, an ihre Arbeit zu gehen *7-12*. Eine Woche lang kann er weder geistig noch körperlich arbeiten *12G-549*. Völlig unfähig zur normalen Arbeit *17-4*. Geistige Arbeiten kann sie nur schlecht erledigen *t*. Kopfschmerzen durch geistige Anstrengung *bb*.

9 **Gegenwirkung: Aktivität, gute Denkfähigkeit:**
Während sie zuerst überaktiv war *7-32*. Ist aktiver, die Dinge gehen leichter von der Hand (in den ersten Tagen) *7-514*.

PSYCHE   Bewußtsein
                                       (Modalitäten siehe I-3-C)

1 **Benommenheit, Gefühl wie betäubt:**
Gefühl wie betäubt *9-31*. Gedanken und Gefühle stumpf und träge *7-33*. Leichte Eingenommenheit des Kopfes nach Lesen und Schreiben *4-50*. Manchmal leicht eingenommener Kopf *14GT-51*. Ich fühle mich wie betrunken *13G-57*. Dumm im Kopf *13-59*. Eingenommenheit des Kopfes *13T-60*. Gefühl von Schwere und Benommenheit im Kopf *12G-63*. Niesen, der Kopf wurde plötzlich ganz klar *6G-66*. Benommenheit des Kopfes *6-69; 13-70*. Kopfschmerz, Gefühl wie betäubt *9-71*. Benommenheit, Abgestumpftheit *7G-178*. Wie benommen *1-530*. Betäubung des Kopfes *17-13*. Benommenheit *17-84*. Kopfschmerzen mit Benommenheit *a-5*. Eingenommenheit des Kopfes *u-32*. Schwindel und Benommenheit. Benebelt im Kopf *ff*.

2 **Ohnmachtsanwandlungen:**
Häufige Ohnmachtsanwandlungen, besonders in einem warmen Raum oder nach langem Aufsein *14G-535*. Ohnmachtsgefühl, 2 Stunden lang sehr stark, dann allmählich nachlassend, nachmittags *13-550*. Ohnmachtsanwandlung in einem warmen Raum *5-627*. Eine Ohnmacht droht bei den Stirnkopfschmerzen *25-14*. Ohnmachtsanwandlungen in einem geschlossenen Raum und beim Stehen *a-22*. Eines Sonntags in der Kirche bekam sie eine Ohnmachtsanwandlung *d-3*. Ovarschmerz, daß die Kranke ohnmächtig wurde *g*. Ohnmachtsgefühl vor dem Essen *r*. Ohnmachtsgefühl, besser durch Essen *ee*. Ohnmacht vor der Periode *ff*. Ohnmachtsanwandlungen in einem menschenüberfüllten Raum. Schmerzen machen Ohnmacht *gg*. Ohnmachtsgefühl während der Periode *jj*.

3 **Schwarzwerden vor Augen:**
Schwarzwerden vor Augen beim Aufstehen *aa*. Schwarzwerden vor Augen beim Auf-

richten vom Bücken, durch Schmerzen *gg*. Nebel vor Augen und Sausen in den Ohren. Kleine Mattscheibe beim Diktieren *hh*.

4 **Tagträume, scheint zu schlafen:**
Neigung zu Tagträumen; ist wach, scheint aber zu schlafen und weit weg zu sein *7-36*.

5 **Anderes:**
Leichtes Delirium und häufiges Aufschrecken *1-4*. Fällt hinterher zusammen, Tod *1-277*.

PSYCHE   Zeit

1 **Wiederholte Abwechslung zwischen gegensätzlichen Geisteszuständen innerhalb längerer Zeiträume:**
Aufnahmefähigkeit und Denkfähigkeit scheinen herabgesetzt, während sie zuerst überaktiv war und das Gefühl hatte, aus zwei Personen zu bestehen *7-32*. Der Geschlechtstrieb wurde stark, diese Erregung dauerte 3 Wochen; während dieser Anfälle dauernder Drang zu körperlicher Anstrengung; in diesem Stadium Gefühl von Gehetztsein und Unfähigkeit; für ungefähr 10 Tage nach dieser Erregung tiefe Wehmut, Gefühl moralischer Entgleisung; als dieser Zustand plötzlich verschwand, kam ebenso plötzlich die Erregung wieder, dieses miteinander Abwechseln dauerte bis mehr als 4 Monate nach der Prüfung *16A-350*. Im ersten Stadium dieser Wirkung sexuelle Erregung, nach diesem Stadium kommt Trägheit und Niedergeschlagenheit und danach ein Gefühl von Gehetztsein *7-351*. Träge, will aber nicht stillsitzen, unruhig, will aber nicht herumgehen, ist übelgelaunt und empfindlich *7G-541*. Nachdem die Symptome vollkommen verschwunden waren, kommen sie sehr plötzlich in der gleichen Reihenfolge wieder, offenbar ohne auslösende Ursache *22-39*. Entgegengesetzte Gemütszustände: Fühlt sich nervös, reizbar, will schelten, obwohl sie in guter Laune ist *24-9*. Die Wirkungen sind dauernd, sie neigen überdies in längeren oder kürzeren Zwischenräumen wieder aufzutreten, und zwar in Gruppen, die ihre bestimmte Ordnung einhalten *28-1*. Gegensätzliche und sich widersprechende Geisteszustände *a-22*. Neigt zu obszönen Reden, danach folgt aber schnell ein schlechtes Gewissen *t*.

1-4: Vermehrtes sexuelles Verlangen. – Ist aktiver, die Dinge gehen leichter von der Hand. – 7: Unruhig, will etwas tun, weiß aber nicht was. – 8: Niemand kümmert sich um sie, Gedanken an Selbstmord. – 20: Verrücktes Gefühl auf dem Kopf, kann ihre Symptome nicht aufschreiben. – 25: Aufnahmefähigkeit und Denkfähigkeit herabgesetzt. – Neigung zu Tagträumen. – 26: Mußte sich in den Schlaf weinen. – 28: Kann nicht denken, dauernder Trieb, schnell zu gehen. – 30: Fühlt sich gehetzt. – 32: Gedanken und Gefühle stumpf. – Möchte weinen. – Kann ihre Symptome nicht aufschreiben. – 36: Konnte sich hinsetzen und weinen oder die Geduld mit sich selber verlieren. – 40: Übelgelaunt und empfindlich. – 42: Niedergeschlagenheit. – Hat Angst, irgendetwas zu sagen. – 43: Neigung zu fluchen, andere Leute zu schlagen.

− 65: Niedergeschlagen. − Leidenschaftliche Erregung. − Aufregung, Weinen. − 69: Will nicht lesen. − Die leidenschaftliche Erregung kommt wieder. − 75: Wieder unruhiger Drang, herumzulaufen *7−347,514,537,16,111,32,36,316,45,546,33,24,43,27, 541,7,49,25,11,352,2,44,353,540.* 1: Reizbar am Abend. − 2: Will allein gelassen werden. − 3: Schweigsam, zurückhaltend. − 5: Stumpfsinn, vergeßlich. − 7: Unmöglich, einen klaren Gedanken zu fassen, morgens. − Reizbar, gedrückter Stimmung abends. − Kopf so durcheinander, daß ich Angst hatte, Unterricht zu halten. − 8: Verzweifelt. − 14: Reizbar morgens. − 15: Mache Fehler beim Sprechen *13−21,39,6,34,46,22,52,14,20,48.*

2 **Plötzlich und anfallsweise auftretende Geistesstörungen:**
Die Symptome senkten sich auf sie herab wie eine plötzliche Wolke, als sie sich ganz wohl fühlte *7-27.* Anfälle von Durst gehen jedesmal einem Anfall von Benommenheit, Abgestumpftheit und Niedergeschlagenheit voraus, danach folgen jedesmal die heftigen Symptome während der Prüfung *7G-178.* Die sexuelle Erregung dauerte fast 3 Wochen und nahm an Stärke noch zu, bis ein unkontrollierbarer Orgasmus sie plötzlich beendete; Tiefe Wehmut, als dieser Zustand plötzlich verschwand, kam ebenso plötzlich die Erregung wieder *16A-350.* Im ersten Stadium kommt plötzlich und irgendwo ein Zustand von sexueller Erregung *7-351.*

3 **Morgens:**
Erwachte am Morgen und war reizbar *13-20.* Eingenommenheit des Kopfes 8 Uhr vormittags *13T-60.* Benommenheit des Kopfes frühmorgens *6-69.* Benommenheit des Kopfes beim Erwachen *13-70.* Von düsterer Gemütsstimmung, mit Teilnahmslosigkeit schlimmer morgens *17-2.* Träume gegen Morgen, gefolgt von Reizbarkeit und großer Schwierigkeit, sich auf das Thema zu konzentrieren, gebraucht falsche Worte *22T-24.* Morgens wachte sie auf, ist deprimiert und muß weinen, dabei war sie in einem Erregungszustand *r.* Erst gegen Abend kann sie etwas arbeiten *ii.*

4 **Nachmittags:**
Schweigsam und zurückhaltend, während des Tages *13-6.* Stumpfsinn, kann das richtige Wort nicht finden, vergesse, was ich sagen wollte; nachmittags *13G-34.* Ich fühle mich wie betrunken, den ganzen Nachmittag *13G-57.* Dumm im Kopf, nachmittags *13-59.* Nervöse Symptome beginnen jeden Tag 9 Stunden nach der Einnahme (nachmittags?), am ersten Tag sehr ausgeprägt, aber jeden Tag schlimmer *10-544.* Die Beschwerden verschlimmern sich mit beginnendem Nachmittag *r.* Erst gegen Abend kann sie etwas arbeiten *ii.*

5 **Abends:**
Schlimmer beim Zubettgehen; Als wenn ich verrückt werden wollte; Gedanken an Selbstmord *7-16.* Reizbar am Abend *13-21.* Reizbar, gedrückter Stimmung, unfähig zur Arbeit, abends *13-22.* Nach dem Zubettgehen nahm die Eingenommenheit des Kopfes zu *4-50.* Allgemeine Unruhe des ganzen Körpers, 5 Uhr nachmittags, nimmt abends und nach dem

Zubettgehen noch zu *6-539*. Abends versuchte er zu komponieren, konnte aber nicht *4-571*. Besorgnis nach dem Schlafengehen, mit Angst, verrückt zu werden *17-3*. Fühlt sich morgens besser, schlechter 6-8 Uhr nachmittags *hh*.

6 **Nachts:**
Aufregung, Weinen, Gefühl als bestände sie aus zwei getrennten Personen, nachts *7-2*. Niedergeschlagenheit des Gemüts, mit Verschlimmerung nachts *7-12*. Dauernd voller Kummer nachts *6-18*. Körperliche Reizbarkeit nachts *6-545*. Hat mehrere Nächte nicht geschlafen, wälzt sich hin und her *7-576*. Nächtliche Unruhe *6-583*. Nachts Unruhe *13G-584*. Unruhe die ganze Nacht *6-618*. Starke Unruhe in der Nacht *17-87*. Er schlief gut bis 2 Uhr, dann Unruhe, Umherwerfen *17-89*. Extreme Unruhe in der Nacht *17-90*. Unruhiger Schlaf: abenteuerliches Gefühl im Kopf *23T-37*. Im Schlaf Aufschrecken mit Angstgefühl. Aufgeregt, keine Ruhe in der Nacht *ff*.

PSYCHE   Modalitäten

1 **Besserung durch körperliche Betätigung im Freien:**
(vgl. I-1-H-12: Körperliche Symptome werden durch anhaltende Beschäftigung gebessert, I-3-C-1: Schwindel besser im Freien, II-4-D-1: Wärmeempfindlichkeit). Während der Anfälle sexueller Erregung dauernder Drang zu ungewöhnlicher körperlicher Anstrengung, Gehen usw., in der Hoffnung auf Erleichterung, die Linderung hiervon hörte jedoch mit der Anstrengung auf *16-350*. Mußte in der Nacht heraus, als er sich wieder hinlegte, fühlte er sich schlecht und unruhig *13-551*. Sie kann das Verlangen unterdrücken, wenn sie sich dauernd stark beschäftigt, sobald die Beschäftigung aufhört, kommt das Verlangen in aller Stärke wieder *22T-23*. Der Zustand war nur erträglich, wenn sie draußen auf dem Felde ganz allein war und wie besessen arbeitete *r*. Am wohlsten war es ihr, wenn sie allein im Wald spazieren ging. Wärme konnte sie nicht leiden. Frieren mußte sie eigentlich nie *s*. Innere Unruhe und Hast, findet Erleichterung in der Beschäftigung *t*. Fühlt sich in Bewegung wohler *bb*. Schwermut besser im Freien *ff*.

2 **Will nicht angesprochen werden:**
(siehe I-1-C-2: Wird wütend, wenn sie angesprochen oder getröstet wird).

3 **Alleinsein verschlechtert:**
(vgl. I-1-C-6: Möchte nicht allein sein, jemand soll mit ihr sprechen).
Sie fürchtete, daß sie sterben könnte, wenn sie allein gelassen würde *p*. In Gesellschaft übermütig, wenn sie allein ist, ist sie traurig. Angst beim Alleinsein *bb*.

4 **Anstrengung des Willens bessert:**
Gefühl, als würde sie verrückt werden, wenn sie sich nicht fest in der Hand hält *10GT-3*. Mein Kopf war so durcheinander, daß ich Angst hatte, Unterricht zu halten, aber

PSYCHE   Modalitäten / Begleitsymptome   I-1-H

je mehr ich sprach, desto besser gelang es mir, mich zu konzentrieren 13G-52. Der Kopf geriet durcheinander, als sie für kurze Zeit ruhig gewesen war 7-53. Blasenreizung, es wurde aber besser, wenn sie sich entschloß, nicht zu urinieren 7-286. Wehtun der Unterschenkel, kann sie im Bett nicht stillhalten, schlechter, wenn sie die Kontrolle darüber aufgibt, z.B. wenn sie versucht, einzuschlafen 22G-34.

5 **Willensanstrengung verschlechtert die Erinnerungsfähigkeit:**
Je mehr sie über etwas nachdenkt, desto weniger kann sie sich daran erinnern. Wenn sie an etwas anderes denkt, kommt es ihr wieder 25-9. Ihre Ideen sind schon ohnehin nicht klar, wenn aber ihr Wille angestrengt wird, wird sie noch unklarer 25-18.

6 **Zusammenhang mit der Periode:**
Viel Neigung zum Weinen, ohne zu wissen, warum, besonders während der Menses i-5. Aufregung besonders vor der Periode. Benebelt im Kopf während der Periode. Früher Ohnmacht vor der Periode ff. Müde vor der Periode ii. Vor der Periode Blutleere im Kopf, kann nicht mehr denken. Depressiv nach der Periode. Ohnmachtsgefühl während der Periode jj.

7 **Gegenwart von Männern verschlechtert:**
Die Abneigung gegen das männliche Geschlecht erstreckt sich überhaupt auf alle Männer und Buben. Wenn ein männliches Wesen nur in ihre Nähe kommt, kann sie schon wütend werden, allerdings jetzt garnicht mehr vom Sexuellen berührt r. Schwindel beim Sprechen, besonders wenn sie mit Männern spricht bb.

PSYCHE   Begleitsymptome, Befunde

1 **Abwechslung zwischen körperlichen und geistigen Symptomen:**
Den größten Effekt zeigten das Zentralnervensystem und die Fortpflanzungsorgane 16-1. Neigung zum Fluchen und obszöne Gedanken auszusprechen, Neigung, andere Leute zu schlagen; als diese Empfindungen kamen, ließen die Uterusschmerzen nach 7G-25. Anfälle von Durst gehen jedesmal einem Anfall von Benommenheit, Abgestumpftheit und Niedergeschlagenheit voraus, danach folgen jedesmal die heftigen Symptome während der Prüfung 7G-178. Gelbgefärbte Darmentleerung, schließlich fast blutig, der Trübsinn ist vorüber 1-279. Wenn die Geistessymptome besonders hervorstechend sind, sind die körperlichen Symptome erleichtert 25-7.

2 **Krankheiten der weiblichen Sexualorgane mit Geistesstörungen:**
Den größten Effekt zeigten das Zentralnervensystem und die Fortpflanzungsorgane 16-1. Neigung zum Fluchen und obszöne Gedanken auszusprechen; Neigung, andere Leute zu schlagen; als diese Empfindungen kamen, ließen die Uterusschmerzen nach 7G-25. Zweifelt an ihrem Seelenheil, rauft ihre Haare, versucht zu fliehen (Demenz bei

Uteruskrankheit) *aT-4*.   Abwärtsdrängende Schmerzen, als wenn die Periode kommen wollte, verzweifelt, besorgt, reizbar, weint viel, gegensätzliche und sich widersprechende Geisteszustände *a-22*.   Subinvolution des Uterus, fürchtet eine innere Krankheit zu haben und fürchtet verrückt zu werden *cGT-3*.   Sie klagte über ein abenteuerliches Gefühl im Kopf und sie hatte Angst, daß sie verrückt werden würde. Abwärtsdrängen im Becken, als ob der Uterus hervortreten wollte *d-1*.   Schmerzen in dem li Eierstock, reichliche, gelbliche Leukorrhoe, Furcht zu sterben *m-1*.   Depressiv, weinerlich, lamentiert viel, innere Unruhe und Hast, Schmerzen im Ovar, neigt zu obszönen Reden *t*.

Dauernd voller Kummer, nachts. — Heftiges Abwärtsdrängen in den Geschlechtsorganen. — Unruhe *6—31—18,337,536*.   Kann ihre Symptome nicht aufschreiben. — Gefühl, als wenn alles durch die Vagina zutage treten wollte *7—20—111,245*.   Abneigung gegen Alleinsein, ruhig, hatte es aber gern, andere zu sehen und sprechen zu hören. — Gefühl von Herauszerren, trichterartig zur Vagina. — Wehtun im Becken zwischen Promontorium und Schambein, Ovarien tun weh wie glühende Kohlen *7—23—5,246,316*.   Aufnahmefähigkeit und Denkfähigkeit herabgesetzt. — Neigung zu Tagträumen. — Abwärtsdrängen in der Vagina oder vielmehr, Angst davor *7—25—32,36,339*.   Kann nicht denken, fühlt sich gehetzt. — Schmerzen im re Ovar *7—28—45,323*.   Möchte weinen, wegen etwas, das in ihrem Unterleib nicht in Ordnung ist; fühlt sich wie gehetzt. — Kann ihre Symptome nicht aufschreiben. — Gefühl, als ob alles im Becken nach unten drücken würde. — Druckempfindlichkeit in der re Ovargegend *7—32—24, 43,245,332*.   Träge, unruhig, übelgelaunt, empfindlich. — Beckenschmerzen wie bei Fehlgeburt. — Scharfer Fluor *7—40—541,254,334*.   Niedergeschlagenheit. — Fürchtet, etwas falsches zu sagen. — Vergeßlich. — Gefühl von Reizung im Uterus *7—42—7,49, 528,321.*   Aufregung nachts. — Niedergeschlagen. — Abwärtsdrängen und Brennen in der Genitalgegend *7—65—2,11,149*.

3 **Herzstörungen mit Angst und Besorgnis, Brustschmerzen mit Unruhe:** Intermittierende Herzaktion. Die Symptome waren so konstant, daß ich es mit der Angst zu tun bekam, eine organische Herzkrankheit zu haben *3G-422*.   Schmerzen in der Herzgegend, fühlt, daß sie herzkrank ist und sich nicht erholen kann, oder daß sie ihr Seelenheil verlieren wird *a-5*.   Dumpfe, drückende Herzschmerzen, häufiges Herzklopfen, Besorgnis *a-31*.   Nervös und besorgt, verdächtigt jeden, redet unaufhörlich, wiederholt stundenlang einzelne Worte, flucht wie ein Sergeant, Herzflattern beim Liegen auf der li Seite *p*.   Hat immer wieder Herzattacken, erwacht aus dem Schlaf mit dem Gefühl, als würde das Herz von einer Faust gepackt und wieder losgelassen, Angstgefühle *q-2*.   Zustand vollkommener Verzweiflung, deprimiert, muß weinen, streitsüchtig, findet sich selbst wild, Herzflattern mit Zittern am Herz, Brustschmerzen auf der Höhe der Erregungszustände *r*.   Herzstörungen mit Herzklopfen und einer rasenden Todesangst *s*.   Innere Unruhe und Hast, Herzbeschwerden *t*.   Herzklopfen, das Herz läuft so schnell, daß ich schreien muß. Ich muß schrei-

en, das bessert, sonst könnte ich nicht mehr atmen *bb*. Nachts Herzklopfen und Herzangst *ee*.

Allgemeine Unruhe des ganzen Körpers, nimmt nach dem Zubettgehen noch zu. – Beklemmungsgefühl im unteren Drittel der Brust mit Schweratmigkeit gegen Morgen. – Heftige Schmerzen in der li Mamma, bis zum Schulterblatt, nachts *6–8–539,374,437*. Nächtliche Unruhe. – Zusammenschnüren im unteren Drittel der Brust, in der Nacht gegen Morgen. – Schmerzen und Schweregefühl in der li Mamma, als würde sie ergriffen, bis zum Schulterblatt, 10 Uhr abends *6–11–583,369,391*. Reizbar, ungeduldig. – Zusammenziehen der Brust *6–29–23,368*. Dauernd voller Kummer, nachts. – Unruhig. – Li Mamma schmerzhaft *6–31–18,536,390*. Fühlt sich gehetzt und kann doch nicht viel tun. – Ein gehetztes, zwingendes Gefühl um das Herz. – Plötzliches Herzflattern *7–30–546,415,413*. Schweigsam, zurückhaltend. – Beklemmung der Brust besser durch Seufzen *13–3–6,373*. Reizbar, gedrückter Stimmung, abends. – Mein Kopf war durcheinander. – Beklemmung und Blutandrang in der Brust, stärker abends *13GT–7–22,52,372*. Verzweifelt und nicht gebessert durch Arbeit. – Zusammenschnüren in der Brust, mit Erstickungsgefühl *13–8–14,370*. Den ganzen Tag mache ich Fehler beim Sprechen, ich gebrauche falsche Worte. – Dumpf drückender Schmerz unter dem Brustbein, zum Mittellappen hin, besser durch Seufzen und Druck *13–15–48,376*.

4 Schwindel, Sehstörungen, Kreislaufstörungen bei Geistesstörungen:
Verzweifelt, besorgt, reizbar; weint viel; gegensätzliche und sich widersprechende Geisteszustände, Ohnmachtsanwandlungen, Glieder kalt und feucht *a-22*. Kann manchmal in der Schule nicht aufpassen, alles verschwimmt vor Augen *gg*.

Niedergedrückte Gemütsstimmung, Neigung zum Weinen, Angst, eine schreckliche Krankheit zu haben. – Verschwommensehen. – Ohnmachtsanwandlung, kalter Schweiß auf Handrücken und Füßen *5T–43–9,139,535*. Reizbar am Abend. – Taumeln und Wanken beim Gehen, mit Neigung, nach vorwärts zu fallen *13–1–21,56*. Stumpfsinn, kann das richtige Wort nicht finden, vergeßlich, nachmittags. – Ich fühle mich betrunken, taumele vorwärts, den ganzen Nachmittag. – Dumm im Kopf, nachmittags *13–5–34,57,59*. Unmöglich, einen klaren Gedanken zu fassen, 8 Uhr morgens. – Eingenommenheit des Kopfes, eine Art Schwindligkeit, mehr in den Augen, 8 Uhr morgens. – Wie ein Schleier vor Augen, 8 Uhr morgens *13–7–46,60,145*. Mache Fehler beim Sprechen, gebrauche falsche Worte. – Schweregefühl der Augenlider und Trübsehen *13–15–48,132*. Große Schwierigkeit, mich auf meine Lektion zu konzentrieren, kann die richtigen Worte nicht finden. – Schwindligkeit und Schwächegefühl überall, Verschwimmen vor Augen, Angst zu fallen. – Schwacher Herzschlag. – Ohnmachtsgefühl *13–24–41,55,421,550*.

5 Kopfschmerzen mit Störung der Denkfähigkeit:
Druck und ein verrücktes Gefühl auf dem Kopf oben darauf, so daß sie ihre Symptome nicht aufschreiben kann *7G–20–111*. Kopfschmerzen dumpf, drückend, mit

Schweregefühl, mit Reizbarkeit des Temperamentes *22-8*.   Brennender, feinstechender Stirnkopfschmerz mit dem Gefühl, als wäre ein elastisches Band darübergespannt, mit Geistesverwirrung, besser durch Willensanstrengung *23-4*.   Verrücktmachende Kopfschmerzen, Gefühl, als ob sie den Verstand verlieren sollte, mit Benommenheit *a-5*.   Kopfschmerzen mit Denkbehinderung *hh*.   Wenn sie sich konzentrieren muß, strengt das an und sie bekommt Kopfschmerzen *ii*.

Verzweifelt. – Dumpfer Schmerz in der Stirn über den Augen *5'–6–13,90*.   Niedergedrückte Gemütsstimmung. – Dumpfer Schmerz über den Augen *5'–12–8,128*. Ärgert sich über jeden, möchte nicht angesprochen werden. – Intensiver Kopfschmerz, hinterließ ein merkwürdiges, konfuses Gefühl um den Kopf *6–11–28,82*. Aufnahmefähigkeit und Denkfähigkeit scheinen herabgesetzt. – Schmerzen im Hinterkopf und über den Augen *7–25–32,118*.   Sie kann ihre Symptome nicht aufschreiben. – Schmerzhaftes Grimmen in der re Kopfseite *7–22–43,113*.   Fürchtet, daß sie etwas Falsches sagen könnte. – Schießen in der re Kopfseite *7–42–49,117*.   Fühlt sich gehetzt, ziellose Eile und Bewegung. – Alter Schmerz in der li Kopfseite *7–61–540,114*. Kann sich nicht konzentrieren, niedergeschlagen. – Kopfschmerz *11–3–37,67*. Will allein gelassen werden, will sich nicht die Mühe geben zu antworten. – Brennend drückende Schmerzen über dem li Auge *13–2–39,100*.   Unmöglich, einen klaren Gedanken zu fassen, 8 Uhr morgens. – Eingenommenheit des Kopfes, 8 Uhr morgens. – Kopfschmerzen, 8 Uhr morgens *13–7–46,60,101*.   Mache Fehler beim Sprechen. – Dumpfer Kopfschmerz. – Grabender Schmerz im li Stirnhöcker *13–15–48,72,119*. Kann das richtige Wort nicht finden. – Heftiger linksseitiger Kopfschmerz *13–24–41,115*.

6 **Fiebersymptome mit Unruhe:**
Als er sich in der Nacht wieder hinlegte, fühlte er sich schlecht und unruhig, alles war zu heiß *13-551*.   Merkwürdige, halbwache Träume, mit brennender Hitze die ganze Nacht *13G-588*.   Hitze in Händen, Armen und Beinen, mit allgemeiner Unruhe *6-617*. Hitze in den Handflächen und Fußsohlen, die Glieder aufwärts, mit Unruhe die ganze Nacht *6-618*.   Hitze in den Beinen, mit unruhigen Bewegungen *6-619*.   Brennende Hitze in den Handflächen und Fußsohlen, die Glieder aufwärts, mit allgemeiner Unruhe des ganzen Körpers *6G-622*.

Leichte Fiebersymptome. – Leichtes Delirium und häufiges Aufschrecken *1–3–614,4*. Unruhiger Schlaf. – Große Hitze in Armen und Beinen im ersten Teil der Nacht *6–14–585,621*.   Unruhiger Schlaf. – Große Hitze in Händen, Armen, Füßen und Beinen *6–20–580,620*.   Unruhig. – Kopf sehr heiß. – Hände und Unterarme heiß *6–31–536,65,463*.   Fühlt sich gehetzt, läuft den ganzen Tag herum. – Brennen durch den Unterbauch *7–62–540,222*.   Reizbar. – Kälteschauer über das Gesicht, Hitze und Blutandrang in der Brust *13–1–21,601*.   Will allein gelassen werden. – Brennen in der Stirn. – Etwas Frösteln *13–2–39,100,596*.   Reizbar. – Kopf durcheinander. – Beklemmung und Hitze der Brust. – Nachts alles zu heiß *13–7–22,52,371,551*. Reizbar. – Brennen innerlich und äußerlich. – Brennende Hitze nachts *13–14–20,553,558*.

PSYCHE   Begleitsymptome   I-1-H

7 Rückenschmerzen mit Depression:
Neigung zum Weinen, mit Übelkeit und Rückenschmerzen *a-3*. Verzweifelt, besorgt, reizbar, weint viel; Schmerzen im Sacrum *a-22*. Fürchtet, eine innere Krankheit zu haben. — Schmerzen in Rücken und Hüften *c-3*. Deprimiert. — Menses begleitet von heftigen Kreuzschmerzen, die auch in der Zwischenzeit anhalten *i-3*.

Verzweifelt. — Dumpfer und anhaltender Rückenschmerz zwischen den Hüften *5'—6—13,442*. Niedergedrückte Gemütsstimmung, Neigung zum Weinen. — Übelkeit und Rückenschmerzen *5'—10—8,186*. Niedergedrückte Gemütsstimmung, Neigung zum Weinen. — Dumpfer Schmerz in Kreuz und Sacrum *5'—12—8,446*. Allgemeine Unruhe, sehr viel schlechter abends und nach dem Zubettgehen. — Scharfer Schmerz in der Lumbalgegend, bis über die re Hüfte zur Nabelgegend, nachts *6—8-10—622,437*. Kann ihre Symptome nicht aufschreiben. — Wehtun und Druck durch die Lumbosacralgegend *7—20—111,453*. Aufnahmefähigkeit und Denkfähigkeit scheinen herabgesetzt. — Unaufgelegt zu geistiger oder körperlicher Arbeit. — Heftiges Ziehen nach oben und vorn von der Steißbeinspitze aus *7—25—32,36,454*. Kann sich nicht konzentrieren, Neigung zum Weinen, niedergeschlagen. — Heftiger Rückenschmerz *11—3—37,429*. Reizbar, gedrückter Stimmung. — Unaufgelegt zur Arbeit. — Unmöglich, einen klaren Gedanken zu fassen. — Ständiger Schmerz in Kreuz und Wirbelsäule *13—7—22,35,46,445*.

8 Oesophaguskrampf mit Angst:
Gefühl von Zusammenschnüren im Oesophagus, zum Schlingen nötigend und Angst verursachend *i-6*. Kloßgefühl im Hals bei Angstgefühlen, bringt dann kein Essen herunter *jj*.

Angst, eine schreckliche Krankheit zu haben. — Gefühl eines Klumpens in der Mitte der Brust, der zwar durch Leerschlucken nach unten rutschte, hinterher aber wieder aufstieg *5—43—9,189*.

9 Hunger und Durst mit Geistesstörungen:
Anfälle von Durst gehen jedesmal einem Anfall von Benommenheit, Abgestumpftheit und Niedergeschlagenheit voraus *7G-178*.

Aufnahmefähigkeit und Denkfähigkeit scheinen herabgesetzt. — Vermehrtes Verlangen nach Fleisch und sie hat sehr viel gegessen *7—25—32,165*. Fühlt sich nervös, möchte weinen wegen eines Gefühls von Gereiztheit. — Sie kann ihre Symptome nicht aufschreiben. — Viel Durst, trinkt oft und viel *7—22—24,43,177*. Niedergeschlagen. — Angst, daß sie etwas Falsches sagen könnte. — Verlangen nach Fleisch. — Durst *7—42—11,49,162,176*. Fühlt sich gehetzt, glaubt sterben zu müssen. — Starker Hunger *7—61—540,163*.

10 Reizung von Blase und Darm mit Geistesstörungen:
Niedergeschlagenheit des Gemüts, mit Verschlimmerung nachts und Durchfall am Morgen *7-12*. Gelbgefärbte Darmentleerung, schließlich fast blutig, der Trübsinn ist vor-

über *1-279*. Als ob Stuhlgang kommen wollte, verzweifelt, besorgt, reizbar, weint viel, häufiger, spärlicher, brennender Urin *a-22*.

Niedergedrückte Gemütsstimmung, Neigung zum Weinen, Angst, eine schreckliche Krankheit zu haben. — Beim Stuhlgang heftiges Abwärtsdrücken im Darm und Anus. — Häufiger, aber spärlicher Urin *5—43—9,248,295*. Verzweifelt. — Abwärtsdrücken gegen den Anus *5'—6—13,442*. Niedergedrückte Gemütsstimmung, Neigung zum Weinen. — Druck in Rectum und Anus *5'—12—8,267*. Ärgert sich über jeden, möchte nicht angesprochen werden. — Häufiger Urindrang, beißendes Brennen der Harnröhre *6—11—28,290*. Abneigung gegen Alleinsein. Ruhig, hatte es aber gern, andere zu sehen und sprechen zu hören. — Dauernder Stuhldrang durch Druck auf das Rectum und Brennen in der Harnröhre. — Dauernder Urindrang, hinterher Beißen und Tenesmus. — Brennen in der Harnröhre *7—23—5,278,285,287*. Aufnahmefähigkeit und Denkfähigkeit herabgesetzt. — Dauernder Druck auf die Blase, nur wenig Urin, hinterher Beißen und Tenesmus *7—25—32,285*. Möchte weinen wegen eines Gefühls von Gereiztheit. — Kann ihre Symptome nicht aufschreiben. — Dauerndes Gefühl, als müßte Stuhlgang kommen *7—22—24,43,278*. Niedergeschlagen. — Angst, daß sie etwas Falsches sagen könnte. — Druck auf Blase und Rectum *7—42—11, 49,283*. Fühlt sich gehetzt, glaubt sterben zu müssen. — Durchfall, mußte sich beeilen *7—61—540,272*. Reizbar, gedrückter Stimmung. — Unmöglich, einen klaren Gedanken zu fassen. — Brennend heißer Urin *13—7—22,46,310*. Mache Fehler beim Sprechen. — Häufiges Urinieren *13—15—48,294*.

11 **Schwäche bei Geistesstörungen:**
(vgl. I-1-B-1: Kann drängende Pflichten nicht ausführen).
Niedergeschlagenheit des Gemüts, mit starkem Gefühl von Langsamkeit und Unfähigkeit, an ihre Arbeit zu gehen *7-12*. Reizbar, gedrückter Stimmung, körperlich schwach und unfähig zur Arbeit *13-22*. Sie verlor ihre Kraft und Energie und konnte sich hinsetzen und weinen *7-27*. Schwach und reizbar *13GT-531*. Innerliches Zittern und Unruhe *ff*.

Niedergedrückte Gemütsstimmung, Neigung zum Weinen, Angst, eine schreckliche Krankheit zu haben. — Schwäche und Zittern in den Därmen mit Kraftlosigkeit *5—43—9,238*. Reizbar, ungeduldig. — Allgemeine Mattigkeit *6—29—23,524*. Übelgelaunt, hat keine Geduld. — Abgespannt, träge, vergeßlich *7—33—26,528*. Kann nicht klar denken. — Nervöses Zittern *11—2—38,516*. Verzweifelt. — Mattigkeit in den Oberschenkeln *13—8—14,486*. Macht Fehler beim Sprechen. — Beine schwach *13—15—48,475*. Ärgert sich über jeden, möchte nicht angesprochen werden. — Kopfschmerz mit allgemeiner Schwäche und Verlangen sich hinzulegen *6—11—28,82*.

12 **Körperliche Symptome werden durch anhaltende Beschäftigung gebessert:**
(vgl. I-1-G-1: Psychische Symptome besser durch körperliche Betätigung im Freien).
Bemerkte einige sehr deutliche Herzsymptome; Plötzliches Herzflattern nach Gehen, dies, wie andere Symptome, wird weniger empfunden, wenn sie sich stark beschäftigen

kann *7-413*. Wehtun der Unterschenkel, kann sie im Bett nicht stillhalten, schlimmer wenn sie die Kontrolle darüber aufgibt, z.B. wenn sie versucht einzuschlafen *22G-34*. Besser durch Beschäftigung mit der Arbeit *e*. „Ich steigere mich hinein in den Schmerz" *gg*. Schmerz in der li Kopfseite beim Sitzen ohne Arbeit, besser durch Beschäftigung *7-114*.

13 Körperliche Folgen von Aufregung:
Alles, was irgendwie aufregt, macht kalte Hände *10G-607*. Die Herzanfälle werden durch Aufregung verursacht. Aufregung macht Herzklopfen *eG*. Schwindel beim Sprechen, besonders wenn sie mit Männern spricht. Aufregung macht Kopfschmerzen. Durch Aufregung ein Jahr lang Unterbrechung der Periode. Schwindel mit Verschwommensehen durch Aufregung. Ich kann nicht richtig atmen, wenn ich aufgeregt bin. Gefühl im Bauch, wie ein nach unten ziehendes Gewicht, besonders bei Aufregung *bb*. Schreck fährt ins Kreuzbein *dd*. Magenschmerzen durch Aufregung *ff*. Aufregung macht Herzklopfen *gg*. Aufregung, Erwartung verursacht häufig Durchfall. Aufregung macht Magenbeschwerden und Stuhldrang *hh*. Wenn sie sich konzentrieren muß, strengt das an und sie bekommt Kopfschmerzen *ii*. Herzschmerzen durch Aufregung *jj*.

14 Befunde, Diagnosen:
Hysterie *10-520*. Bei verschiedenen Prüfern ist dieser Zustand zu hysterischen Anfällen ausgeartet *28-2*. Demenz durch geschäftliche Enttäuschungen und sexuelle Exzesse *a-2*. Demenz bei Uteruskrankheit *aT-4*. Allerlei hysterische Äußerungen des Leidens *m-2*.

SCHLAF   Schlaflosigkeit

1 Kann nicht einschlafen wegen Unruhe:
Schlimmer beim Zubettgehen; kann nicht einschlafen; abenteuerliches Durcheinander im Kopf *7GT-16*. Allgemeine Unruhe des ganzen Körpers, nimmt abends und nach dem Zubettgehen noch zu *6-539*. Läuft den ganzen Tag herum, konnte nicht einschlafen *7G-540*. Mußte in der Nacht heraus, als er sich wieder hinlegte, fühlte er sich schlecht und unruhig *13-551*. Wälzt sich dauernd hin und her; wenn sie geweckt wird, kann sie nicht wieder einschlafen *7-576*. Starke Schlafneigung, kann aber nicht schlafen *17-88*. Kann vor Mitternacht nicht schlafen *23-36*. Versucht krampfhaft, schnell einzuschlafen, kann aber nicht *24-21*. Kann nicht einschlafen *dd*. Schläft schlecht ein *ee*. Ab und zu Einschlafstörung *ii*. Schläft schlecht ein *jj*.

2 Kann nicht einschlafen wegen körperlicher Beschwerden:
Sie konnte nicht schlafen wegen anhaltender Beckenschmerzen *7-254*. Ovarschmerzen, sie mußte sich in den Schlaf weinen *7-316*. Ovarschmerzen, schließlich

schlief sie auf dem Rücken ein *7-332*.   Heftiges Schlagen des Herzens, kann deshalb nicht einschlafen *8G-416*.   Heftige Schmerzen die ganze Nacht *10-552*.   Brennende Hitze in den Gliedern, sehr viel schlechter abends und nach dem Zubettgehen *6GT-622*. Große Hitze in den Armen und Beinen, im ersten Teil der Nacht *6-621*.   Das herabdrängende Gefühl war so stark, daß der Mann in der Nacht den Druck auf die Vulva ausüben mußte *d-4*.

3 **Schlafloses Hin- und Herwälzen in der Nacht:**
Schlaflosigkeit *16-575*.   Hat mehrere Nächte nicht geschlafen, wälzt sich dauernd hin und her, sucht nach einem Vorwand zum Aufstehen *7-576*.   Kann nachts nicht schlafen, liegt mit den Augen weit offen *7-577*.   Schlaflosigkeit *7-578*.   Nächtliche Unruhe *6-583*.   Unruhe die ganze Nacht *6-618*.   Starke Unruhe in der Nacht *17-87*. Unruhe, Umherwerfen, kann nicht lange in derselben Lage bleiben *17-89*.   Extreme Unruhe in der Nacht *17-90*.   Läuft Tag und Nacht herum *aT-4*.   Aufgeregt, keine Ruhe in der Nacht, kann die Gedanken nicht abschalten. Kann nachts nicht ruhig liegen, muß herumwandern *ff*.

4 **Wird durch Herzbeschwerden oder Brustschmerzen geweckt:**
Erwachte plötzlich durch Schmerzen li, als würde das Herz ergriffen *2-400*.   Wurde plötzlich durch einen linksseitigen Schmerz geweckt, als wenn das Herz heftig ergriffen würde *2-407*.   Erwachte nachts durch unangenehmen Schmerz und Druck mit Herzflattern *14GT-409*.   Sehr heftiges Herzflattern, erwachte häufig in der Nacht dadurch *14-414*.   Gegen 1 Uhr 30 erwachte ich aus dem Schlaf mit Hinterhauptskopfschmerz und Krankheitsempfindung im Magen *20-13*.   Scharfe Schmerzen in der li Brust wecken in der Nacht *27-7*.   Erwacht aus dem Schlaf mit dem Gefühl, als würde das Herz von einer Faust gepackt *q-2*.   Die Blähungen führten zu Herzstörungen, besonders nachts um 4 Uhr *s*.   Wacht nachts auf und muß etwas essen *hh*. Dysenterie, erwacht 3 Uhr nachts *a-8*.

Scharfe, schneidende Schmerzen in beiden Brustdrüsen, von der li Mamma zum Schulterblatt, nachts. – Schläft nicht mehr nach 2 Uhr morgens. – Unruhiger Schlaf. – Schreckliche und qualvolle Träume *6–14–396,582,585,592*.   Zusammenschnüren in der li Brustseite, 6 Uhr abends, stärker nach dem Hinlegen. – Unruhiger Schlaf, häufiges Erwachen wie durch Schreck *6–20–378,580*.   Nachts Unruhe. – Beklemmung der Brust besser durch Seufzen *13–23–584,373*.   Unruhig, müde. – Kummervolle und unangenehme Träume. – Schmerzen in der re Brustseite, mit Druck und Gefühl von einem Gewicht, das auf die Brust gepreßt wird *15–6–538,591,385*.

5 **Häufiges Erwachen durch Urindrang:**
Häufiger Urindrang, im letzten Teil der Nacht und am frühen Morgen *6GT-290*. Dauernder Urindrang, mußte mehrere Nächte lang 20 mal in der Nacht zum Wasserlassen aufstehen *7A-293*.   Häufiger Urinabgang nachts *6-297*.   Muß 20 mal in der Nacht aufstehen zum Urinieren *7-299*.   Die Blase wurde in 10 Stunden 4 mal entleert, das ist in der Nacht für ihn sehr ungewöhnlich *4-300*.   Mußte in der Nacht

SCHLAF — Schlaflosigkeit / Müdigkeit — I-2-B

heraus *13-551*.   Um Mitternacht erwachte er plötzlich und entleerte die Blase, bei ihm sehr ungewöhnlich; schlief wieder bis Viertel vor 6, erwachte plötzlich und entleerte die Blase; schlief bis 8 Uhr und entleerte wieder die Blase *4-574*.   Hat mehrere Nächte nicht geschlafen, muß 20 mal zum Wasserlassen aufstehen *7-576*.   Erwacht nachts weil sie diese Stellen auf den Labien kratzt *a-26*.

6 **Unruhiger, oberflächlicher Schlaf, häufiges Erwachen:**
(siehe I-2-C-2: Träume stören den Schlaf).
Heftige Schmerzen die ganze Nacht *10-552*.   Schläfrig, erwacht aber leicht *1-569*. Wachsein in der Nacht *6-579*.   Unruhiger Schlaf, häufiges Erwachen wie durch Schreck *6-580*.   Erwacht häufig *7-581*.   Nachts unruhig *13GT-584*.   Unruhiger Schlaf voller Träume *13-586*.   Ruheloser Schlaf *24G-21*.   Oberflächlicher Schlaf *ff*.

7 **Aufschrecken in der Nacht:**
Häufiges Erwachen wie durch Schreck *6-580*.   Aufschrecken im Schlaf mit Angstgefühl *ff*.   Aufschrecken beim Einschlafen *jj*.

8 **Erwachen um 2 Uhr morgens:**
Schläft nicht mehr nach 2 Uhr morgens *6-582*.   Er schlief gut bis 2 Uhr, dann Unruhe, Umherwerfen *17-89*.   Gegen 1 Uhr 30 erwachte ich aus dem Schlaf *20-13*. Wacht 2 Uhr nachts auf *ee*.   2 Uhr nacht aufwachen *ff*.

9 **Erwachen frühmorgens:**
Häufiger Urindrang im letzten Teil der Nacht und am frühen Morgen *6GT-290*.   Erwacht früher als sonst *13-590*.   Erwache ziemlich früh, 5 Uhr morgens *19-3*.   Wiederum frühes Erwachen wie am Tage vorher *19-5*.   Erwachte früh, fiel aber nach einiger Zeit wieder in Schlaf und erwachte wieder *19-6*.   Morgendiarrhoe, die sie aus dem Bett treibt *24-23*.   Erwachte 3 Uhr nachts *a-8*.   Herzstörungen, besonders nachts um 4 Uhr *s*.   Erwacht oft zwischen 3 und 4 Uhr nachts *cc*.

SCHLAF — Müdigkeit, Gähnen

1 **Müdigkeit:**
Unruhe und Müdigkeit *15-242*.   Abgespannt, ziemlich schläfrig *1-529*.   Wie benommen, schläfrig und abgespannt *1-530*.   Unruhig, müde *15-538*.   Schläfrig, erwachte aber leicht (nach 1 Stunde); schläfrig (nach 4 Stunden) *1-569*.   Sehr schläfrig zu ungewohnten Zeiten *5G-570*.   Möchte schlafen *7-572*.   Müdigkeit und Gähnen *17-86*. Müde, kann nichts tun *ii*.

2 **Gähnen und Strecken:**
Schmerzen in der re Brustseite, mit Neigung, die Teile zu dehnen *15-385*.   Gähnen und Strecken *9-567*.   Gähnen und Strecken überall *6-568*.   Müdigkeit und Gähnen *17-86*.

3 **Schwere der Lider:**
Schweregefühl der Augenlider *13-132*. Die Lider sind schwer, neigen zum Herabfallen *f-3*. Mittags große Schläfrigkeit und Schwere auf den Augen *i-5*.

4 **Tagträume:**
Neigung zu Tagträumen; ist wach, scheint aber zu schlafen und weit weg zu sein *7-36*.

5 **Abends sehr müde:**
Ein Gefühl von Schläfrigkeit im ganzen Körper zwang ihn, sich ungewöhnlich früh schlafen zu legen *4-571*. Fühle mich schlaftrunken und gehe früh zu Bett *13-573*. Schlief fest ohne viel zu träumen; nach Mitternacht erwachte er *4-574*. Schlaftrunkenheit, starke Schlafneigung, kann aber nicht schlafen *17-88*. Von 4-5 Uhr nachmittags an hatte ich Kopfschmerzen, mit einem Gefühl außerordentlicher Ermüdung *20-11*.

6 **Morgens unausgeschlafen:**
(vgl. I-2-D-1: Allgemeine Verschlimmerung nach Schlaf).
Erwachte am Morgen unerfrischt *13-87*. Erwachte früher als sonst und war unausgeschlafen *13-590*. Erwachte um 7 Uhr 30 früh, fühlte mich sehr müde *20-14*. Morgens müde, kann sich nicht konzentrieren *ii*.

7 **Mittags müde:**
Mittags große Schläfrigkeit und Schwere auf den Augen *i-5*. Schläfrig nach dem Mittagessen *hh*.

8 **Ermüdet durch geistige Anstrengung:**
Ermüdet sehr durch geistige Anstrengung *17-4*. Sie redete unaufhörlich, dann schlief sie vor Erschöpfung ein *p*.

9 **Müdigkeit besser nach dem Frühstück:**
Erwachte um 7 Uhr 30, fühlte mich sehr müde, aber alle Erscheinungen verschwanden nach dem Frühstück *20-14*.

10 **Müde vor der Periode:**
Müde vor der Periode *ii*.

SCHLAF   Träume

1 **Viele Träume, träumt die ganze Nacht:**
Unruhiger Schlaf voller Träume *13-586*. Träumt die ganze Nacht *7-587*. Merkwürdige Träume die ganze Nacht *13-588*. Schlief gut die ganze Nacht, aber mit unangenehmen Träumen *7-589*. Träumt viel *dd*.

2 Träume stören den Schlaf:
Der Schlaf gestört durch qualvolle Träume *6-579*. Unruhiger Schlaf voller Träume *13-586*. Schlaf unterbrochen durch unangenehme Träume *13-590*. Unruhe in der Nacht, gequält durch schreckliche Träume *17-90*. Erwache ziemlich früh mit Neigung zu wirren Träumereien *19-3*. Eine Nacht, die durch laszive Träume unruhig war *22T-13*.

3 Qualvolle Träume:
Qualvolle Träume *6-579*. Unangenehme Träume *7-589*. Unangenehme Träume *13-590*. Kummervolle und unangenehme Träume *15-591*. Schreckliche und qualvolle Träume *6G-592*. Schreckliche Träume *17-90*.

4 Laszive Träume gegen Morgen:
Laszive Träume gegen Morgen und Samenerguß, der mich erweckte *13GT-584*. Erwache ziemlich früh, mit Neigung zu wirren Träumereien *19-3*. Wiederum frühes Erwachen, wie am Tage zuvor, ich fand im Hemde die Spuren einer Pollution *19-5*. Erwachte wieder bei einer Pollution *19-6*.

5 Merkwürdige halbwache Träume:
Merkwürdige, halbwache Träume die ganze Nacht *13-588*.

6 Unerinnerliche, wirre Träume:
Schlaf voller Träume, an die er sich nicht erinnern kann *13-586*. Erwache ziemlich früh, mit Neigung zu wirren Träumereien *19-3*.

7 Zeitdehnungsträume:
Dinge, die kurz nacheinander stattfanden, schienen weit auseinander zu liegen, z.B. wenn ein Kind aufstand zum Urinlassen, schienen die Zwischenräume zwischen Aufstehen, Urinlassen und wieder hinlegen sehr lang zu sein *13-588*.

8 Verlorener Regenschirm:
Hatte wirre Träume, in denen ich mich hart abmühte, meinen verlorenen Regenschirm wieder zu finden *20-13*.

9 Verletzungen mit einem Messer:
Träumt von Räubern, sie wollen ihn verletzen *17-91*. Träumt, daß er gesehen hat, wie ein Bekannter mit dem Messer gefährlich verletzt wurde *17-92*. Schreckliche Träume, daß der obere Teil seines Kopfes abgerissen wird, daß jemand ihn mit einem Messer in Stücke schneiden will *17-93*.

10 Räuber, will um Hilfe schreien:
Träumt von Räubern, sie wollen ihn verletzen, und er versucht, um Hilfe zu schreien *17-91*.

11 **Als bestände sie aus zwei getrennten Personen:**
Gefühl, als bestände sie aus zwei getrennten Personen, nachts *7-2*.

12 **Bergsteigen, Eingesperrtsein:**
Träumt vom Bergsteigen, Eingesperrtsein *dd*.

SCHLAF   Modalitäten

1 **Allgemeine Verschlimmerung nach Schlaf:**
(vgl. I-2-B-6: Morgens unausgeschlafen).
Erwachte am Morgen und war reizbar *13-20*. Benommenheit des Kopfes, frühmorgens *6-69*. Benommenheit des Kopfes beim Erwachen *13-70*. Erwachte am Morgen unerfrischt, mit Völle und Schwere in der Stirn *13-87*. Kein richtiger Schmerz, aber ein Gefühl wie nach einem Schmerz am Morgen *7-556*. Von düsterer Gemütsstimmung mit Teilnahmslosigkeit, schlimmer morgens *17-2*. Erwachte um 7 Uhr 30 früh mit dem Gefühl, als wäre der hintere Teil meines Kopfes zu weit, fühlte mich sehr müde *20-14*. Verschwimmen vor Augen nach einer Nacht, die durch laszive Träume unruhig war, im Verein mit Konzentrationsschwierigkeiten *22-13*. Laszive Träume gegen Morgen, gefolgt von Schwäche und einem Gefühl von Reizbarkeit und Konzentrationsschwierigkeit *22GT-24*. Morgens wacht sie auf, ist deprimiert und muß weinen *r*. Kopfschmerzen nachts beim Aufwachen. Morgens beim Aufwachen Kopfschmerzen *aa*.

2 **Beschwerden besser nach Schlaf:**
Scharfer Schmerz über dem li Auge, er verschwand nach Schlaf *5'-130*. Gefühl, als würde ein harter Gegenstand im Magen herumrollen, welches während der Nacht verging *15-203*. Kneifender Schmerz in den Därmen mit Hitze und Schmerzen in und durch die Stirn, der abends und nachts allmählich zunahm wie vorher, und der wie vorher etwa 8 Uhr morgens nachließ *6-228*. Weißfluß, schlimmer nachmittags und abends bis Mitternacht, am nächsten Tag hatte er aufgehört und sie fühlte sich morgens besser *7T-334*. Schmerzen in der re Brustseite, sie waren am Morgen weg *15-385*. Die Symptome kommen jeden Tag zwischen 5 und 6 Uhr nachmittags, nehmen während der Nacht allmählich zu und vergehen etwa 8 Uhr morgens *22-38*.

SCHLAF   Begleitsymptome

1 **Hitzegefühl bei Schlafstörungen:**
Mußte in der Nacht heraus, als er sich wieder hinlegte, fühlte er sich schlecht und unruhig, alles war zu heiß *13-551*. Merkwürdige, halbwache Träume, mit brennender Hitze die ganze Nacht *13-588*. Brennende Hitze die ganze Nacht, mit merkwürdigen, halbwachen Träumen *13-613*. Hitze in Handflächen und Fußsohlen, von da die Glie-

der aufwärts, mit Unruhe die ganze Nacht *6-618*. Große Hitze in den Armen und Beinen, mit Klopfen der Adern im ersten Teil der Nacht *6-621*. Brennende Hitze in den Handflächen und Fußsohlen, von da aufwärts über die ganzen Glieder, mit allgemeiner Unruhe des ganzen Körpers, 5 Uhr nachmittags; sehr viel schlechter abends und nach dem Zubettgehen, sucht dauernd einen kühlen Platz im Bett *6G-622*. Ruheloser Schlaf, mit abenteuerlichem Gefühl im Kopf und schrecklichen, qualvollen Träumen; alles scheint ihm zu heiß; versucht krampfhaft, schnell einzuschlafen, kann aber nicht *24-21*.

Körperliche Reizbarkeit nachts. – Schlaflosigkeit. – Nächtliche Unruhe. – Hitze in den Händen, Armen und Beinen, mit allgemeiner Unruhe *6–11–545,578,583,617*. Unruhiger Schlaf. – Schreckliche und qualvolle Träume. – Große Hitze in den Armen und Beinen im ersten Teil der Nacht *6–14–585,592,621*. Unruhiger Schlaf, häufiges Erwachen wie durch Schreck. – Große Hitze in Händen, Armen, Füßen und Beinen *6–20–580,620*. Der Schlaf gestört durch qualvolle Träume. – Hände und Unterarme heiß *6–31–579,463*. Schlaf unterbrochen durch unangenehme Träume, erwacht früher als sonst. – Gefühl von Hitze und Blutandrang in der Brust *13–1–590,601*.

2 **Schmerzen mit Müdigkeit:**
Erwacht am Morgen unerfrischt, mit Völle und Schwere in der Stirn *13-87*. Kneifende Schmerzen im unteren Teil der Eingeweide, mit Unruhe und Müdigkeit *15-242*. Dumpfer Schmerz unter dem re Schulterblatt als ich müde war durch die Vorlesungen, ich habe es schon früher gefühlt, wenn ich müde war *12-433*. Hinterhauptskopfschmerz, mit Rückenschmerzen und einem Gefühl außerordentlicher Ermüdung *20-11*. Erwachte mit dem Gefühl, als sei der hintere Teil meines Kopfes zu weit, fühlte mich sehr müde *20-14*. Viel Kopfweh, Stechen in den Augen, mittags große Schläfrigkeit und Schwere auf den Augen *i-5*.

Schläft fest, ohne viel zu träumen. – Ständiger Schmerz in der Lumbargegend, nachts *4–1–574,435*. Abends Gefühl von Schläfrigkeit. – Der Lumbarschmerz nimmt zu *4–2–571,436*. Gähnen und Strecken. – Starke Schmerzen in und um das Herz, bis in den Rücken unter das Schulterblatt *9–3–567,598*. Fühle mich schlaftrunken und gehe früh ins Bett. – Der brennend drückende Kopfschmerz nimmt im Laufe des Abends an Stärke zu. – Beklemmung der Brust besser durch Seufzen *13–3–573,100,373*.

3 **Einschlafstörung mit Verwirrung und Depression:**
Schlimmer beim Zubettgehen; konnte nicht einschlafen; abenteuerliches Durcheinander im Kopf, als wenn ich verrückt werden wollte und sich niemand um mich kümmerte; Gedanken an Selbstmord *7-16*. Ruheloser Schlaf, mit abenteuerlichem Gefühl im Kopf *24-21*.

4 **Unruhe mit Müdigkeit:**
Unruhe, müde *15-538*. Schlaflosigkeit. – Nächtliche Unruhe. Kopfschmerz mit allgemeiner Schwäche und Verlangen sich hinzulegen *6–11–578,583,82*.

5 **Schwere der Augenlider und andere Augensymptome:**
Schweregefühl der Augenlider und Trübsehen *13-132*. Gebrauch der Augen macht Brennen und Beißen, dann Tränenfluß und schließlich Photophobie. Die Lider sind schwer, neigen zum Herabfallen, besonders morgens und abends *f-3*.

6 **Herzbeschwerden, Brustschmerzen mit Schlaflosigkeit:**
(siehe I-2-A-4: Wird durch Herzbeschwerden oder Brustschmerzen geweckt).

SCHWINDEL   Art, Orte

1 **Abenteuerliches, wildes Gefühl im oder auf dem Kopf:**
(siehe I-1-A-3: Wahnsinniges, wildes Gefühl im oder auf dem Kopf).

2 **Benommenheit, Kopf wie eingenommen:**
(siehe I-1-E-1: Benommenheit, Gefühl wie betäubt; III-1-B-2: Eingenommener, benommener Kopf).

3 **Ohnmachtsanwandlungen:**
(siehe I-1-E-2: Ohnmachtsanwandlungen).

4 **Schwarzwerden vor Augen:**
(siehe I-1-E-3: Schwarzwerden vor Augen).

5 **Schwindel mit Taumeln und Wanken, Gefühl als fiele er nach vorwärts:**
Schwindligkeit, Angst zu fallen, diese Symptome sind sehr heftig etwa 2 Stunden lang und nehmen dann allmählich ab *13G-55*. Taumeln und Wanken beim Gehen, mit Neigung, nach vorwärts zu fallen *13GT-56*. Ich fühle mich wie betrunken, taumele vorwärts *13G-57*. Taumelnder Gang, ich mußte mich gewaltig anstrengen, um gerade zu laufen *13-473*. Kann auf unebenem Boden nicht gehen *27-1*. Neigung, nach li zu fallen *dd*.

6 **Gefühl als sei der Kopf leer, das Gehirn locker:**
Überhaupt kein Gefühl im Kopf *7-58*. Gefühl als sei das Gehirn locker und fiele von einer Seite zur anderen oder beim Bücken nach vorwärts *17-14*. Gefühl, als sei der hintere Teil meines Kopfes zu weit *20-14*. Gefühl von Leere im Scheitel *hh*. Blutleere im Kopf, kann nicht mehr denken *jj*.

7 **Schwindel in den Augen, im Scheitel:**
Eingenommenheit des Kopfes, eine Art Schwindligkeit, mehr in den Augen *13T-60*. Ein verrücktes Gefühl auf dem Kopf oben darauf *7G-111*. Gefühl, als sei der hintere Teil meines Kopfes zu weit *20-14*. Rauschen, wie von einer Flüssigkeit durch den Kopf, gewöhnlich von re nach li *23T-6*. Ein abenteuerliches Gefühl geht vom Hin-

SCHWINDEL — Orte / Modalitäten — I-3-C

terkopf zum Scheitel herauf *25-13*. Das abenteuerliche Gefühl scheint den Hinterkopf hinauf zu laufen *a-5*. Gefühl von Leere im Scheitel *hh*.

8 **Gefühl, als ob er auf Watte geht, als ob der Boden unter den Füßen weggeht:**
Gefühl, als ob sie auf Watte geht *dd*. Der Boden geht weg unter den Füßen *ff*.

9 **Schwindlig:**
Schwindligkeit, hält ungefähr 2 Stunden lang sehr heftig an und nimmt dann allmählich ab *13-54*. Schwindel *13T-107; 24-3; i-9; bb; ee; ff; gg; jj*.

SCHWINDEL — Zeit

1 **Morgens:**
Eingenommenheit, Schwindligkeit 8 Uhr vormittags *13T-60*. Benommenheit frühmorgens *6-69*. Benommenheit beim Erwachen *13-70*. Kopfschmerz mit Schwindel vormittags *13T-107*. Schleier vor Augen 8 Uhr morgens *13-145*. Erwacht 7 Uhr früh Hinterkopf zu weit *20-14*. Schwindel morgens beim Aufstehen *ee*.

2 **Vormittags:**
Kopfschmerz mit Schwindel vormittags *13T-107*. Oft Schwindel am Vormittag *i-9*.

3 **Nachmittags:**
Wie betrunken, Vorwärtstaumeln den ganzen Nachmittag *13G-57*. Dumm im Kopf nachmittags *13-59*. Ohnmachtsgefühl nachmittags *13G-550*.

4 **Abends:**
Nach dem Zubettgehen nahm die Eingenommenheit des Kopfes zu *4-50*. Nach 7-8 Uhr abends Konfuses Gefühl um den Kopf *6G-82*.

SCHWINDEL — Modalitäten

1 **Besser im Freien, schlechter durch Wärme oder schlechte Luft:**
Schwindligkeit, Angst zu fallen schlechter in einem engen, heißen Raum, besser, wenn die frische Luft auf den unbedeckten Kopf und Gesicht bläst, besser auch beim Gehen auf der Straße *13G-55*. Ohnmachtsanwandlungen besonders in einem warmen Raum *5,14AG-535,627*. Ohnmachtsanwandlungen, im Stehen und in einem geschlossenen Raum *a-22*. In der Kirche Ohnmachtsanwandlung *d-3*. Kopfschmerz mit Schwindel, besser in der frischen Luft *ee*. Schwindel und Benommenheit wenn sie in einer Menschenmenge ist *ff*. Schwindel und Ohnmachtsanwandlungen in einem menschenüberfüllten Raum. Fühlt sich schlechter in einem warmen Zimmer. Schwindel in der Sonne *gg*.

Modalitäten / Begleitsymptome — SCHWINDEL

2 Beim Gehen:
Taumeln, Wanken beim Gehen *13GT-56*.   Kopfschmerz mit Schwindel besonders beim Gehen *13T-107*.   Kopfschmerz mit Schwindel besser im Liegen *ee*.

3 Beim Aufstehen, Aufrichten, Bücken:
Schwarzwerden vor Augen beim Aufrichten *aa*.   Schwindel morgens beim Aufstehen *ee*. Schwarzwerden vor Augen beim Aufrichten vom Bücken *gg*.   Schwindel im Stehen und Vornüberbeugen *jj*.

4 Im Stehen:
Ohnmachtsanwandlungen im Stehen *22-14*.   Ohnmachtsanwandlungen im Stehen *a-22*. Schwindel im Stehen und Vornüberbeugen *jj*.

5 Im Fahrstuhl oder Omnibus:
Schwindel beim Omnibusfahren *ee*.   Fahrstuhlfahren macht Schwindel *ff*.

6 Vor dem Essen, wenn er hungrig ist:
Hinterkopf zu weit, alle Erscheinungen verschwanden nach dem Frühstück *20-14*.   Ohnmachtsgefühl vor dem Essen, Essen bessert aber nicht *r*.   Ohnmachtsgefühl, besser durch Essen *ee*.

7 Durch Aufregung, geistige Anstrengung, Ermüdung:
Eingenommenheit des Kopfes, nach Lesen und Schreiben *4-50*.   Ohnmachtsanwandlungen nach langem Aufsein *14AG-535*.   Schwindel beim Sprechen, besonders wenn sie mit Männern spricht. Schwindel mit Verschwommensehen durch Aufregung *bb*.

8 Ohnmacht durch Schmerzen:
Die geringste Berührung des Ovars verursacht einen so lebhaften Schmerz, daß die Kranke ohnmächtig wird *g*.   Schmerzen rufen eine Ohnmacht hervor. Schwarzwerden vor Augen durch Schmerzen *gg*.

9 Im Zusammenhang mit der Periode:
Benebelt im Kopf während der Periode. Früher Ohnmacht vor der Periode *ff*.   Vor der Periode Blutleere im Kopf. Ohnmachtsgefühl während der Periode *jj*.

10 Besser durch Tiefatmen:
Tief durchatmen bessert den Schwindel *bb*.

SCHWINDEL — Begleitsymptome

1 Schwäche:
Schwindligkeit und Schwächegefühl überall, Angst zu fallen *13G-55*.   Konfuses Gefühl um den Kopf mit allgemeiner Schwäche und Verlangen, sich hinzulegen *6G-82*. Wie benommen, schläfrig und abgespannt *1-530*.   Benommenheit, Abgespanntheit

sofort nach der Einnahme, mit Abneigung gegen jede Art von Arbeit *17-84*.   Gefühl, als sei der hintere Teil meines Kopfes zu weit, fühlte mich sehr müde *20-14*.   Abenteuerliches Gefühl den Hinterkopf hinauf, Benommenheit, Schmerzen und Schwäche in den Gliedern *a-5*.   Eingenommenheit des Kopfes, keine Lust zu arbeiten *a-32*.   Ohnmachtsanwandlungen. — Schwäche und Zittern in den Därmen, mit Kraftlosigkeit *5—43—535,215*.   Taumelnder Gang. — Mattigkeit in den Beinen, besonders in den Muskeln *13-7—473,474*.   Schwindligkeit, Angst zu fallen, 2 Stunden lang. — Ohnmachtsgefühl, 2 Stunden lang *13—24—55,550*.

2 **Kopfschmerzen:**
Intensiver, blindmachender Kopfschmerz, hinterließ ein merkwürdiges, konfuses Gefühl um den Kopf *6G-82*.   Dumpfer Schmerz in der li Schläfe bis zur Stirn, mit Schwindel *13T-107*.   Schweregefühl im Kopf, manchmal leicht benommen, dann wieder fast wahnsinniges Gefühl im Kopf, rauschen, wie von einer Flüssigkeit durch den Kopf, gewöhnlich von rechts nach links *23T-6*.   Eine Ohnmacht droht bei den Stirnkopfschmerzen *25-14*.   Schreckliche reißende, verrücktmachende Kopfschmerzen, das abenteuerliche Gefühl scheint den Hinterkopf hinaufzulaufen und der ganze Kopf scheint in Stücke gerissen zu werden, mit Benommenheit *a-5*.   Kopfschmerzen, Eingenommenheit des Kopfes *a-32*.   Kopfschmerzen mit Schwindel und Augenflimmern *ee*.

Taumeln und Wanken beim Gehen. — Völlegefühl im Kopf, besonders über den Augen. — Dumpfer Stirnkopfschmerz, besonders über dem li Auge *13—1—56,73,116*. Fühle mich betrunken, taumele vorwärts, den ganzen Nachmittag. — Dumm im Kopf nachmittags *13—5—57,59*.   Eingenommenheit des Kopfes, eine Art Schwindligkeit, 8 Uhr morgens. — Kopfschmerz 8 Uhr. — Brennender, feinstechender Stirnkopfschmerz *13—7—60,101,102*.   Schwindligkeit, Angst zu fallen, 2 Stunden lang. — Heftiger, linksseitiger Kopfschmerz, 2 Stunden lang *13—24—55,115*.

3 **Sehstörungen:**
Schwindligkeit und Schwächegefühl überall, Verschwimmen vor Augen, Angst zu fallen *13G-55*.   Schwindel mit Verschwommensehen *bb*.   Kopfschmerzen mit Schwindel und Augenflimmern *ee*.   Nebel vor den Augen und Sausen in den Ohren. Kleine Mattscheibe beim Diktieren *hh*.

Ohnmachtsanwandlungen. — Verschwommensehen *5—43—535,139*.   Eingenommenheit des Kopfes, eine Art Schwindligkeit, 8 Uhr morgens. — Wie ein Schleier vor Augen, 8 Uhr *13—7—60,145*.

4 **Ohnmacht mit kaltem Schweiß:**
Häufige Ohnmachtsanwandlungen mit kaltem Schweiß auf den Handrücken und auf den Füßen *14G-535*.   Kalter Schweiß auf Handrücken und Füßen, mit Ohnmachtsanwandlung *5-627*.

5 **Hitze oder Frost:**
(siehe II-4-G-8: Schwindel, Geistessymptome mit Hitze)

6 **Herzklopfen, Brustschmerzen:**
Schwindel zusammen mit Herzklopfen bis in den Hals *ee*. Zusammenkrampfen am Herz und Schwindel *jj*.

Taumeln und Wanken beim Gehen, mit Neigung, nach vorwärts zu fallen. — Gefühl von Hitze und Blutandrang in der Brust *13—1—56,601*. Eingenommenheit des Kopfes, eine Art Schwindligkeit, mehr in den Augen. — Beklemmung und Hitze der Brust, eine Art Blutwallung *13—7(8∞)—60,371*. Schwindligkeit, Angst zu fallen. — Heftiger Blutandrang zur Brust. — Schwacher Herzschlag *13—24—55,367,421*.

7 **Geistesstörungen:**
(siehe I-1-H-4: Schwindel, Sehstörungen, Kreislaufstörungen bei Geistesstörungen).

8 **Tränenfluß:**
Ich fühle mich betrunken, taumele vorwärts, den ganzen Nachmittag. — Augen voll Wasser, nachmittags *13—5—57,134*. Eingenommenheit des Kopfes, eine Art Schwindligkeit. — Gefühl, als wären die Augen voller Tränen *13—7—60,126*.

9 **Übelkeit:**
Taumeln und Wanken beim Gehen. — Die gewohnte Zigarre ist ihm eklig und macht Wasserzusammenlaufen im Munde *13—1—56,175*. Schwindligkeit, Angst zu fallen, 2 Stunden lang. — Blutgeschmack im Munde, 2 Stunden lang. — Kein Appetit *13—24—55,161,170*.

10 **Anderes:**
Abenteuerliches Durcheinander im Kopf als wenn sie verrückt werden wollte, mit Schmerzen in der re Darmbeingegend *23-7*. Eingenommenheit des Kopfes, keine Lust zu arbeiten, greifender Schmerz oder Schwere und Druck in den Knien *a-32*. Nebel vor den Augen und Sausen in den Ohren *hh*.

SCHWÄCHE, LÄHMUNG   Orte

1 **Beine:**
Mattigkeit in den Beinen, besonders in den Muskeln *13-474*. Beine schwach *13-475*. Schwäche der Beine *7-476*. Steifheit der Oberschenkelmuskeln *6G-481*. Mattigkeit in den Oberschenkeln *13-486*. Lahmheit im Knöchelgelenk *3-487*. Zittern vom Becken die Oberschenkel hinunter *7-490*. Zittern der Knie *10-491*. Zittern der Knie, des Bauches und des unteren Rückens *10G-492*. Schwäche und Schmerzen in den Knien *3-493*. Die Knie schwach und schmerzhaft *3-494*. Schwere und Druck in beiden Knien *6-498*. Schwerer Schmerz von den Knien bis zu den Zehenspitzen *3-502*. Ameisenlaufen unterhalb der Knie *3-564*. Zittern und Schwäche besonders in den Beinen *19-2*. Schwere und Druck in den Knien *a-32*. Schwäche, Taubheit des re Unterschenkels von den Zehen bis über das Knie *eG*. Beine schwer *aa*. Gruseln im re Bein *ee*. Prickeln in den Unterschenkeln *2-263*.

SCHWÄCHE, LÄHMUNG — Orte — I-4-A

2 **Finger, Hände:**
Im re Handgelenk Schmerz und Schwäche 6-461. Zittern der Hände 10G-462. Hände und Unterarme steif 6G-463. Re Hand und Unterarm steif und schmerzhaft 6G-464. Wie von Nadeln in Händen und Fingern 6-465. Lähmung oder Steifheit der Finger 10G-466. Finger der re Hand steif 6-467. Im Zeigefinger Schmerz wie elektrisch 6-469. Wie elektrisch von der Spitze des li Zeigefingers aus, bis zu den übrigen Fingern li und den Unterarm herauf, dann im re Zeigefinger und den anderen re Fingern bis zur Hand und Unterarm 6G-470. Nadelstechen mit Auswärtsdrücken in den Fingern beider Hände, die Unterarme herauf 6-471. Nadelstechen an den Fingerspitzen beider Hände 6-472. Taubsein und Ameisenlaufen im re Arm und in der re Hand 25-1. Finger besonders re, taub eG. Schmerz im Magen, Unterleib, strahlt in die Extremitäten, besonders in die Finger aus, mit Prickeln i-9. Wie elektrisch, das erst li, dann aber auch re in den Händen auftritt und die Arme aufsteigend sich bewegt q-2. Ameisenlaufen in den Fingern ee.

3 **Glieder:**
Steife Glieder 17-73. Starke Gliederschwäche 17-81. Große Gliederschwäche 17-82. Schmerzen und Schwäche in den Gliedern a-5.

4 **Rücken:**
Starker Hunger, der im Rücken empfunden wird und von da über Hinterkopf und Scheitel 7G-163. Schmerz und Schwäche in Kreuz und Lenden 5-335. Lahmheit in der re Brustseite, ging durch zum Schulterblatt derselben Seite 15-385. Schwerer Schmerz und Schwäche in Kreuz und Lenden 5G-444. Zittern der Knie, des Bauches und des unteren Rückens 10G-492. Lahmheitsgefühl oder Schwäche im Rücken 17-72. Der Rückenschmerz ist ein dumpfer, lähmiger 20-7. Sehr gebeugte Haltung, hat schon ein Stützkorsett getragen a-20.

5 **Hals:**
Schwere, möchte den Kopf mit den Händen halten 8G-75. Der ganze Hals lahm und müde 13-119. Steifes Genick hh.

6 **Bauch:**
Hohles, leeres Gefühl im Magen und Darm 6GT-200. Schwäche und Zittern in den Därmen 5-215. Schwäche und Zittern in den Därmen und im After 6G-216. Zittern im Bauch 5-238. Seufzen, das aus dem Unterleib zu kommen schien 6G-357. Zittern vom Becken die Oberschenkel hinunter 7-490. Zittern der Knie, des Bauches und des unteren Rückens 10G-492. Schwächegefühl und Zittern der Därme 5-532. Deprimierendes Gefühl im Epigastrium 20-10. Ein Gefühl von Schwäche und Zerren (im Unterleib) aT-16. Schwäche im Unterleib d-3. Magen, Herunterhängen, schlaff n. Komisches Gefühl im Epigastrium auf beiden Seiten cc. Schwächegefühl im Epigastrium. Der Magen hängt herunter dd. Schwäche und Leere im Magen ee. Schwäche im Magen ff. Schwächegefühl im Magen hh. Lockerung in der re Ovargegend 9-326.

7 Brust:
Verlangen nach einem tiefen Atemzug, mit häufigem Seufzen *6G-357*. Häufiges Verlangen zu seufzen *6G-358*. Häufiges Verlangen nach einem tiefen Atemzug, seufzen *6-359*. Schmerzen in der re Brustseite Muskeln wie lahm *15-385*. Um das Herz Mattigkeit *7G-415*. Schwächegefühl um die Herzspitze *24-4*. Zittern an der Herzspitze *eG*. Schwächegefühl in der Brust; am Herz. Steifheit unter dem Sternum *dd*. Zittern am Herz. Innerliches Zittern *ff*.

8 Oberlider, Augen:
Die Augen sind sehr schwach *13G-125*. Schwere der Augenlider *13-132*. Die Lider schwer, Herabfallen *f-3*. Schwere auf den Augen *i-5*.

9 Kehlkopf:
Kann die Stimme nicht kontrollieren *15-354*.

SCHWÄCHE, LÄHMUNG — Empfindungen

1 Lokalisiertes Schwächegefühl in inneren Organen:
Hunger, der im Rücken empfunden wird *7G-163*. Hohles, leeres Gefühl (Magen und Darm) *6GT-200*. Verlangen nach einem tiefen Atemzug, mit häufigem Seufzen (aus dem Unterleib) *6G-357*. Häufiges Verlangen zu seufzen *6G-358*. Häufiges Verlangen nach einem tiefen Atemzug, seufzen *6-359*. Zwingendes Gefühl um das Herz, mit Gefühl von Mattigkeit und Flattern, als wenn sie nichts tun könnte als ihre Arbeit niederzulegen und still zu sitzen *7G-415*. Deprimierendes Gefühl (Epigastrium) *20-10*. Schwächegefühl (um Herzspitze) *24-4*. Ein Gefühl von Schwäche und Zerren (Uterus) Schwäche (Unterleib) *d-3*. Gefühl als hinge der Magen herunter und als sei alles schlaff *n*. Komisches Gefühl (Epigastrium) *cc*. Schwächegefühl (Brust, am Herz, Epigastrium). Der Magen hängt herunter *dd*. Schwächegefühl (Magen) *hh*. Schwäche und Leeregefühl (Magen) *ee*. Ein Gefühl, als würde etwas locker werden (re Ovargegend), beim Aufsetzen des re Fußes *9-326*.

2 Allgemeine Schwäche:
Körperlich schwach *13-22*. Sie verlor Kraft und Energie *7-27*. Schwächegefühl überall *13G-55*. Allgemeine Schwäche und Verlangen, sich hinzulegen *6G-82*. Hinfälligkeit *6-85*. Müdigkeit, große Abgespanntheit *15-242*. Extreme Erschöpfung *16-273*. Große Schwäche und Zittern *6-276; 14-223*. Extreme Entkräftung *16-513*. Entkräftung *12-522*. Mattigkeit *12-523*, Allgemeine Mattigkeit *6-524; 6-525*. Abgespanntheit, Mattigkeit *6-526*. Sehr abgespannt 3 Tage lang *15-527*. Abgespannt *7-528; 1-529; 1-530*. Schwach *13T-531*. Entkräftung *5-532*. Extreme Erschöpfung *16-533*. Hinfälligkeit *12-534*. Große Hinfälligkeit *6-548*. Allgemeine Mattigkeit *6-612; 17-5*. Ein Gefühl von Abgespanntheit im ganzen Körper *17-82*. Allgemeine Entkräftung *17-83*. Große Hinfälligkeit *17-85*. Sehnt sich nach Ruhe *aT-8*. Allgemeine Bänderschwäche *a-18*. Zustand äußerster Prostration *g*. Große Schwäche *hG-1*. Schwäche *i-3*. Fühl-

SCHWÄCHE, LÄHMUNG   Empfindungen   I-4-B

te sich sehr angegriffen *j*.   Ausgesprochene Hinfälligkeit *m-2*.   Die Muskulatur ist sehr schlaff *n*.   Schlief vor Erschöpfung ein *p*.   Schwäche *dd*.   Schwächegefühl *ii*.

3 Unfähigkeit zur Arbeit:
Starkes Gefühl von Langsamkeit und Unfähigkeit, an ihre Arbeit zu gehen *7-12*.   Unfähig zur Arbeit *13-22*.   Fühlt sich gehetzt und doch unfähig *7-24*.   Gefühl äußerster Unfähigkeit, die Pflichten auszuführen *16AAG-30*.   Unaufgelegt zur Arbeit *13-35*.   Unaufgelegt zu geistiger oder körperlicher Arbeit *7G-36*.   Gefühl äußerster Unfähigkeit, die Pflichten auszuführen *16AAG-350*.   Kann nicht viel tun, keine Kraft für das Geschäft *7-546*.   Eine Woche lang kann er weder geistig noch körperlich arbeiten *12G-549*.   Abneigung gegen jede Art von Arbeit *17-84*.   „Ich kann nicht zur Arbeit gehen, ich bin so kraftlos" *ff*.   Als müßte sie arbeiten und es geht nicht *ii*.

4 Ohnmachtsgefühl:
(vgl. I-1-E-2: Ohnmachtsanwandlungen)
Ohnmachtsgefühl, 2 Stunden lang sehr stark, dann allmählich nachlassend *13G-550*.   Ohnmachtsgefühl *r; ee; jj*.

5 Zittern innerlich:
Schwäche und Zittern (Därme) *5-215*.   Gefühl von Schwäche und Zittern (Därme, After) *6G-216*.   Gefühl von Völle mit großer Schwäche und Zittern (Därme) *14-223*.   Gefühl von Zittern (Bauch) *5-238*.   Viel Zittern (Becken → Oberschenkel) *7-490*.   Zittern (Bauch, Rücken) *10G-492*.   Schwächegefühl und Zittern (Därme) *5-532*.   Gefühl von Zittern (Herzspitze) *eG*.   Gefühl von Zittern am Herz.   Innerliches Zittern *ff*.

6 Zittern äußerlich:
Große Schwäche und Zittern *6-276*.   Zittern (Hände) *10G-462*.   Zittern (Knie) *10-491*.   Zittern (Knie, unterer Rücken) *10G-492*.   Zittern *11G-515*.   Nervöses Zittern *11-516*.   Zittrig und schwach wie von einem Anfall von Erbrechen *10-517*.   Glaubte, leichtes Zittern und Schwäche zu fühlen (< Beine) *19-2*.   Zittern *s*.

7 Schmerzhafte Lähmigkeit oder Steifheit:
Schmerz auf der li Nackenseite, der ganze Hals ist wie lahm und müde *13-119*.   Schmerz (re Brustseite), mit einem Gefühl, als wenn die Muskeln lahm oder wund wären (→ re Schulterblatt) *15-385*.   Schmerz (re Handgelenk) und große Schwäche darin *6-461*.   Re Hand und Unterarm steif und schmerzhaft *6G-464*.   Finger re steif, mit Krampf *6-467*.   Bohren (re Hüftgelenk), mit Steifheit (Oberschenkel) *6G-481*.   Schwäche und Schmerzen (Knie) *3-493*.   Knie schwach und schmerzhaft *3-494*.   Muskeln lahm, wie zerschlagen *10G-555*.   Der Rückenschmerz ist ein dumpfer, lähmiger *20-7*.   Schmerzen und Schwäche (Glieder) *a-5*.

8 Schmerzhaftes Schweregefühl äußerlich:
Kopfschmerz, Schwere, möchte den Kopf mit den Händen halten *8G-75*.   Mit dumpfem, schwerem Schmerz und großer Schwäche (Kreuz, Lenden) *5-335*.   Dumpfer,

schwerer Schmerz und große Schwäche (Kreuz, Lenden), hält 4 Tage an *5G-444*. Gefühl von Schwere und Druck (Knie) *6-498*. Dumpfer, schwerer Schmerz (Knie → Zehenspitzen) *3-502*. Greifender Schmerz oder Schwere und Druck (Knie) *a-32*.

9 **Unschmerzhafte Lähmung einzelner Körperteile:**
Die Augen sind sehr schwach *13G-125*. Schweregefühl der Augenlider *13-132*. Läh-Lähmung oder Steifheit der Finger, so daß sie kaum einen Bleistift fest genug halten kann zum Schreiben *10G-466*. Mattigkeit in den Beinen, besonders in den Muskeln *13-474*. Beine schwach, können fast den Körper nicht halten *13-475*. Große Schwäche der Beine *7-476*. Mattigkeit in den Oberschenkeln *13-486*. Lahmheit im Knöchelgelenk *3-487*. Lahmheitsgefühl oder Schwäche im Rücken *17-72*. Starke Gliederschwäche *17-81*. Zittern und Schwäche (< Beine) *19-2*. Sehr gebeugte Haltung, hat schon ein Stützkorsett getragen *a-20*. Schwäche, Taubheit (re Unterschenkel) *eG*. Die Lider sind schwer, neigen zum Herabfallen *f-3*. Schwere auf den Augen *i-5*. Beine schwer *aa*.

10 **Unschmerzhafte Steifheit:**
Hände und Unterarme steif *6G-463*. Lähmung oder Steifheit (Finger) *10G-466*. Die Muskeln des ganzen Körpers reagieren träge *7-521*. Steife Glieder *17-73*. Steifheit (unter Sternum) *dd*. Steifes Genick *hh*.

11 **Taubheit, Kriebeln in den Extremitäten:**
Schmerzhaftes Gefühl wie von Nadeln (Hände und Finger) *6-465*. Schmerz wie von einem elektrischen Strom (Zeigefinger) *6-469*. Gefühl wie von einem elektrischen Strom (Finger → Unterarme) *6G-470*. Nadelstechen (Finger → Unterarme) *6-471*. Nadelstechen (Fingerspitzen) *6-472*. Ameisenlaufen (unter Knie) *3-564*; Taubsein und Ameisenlaufen (re Arm, Hand) *25-1*. Taubheit (re Unterschenkel) *eG*. Prickeln (Finger) *i-9*. Gefühl, wie elektrischer Strom (Hände) *q-2*. Gruseln (re Bein). Ameisenlaufen (Finger) *ee*. Prickeln (Unterschenkel) *2-263*.

SCHWÄCHE, LÄHMUNG   Zeit

1 **Nachmittags:**
Kopfschmerz mit Schwere, möchte den Kopf halten, besser erst bei Sonnenuntergang *8G-75*. Durchfall, danach Erschöpfung, er kam direkt nach dem Mittagessen *16G-273*. Re Hand und Unterarm steif und schmerzhaft, nach 8 Uhr abends nachlassend *6G-464*. Re Finger steif, mit Krampf 5 Uhr nachmittags *6-467*. Wie elektrisch, Finger und Unterarm: 5 Uhr nachmittags, mehrere Stunden lang *6G-470*. Nadelstechen; Fingerspitzen: 5 Uhr nachmittags *6-472*. Allgemeine Mattigkeit nachmittags *6-525*. Ohnmachtsgefühl nachmittags *13G-550*. Allgemeine Mattigkeit nachmittags *6-612*. Von 4 bis 5 Uhr nachmittags (Kopfschmerz, Gefühl außerordentlicher Ermüdung) *20-11*.

SCHWÄCHE, LÄHMUNG — Zeit / Modalitäten — I-4-D

2 **Abends:**
Körperlich schwach und unfähig zur Arbeit, abends *13-22*. Zwischen 5 und 6 Uhr nachmittags beginnend, 2 Stunden lang anhaltend (Kopfschmerz, dann allgemeine Schwäche und Verlangen, sich hinzulegen) *6G-82*. Kopfschmerz, mit Hinfälligkeit, begann zwischen 6 und 8 Uhr abends *6-85*. Verlangen zu seufzen abends und nachts *6G-358*. (Nadelstechen; Finger) bis in die Nacht *6-471*. (Schwere und Druck; Knie) nach dem Hinlegen *6-498*. Nervöses Zittern, gegen Abend *11-516*. Gegen 11 Uhr abends (Zittern und Schwäche; < Beine) *19-2*. Lider schwer, besonders morgens und abends *f-3*.

3 **Nachts:**
Langsamkeit und Arbeitsunfähigkeit mit Verschlimmerung nachts *7-12*. (Schwäche und Zittern; Därme und After) fast die ganze Nacht *6G-216*. Verlangen zu seufzen, abends und nachts *6G-358*. (Schmerzen re Brustseite, Muskeln wie lahm und wund), sie waren am Morgen weg *15-385*. Zittern am Herz, besonders nachts um 4 Uhr *s*. Schwächegefühl in der Brust nachts *dd*.

4 **Morgens:**
Durchfall, mit großer Schwäche und Zittern, am Morgen *6-276*. Schmerzen und große Schwäche im re Handgelenk morgens *6-461*. (Wie von Nadeln; Hände und Finger) morgens *6-465*. Zittrig und schwach beim Erwachen morgens *10-517*. Nahm um 7 Uhr 30 morgens mein Frühstück ein und 5 Minuten später hatte ich ein deprimierendes Gefühl im Epigastrium *20-10*. Lider schwer, besonders morgens und abends *f-3*.

5 **Vormittags:**
Schwach und reizbar am Vormittag *13GT-531*. Schwäche 11 Uhr vormittags *dd*.

6 **Plötzlich:**
Die Symptome senkten sich auf sie herab wie eine plötzliche Wolke, als sie sich ganz wohl fühlte; sie verlor Kraft und Energie *7-27*.

SCHWÄCHE, LÄHMUNG — Modalitäten

1 **Im Zusammenhang mit der Periode:**
Abgang hellroten Blutes aus der Vagina, mit Schmerz und großer Schwäche in Kreuz und Lenden *5-335*. Zwischen den Perioden (Schwäche und Zerren im Uterus) *aT-16*. Schwäche im Unterleib seit dem Abort *d-3*. Große Schwäche während der Menstruation *hG-1*. Litt seit Jahren an starker Menstruation und fühlte sich deshalb sehr angegriffen *j*. Wiedererscheinen der Menses, wonach ausgesprochene Hinfälligkeit und Herzschwäche folgte *m-2*. Müde vor der Periode *ii*. Ohnmachtsgefühl während der Periode *jj*.

2 **Folge von Durchfall:**
Durchfall, danach extreme Erschöpfung *16G-273*. Durchfall, mit großer Schwäche und Zit-

tern *6-276*. Extreme Erschöpfung nach dem Durchfall *16-533*. Manchmal Erbrechen, Schwächegefühl hinterher *ii*.

3 **Folge von Samenergüssen:**
Laszive Träume mit Samenergüssen gegen Morgen, gefolgt von Schwäche *22GT-24*.

4 **Folge von geistiger Anstrengung:**
Ermüdet sehr durch geistige Anstrengung *17-4*. Schwächegefühl um die Herzspitze, schlechter durch Sprechen *24-4*. Sie redete unaufhörlich, dann schlief sie vor Erschöpfung ein *p*. Wenn sie sich konzentrieren muß, strengt das an *ii*.

5 **Körperliche Folgen von Überanstrengung:**
Abwärtsdrängende Schmerzen in der Vagina; solche Gefühle hat sie schon ein oder zweimal früher gehabt, damals durch Übermüdung beim Gehen oder Arbeiten *8A-251*. Dumpfer Schmerz unter dem re Schulterblatt, als ich müde war durch die Vorlesungen, ich habe es schon früher gefühlt, wenn ich müde war *12-433*.

6 **Besser durch Essen:**
Nahm mein Frühstück ein, 5 Minuten später hatte ich ein deprimierendes Gefühl im Epigastrium *20-10*. Fühlte mich sehr müde, alle Erscheinungen verschwanden nach dem Frühstück *20-14*. Ohnmachtsgefühl vor dem Essen, Essen bessert aber nicht *r*. Schwächegefühl im Epigastrium bei Hunger *dd*. Einige Zeit vor dem Essen Schwäche und Leeregefühl im Magen. Ohnmachtsgefühl, besser durch Essen *ee*.

7 **Schlechter im warmen Raum:**
Schwindligkeit und Schwächegefühl überall, schlimmer in einem engen, heißen Raum und besser, wenn die frische Luft auf den unbedeckten Kopf und Gesicht bläst, besser auch beim Gehen auf der Straße *13G-55*. Ameisenlaufen in den Fingern in der Bettwärme *ee*.

8 **Beim Gehen:**
Kopfschmerzen, Schwere, möchte den Kopf mit den Händen halten, schlechter beim Gehen im Freien *8G-75*. Mattigkeit und Flattern um das Herz, als wenn sie nichts tun könnte als ihre Arbeit niederzulegen und still zu sitzen; besser durch Ruhe *7G-415*. Lahmheit im Knöchelgelenk bei Bewegung *3-487*. Knie schwach und schmerzhaft beim Gehen, besonders beim Ersteigen eines Hügels *3-494*. Lockerung, re Ovargegend, beim Aufsetzen des re Fußes *9-326*.

9 **Im Stehen:**
Zittern und Schwäche, < in den Beinen beim Stehen *19-2*.

SCHWÄCHE, LÄHMUNG   Begleitsymptome

1 **Kopfschmerzen:**
Schmerzen überall im Kopf; Schwere; möchte den Kopf mit den Händen halten *8G-75*. Intensiver, blindmachender Kopfschmerz, mit allgemeiner Schwäche und Verlangen, sich hinzulegen *6G-82*. Heftiger, heißer Schmerz in der Stirn, mit Hinfälligkeit *6-85*. Schmerz im li Stirnhöcker, mit Schmerz in der li Nackenseite; der ganze Hals ist wie lahm und müde *13-119*. Dumpfer, schwerer, drückender Kopfschmerz, mit Unwohlsein und allgemeiner Mattigkeit *17-5*. Hinterhauptskopfschmerzen, mit Rückenschmerzen und einem Gefühl außerordentlicher Ermüdung *20-11*. Schreckliche reißende Kopfschmerzen, mit Benommenheit; Schmerzen und Schwäche in den Gliedern *a-5*.

Große Schwäche im re Handgelenk morgens. – Abgespanntheit, Mattigkeit. – Dumpfer Schmerz durch die Stirn, morgens und abends *6–12–461,526,91*. Große Hinfälligkeit. – Schweregefühl im Kopf. – Drückende Schmerzen in der Stirn *6–23–548, 61,95*. Zittern. – Merkwürdig pressender Kopfschmerz *11–14–515,78*. Körperlich schwach. – Mattigkeit in den Beinen. – Brennender, feinstechender Kopfschmerz, wie elastisches Band *13–7–22,474,102*. Mattigkeit in den Oberschenkeln. – Drückende Schmerzen zwischen Stirn und li Schläfe, bis in den Augapfel *13–8–486,96*. Beine schwach. – Dumpfer Kopfschmerz, vom Vorderkopf zum Hinterkopf, li Schläfe. – Schraubender Schmerz im li Stirnhöcker, Brennen li Nackenseite, der ganze Hals ist wie lahm und müde *13–15–475,72,119*. Schwindligkeit und Schwächegefühl überall, 2 Stunden lang. – Ohnmachtsgefühl, 2 Stunden lang, nachmittags. – Heftiger linksseitiger Kopfschmerz, 2 Stunden lang, nachmittags *13–24–55,550,115*.

2 **Schwindel:**
(siehe I-3-D-1: Schwindel mit Schwäche).

3 **Geistesstörungen:**
(siehe I-1-H-11: Schwäche bei Geistesstörungen; vgl. I-1-B-1: Kann drängende Pflichten nicht ausführen).

4 **Augensymptome:**
Schwäche und Zittern in den Därmen mit Kraftlosigkeit. – Verschwommensehen *5–43–215,139*. Körperlich schwach. – Mattigkeit in den Beinen. – Gefühl als wären die Augen voller Tränen *13–7–22,474,126*. Beine schwach. – Schweregefühl der Augenlider und Trübsehen *13–15–475,132*. Schwindligkeit und Schwächegefühl überall, 2 Stunden lang. – Ohnmachtsgefühl, 2 Stunden lang, nachmittags. – Unscharf vor den Augen, 2 Stunden lang, nachmittags *13–24–55,550,140*. Sehr abgespannt. – Verschwommensehen und Trübsehen *15–5–527,142*.

5 **Frost, Hitze oder Schweiß:**
Schwindligkeit und Schwächegefühl überall, besser, wenn die frische Luft auf den

unbedeckten Kopf bläst, allerdings ruft die kühle Luft ein Gefühl von Frösteln hervor *13G-55*. Gefühl von Zittern im Bauch, mit Frösteln *5-238*. Große Hitze und allgemeine Mattigkeit *6-612*. Frösteln mit Lahmheitsgefühl oder Schwäche im Rücken *17-72*. Allgemeine Entkräftung mit starker Schweißneigung *17-83*. Schwächegefühl um die Herzspitze, mit kalten Händen und Füßen, die mit kaltem Schweiß bedeckt sind *24-4*. Nach den Herzanfällen Schwäche, Kälteschauder mit Zähneklappern *eG*. Zustand äußerster Prostration mit kalten Schweißen *g*. Neigung zu Transpiration, Schwäche *i-3*. Herzstörungen, Zittern, Schweißausbruch *s*.

Kopfschmerz mit allgemeiner Schwäche und Verlangen, sich hinzulegen. — Hitze in den Händen, Armen und Beinen *6—11—82,617*. Abgespanntheit, Mattigkeit. — Hitze in den Handflächen und Fußsohlen, die Glieder aufwärts *6—12—526,618*. Stirnkopfschmerz mit Hinfälligkeit, begann zwischen 6 und 8 Uhr abends. — Große Hitze in den Armen und Beinen, im ersten Teil der Nacht. — Feuchtigkeit in den Handflächen *6—14—85,621,629*. Große Hinfälligkeit. — Hitze in der Stirn. — Heiße Hände *6—23—548,95,623*. Lähmung oder Steifheit der Finger. — Alles, was aufregt, macht kalte Hände *10—4—466,607*.

6 Herzstörungen oder Brustschmerzen:
Ein sehr charakteristisches, auf das Herz bezogenes Symptom ist Taubsein und Ameisenlaufen im rechten Arm und in der rechten Hand, verbunden mit Herzschwäche *25-1*. Schmerzen und Schwäche in den Gliedern, fühlt, daß sie herzkrank ist *a-5*. Nach den Herzanfällen Schwäche, Taubheit des re Unterschenkels. Finger manchmal taub, besonders re *eG*. Herzstörungen mit Herzklopfen, Zittern, Schweißausbruch *s*. Die Herzsymptome behinderten sehr stark beim Gehen, kurzatmig, besonders beim Treppensteigen *7-401*. Ein gehetztes, zwingendes Gefühl um das Herz, mit Gefühl von Mattigkeit und Flattern, muß still sitzen *7-415*.

Schwäche und Schmerzen in den Knien, 11 Uhr 30. — Dauerndes Schweregefühl in der Herzgegend, den ganzen Nachmittag *3—2—493,399*. Kopfschmerz mit allgemeiner Schwäche und Verlangen, sich hinzulegen. — Zusammenschnüren im unteren Drittel der Brust. — Heftiger Schmerz und Schweregefühl in der li Mamma, Gefühl als würde sie ergriffen *6—11—82,369,391*. Stirnkopfschmerzen mit Hinfälligkeit, begann zwischen 6 und 8 Uhr abends. — Schweres Atmen. — Scharfe, schneidende Schmerzen in beiden Brustdrüsen, unter der li Mamma zum li Schulterblatt, nachts *6—14—85,359, 396*. Allgemeine Mattigkeit nachmittags. — Klopfen und Pulsieren überall, nachmittags. — 2 Uhr morgens wie ein Zusammenschnüren in der li Brustseite *6—16—612,558,381*. Gefühl wie elektrischer Strom in Fingern und Unterarmen. — Engegefühl der Brust *6—27—470,363*. Allgemeine Mattigkeit. — Nadelstechen in den Fingern. — Gefühl von Zusammenziehen der Brust *6—29—524,471,368*. Große Schwäche der Beine. — Hat keine Kraft für das Geschäft. — Einige sehr deutliche Herzsymptome, plötzliches Herzflattern *7—30—476,546,413*. Körperlich schwach, abends. — Beklemmung und Blutandrang in der Brust, stärker abends *13—7—22,372*. Mattigkeit in den Oberschenkeln. — Zusammendrücken in der Brust. — Schweregefühl des Herzens. — Puls klein

SCHWÄCHE, LÄHMUNG   Begleitsymptome   I-4-E

und schwach *13—8—486,370,403,423*.   Beine schwach. — Dumpf drückender Schmerz unter dem Brustbein *13—15—475,376*.   Schwindligkeit und Schwächegefühl überall, 2 Stunden lang. — Ohnmachtsgefühl, 2 Stunden lang, nachmittags. — Heftiger Blutandrang zur Brust, 2 Stunden lang, nachmittags. — Schwacher Herzschlag, 2 Stunden lang, nachmittags *13—24—55,550,367,421*.   Sehr abgespannt, 3 Tage lang. — Nagendes Gefühl in der re Brustseite mit feinen Schmerzen. — Weiter Lahmheit und feine Schmerzen. — Die gleichen Schmerzen in der re Brustseite, mit Druck und Gefühl wie von einem Gewicht, das auf die Brust gepreßt wird *15—6,3,4,6—527,385*.

7 **Glieder- oder Rückenschmerzen:**
Ohnmachtsanwandlungen in einem geschlossenen Raum und im Stehen. — Schmerzen im Sacrum *a-22*.   Nach den Herzanfällen Schwäche, Taubheit des re Unterschenkels, Gefühl, als würde der Rücken nach hinten gezogen *eG-2*.   Menses begleitet von heftigem Kreuzschmerz, der auch in der Zwischenzeit anhält. — Schwäche *i-3*.

Allgemeine Mattigkeit nachmittags. — Re Hand und Unterarm steif und schmerzhaft, nach 8 Uhr abends nachlassend *6—16—612,464*.   Große Hinfälligkeit. — Schmerzen in der re Hüfte und den Oberschenkel hinunter *6—23—548,479*. Körperlich schwach. — Mattigkeit in den Beinen. — Ständiger Schmerz in Kreuz und Wirbelsäule, bis zu den Knien. — Gelegentlich Stiche im re Hüftgelenk *13—7—22,474,445,484*.

8 **Magen- und Darmstörungen:**
(siehe I-4-D-2: Schwäche als Folge von Durchfall).
Durchfall am Morgen, mit starkem Gefühl von Langsamkeit und Unfähigkeit, an ihre Arbeit zu gehen *7-12*.   Schwäche und Zittern in den Därmen, mit Kraftlosigkeit *5-215*. In den Därmen meistens ein Gefühl von Völle und Auftreibung, mit großer Schwäche und Zittern *14-223*.   Kneifende Schmerzen im unteren Teil der Eingeweide, mit Unruhe und Müdigkeit, danach 4 lockere Stühle, bleibt in den nächsten 3 Tagen, mit grosser Abgespanntheit *15-242*.   Flatulenz und Lahmheit im Knöchelgelenk bei Bewegung *3-487*.   Appetitmangel, Neigung zu Transpiration, Schwäche *i-3*.   Heftige Blähungen im Leib, die Blähungen führten wiederum zu Herzstörungen mit Zittern, Schweißausbruch *s*.   Ab und zu Übelkeit, manchmal Erbrechen, Schwächegefühl hinterher. „Übelkeitsgefühl", Gefühl als müßte sie arbeiten und es geht nicht *ii*.

Abgespannt. — Gelb gefärbte, schließlich fast blutige Darmentleerung *1—1—529,279*. Schwäche und Schmerzen in den Knien. — Übelkeit, Brechreiz. — Starke Auftreibung des Magens. — Sehr unangenehmes Gefühl in den Därmen. — Hitze und Druck im Hypogastrium. — Darmentleerung, danach starke Hitze in Rectum und Anus *3—2(11³⁰)—493,185,196,217,240,281*.   Schwäche und Zittern in den Därmen, mit Kraftlosigkeit. — Appetitlosigkeit. — Anhaltende Übelkeit. — In den Därmen Gefühl wie aufgetrieben. — Heftiger Stuhldrang *5—43—215,168,189,225,271*.   Große Schwäche im re Handgelenk morgens. — Abgespanntheit, Mattigkeit. — Kräftige Darmentleerung morgens, mit scharfer Wundheit am After *6—12—461,526,280*. Große Hinfälligkeit. — Übermäßig viel Speichel. —

Übelkeit. – Kneifende Schmerzen nach jedem Durchfall *6–23–548,160,183,229*. Zittern der Knie. – Zittrig und schwach wie vor einem Anfall von Erbrechen. – Der Appetit verging ihr *10–2–491,517,166*. Schwindligkeit und Schwächegefühl überall, 2 Stunden lang. – Ohnmachtsgefühl 2 Stunden lang, nachmittags. – Blutgeschmack im Mund, 2 Stunden lang, nachmittags. – Kein Appetit *13–24–55,550,161,170*.

9 **Krankheiten der weiblichen Geschlechtsorgane:**
(vgl. I-4-D-1: Schwäche im Zusammenhang mit der Periode).
Absonderung hellroten Blutes aus der Vagina mit dumpfem schwerem Schmerz und großer Schwäche in Kreuz und Lenden *5-335*. Ovarialtumor, Zustand äußerster Prostration mit kalten Schweißen *g*. Uterusblutung, Ovarschmerzen li, Neigung zu Transpiration, Schwäche *i-3*.

Durchfall mit großer Schwäche und Zittern. – Allgemeine Mattigkeit. – Die li Ovargegend ist berührungsempfindlich, manchmal zuckende Schmerzen *6–16–276,612,260*. Allgemeine Mattigkeit. – Die li Bauchseite tut noch weh. – Starkes Abwärtsdrängen in der Uterusgegend *6–29–524,237,318*. Viel Zittern vom Becken die Oberschenkel hinunter. – Schmerzen im re Ovar *7–26–490,316*. Abgespannt, träge. – Scharfer Fluor. – Abwärtsdrängen im Becken *7–39–528,334,252*.

10 **Störungen der Harnwege:**
Kopfschmerzen mit allgemeiner Schwäche und Verlangen, sich hinzulegen. – Häufiger Urindrang mit Reizung und Beißen hinterher *6–4–82,291*. Große Schwäche im re Handgelenk morgens *6–12–461,526,308*. Körperlich schwach. – Mattigkeit in den Beinen. – Brennend heißer Urin *13–7–22,474,310*.

11 **Anderes:**
Abgespannt. – Schleimabsonderung aus der Nase. – Re Nasenloch verstopft *1–1–529, 150,151*. Schwäche und Zittern in den Därmen, mit Kraftlosigkeit. – Sehr schläfrig zu ungewohnten Zeiten *5–43–215,570*.

KRÄMPFE   Orte

1 **Oesophagus (Globusgefühl):**
Gefühl eines Klumpens in der Mitte der Brust, der zwar durch Leerschlucken nach unten rutschte, hinterher aber wieder aufstieg *5G-189*. Wie ein Klumpen unter dem Brustbein, der beim Schlucken sich auf und ab bewegt *14-375*. Aufsteigen einer Kugel bis in den Hals, die zum Schlingen nötigt, wodurch sie hinuntergeht, um gleich wieder aufzusteigen *i-5*. Gefühl von Zusammenschnüren im Oesophagus, zum Schlingen nötigend *i-6*. Gefühl eines Strangs im Halse, zum Schlingen nötigend, dann geht der Schmerz zum Magen *i-9*. Kloßgefühl im Hals, muß schlucken *bb*. Muß immer schlucken. Da hängt etwas hinten im Hals, das geht nicht rauf und nicht runter. Ge-

KRÄMPFE   Orte   I-5-A

fühl als wären 2 Stränge im Hals zu kurz *dd*.   Gefühl wie ein Kloß im Hals *gg*.   Gefühl von Zusammenziehen im Magen. Gefühl eines Kloßes im Hals und Zusammenziehen. Magen manchmal während des Essens wie zugeschnürt *hh*.   Zusammenziehen im Magen. Kloßgefühl im Hals, bringt deshalb kein Essen herunter *jj*.   Magenschmerz, steigt mitunter in den Hals *i-5*.

2 **Brust (Zusammenschnüren):**
(siehe IV-1-B-2: Enge, Beklemmung, Krampfschmerz in der Brust).
Gefühl von Zusammenschnüren der Brust, als wenn sie zu eng wäre *13-366*.   Gefühl von Zusammenziehen der Brust *6-368*.   Gefühl von Zusammenschnüren im unteren Drittel der Brust *6G-369*.   Gefühl von Zusammendrücken in der Brust *13G-370*.   Zusammenschnüren in der li Brustseite *6-378*.   Gefühl von Zusammenschnüren in der li Brustseite, unter den falschen Rippen, von da bis zum Hals und zum li Schulterblatt *6G-379*.   Gefühl von Zusammenschnüren in der li Brustseite handbreit unter der li Mamma *6-380*.   Wie ein Zusammenschnüren in der li Brustseite, hinüber zur anderen Seite *6G-381*.   Schmerzen in der re Brustseite und Neigung, die Teile zu dehnen *15-385*. Zusammenschnüren in der li Mamma und Brustseite *6-393*.   Dumpfer Schmerz im Nacken, mit Gefühl von Zusammenziehen *6GT-425*.   Zusammenschnüren in der Brust, wie zu eng *13G-596*.   Zusammenschnüren im re und li Oberbauch, als wenn eine Hand um den Körper gelegt würde *17-44*.   Zusammenschnürende Schmerzen in der Brust, als wäre sie zu eng *17-68*.   Ein Gefühl von Zusammenschnüren und Schwere in der li Brustdrüse, bis zur Basis der Scapula *24-19*.   Brustbeklemmung mit einem Gefühl wie eine Kugel in der Mammagegend *24-22*.   Krampfartige Schmerzen unter der li Mamma *cc*.   Zusammenziehen in der Herzgegend, Steifheit unter dem Sternum beim Bewegen des li Armes *dd*.

3 **Herz (Zusammendrücken und loslassen):**
(siehe IV-1-B-1: Gefühl, als werde das Herz von einer Faust gepackt und wieder losgelassen, oder als wäre es in einem Schraubstock eingespannt).

4 **Von der linken Mamma bis zur Schulter (Krampfschmerz):**
Krampfschmerz in der li Mamma und Schulter *6G-394*.   Krampfschmerz in der li Schulter und Mamma *6-458*.   Krampfartiger Schmerz in der li Mamma und in den Fingern und drückender Schmerz im re Arm und Handgelenk *22-15*.   Gefühl von Herzkrampf mit Stechen nach der li Achselhöhle *i-8*.   Das Herz krampft sich zusammen und sticht *jj*.

5 **Kopf (Zucken, Zusammenziehen):**
Zuckender Schmerz in verschiedenen Teilen des Kopfes *7-79*.   Kurzdauerndes Zucken in der li Schläfe *13-109*.   Dumpfer Schmerz im Nacken, mit Gefühl von Zusammenziehen *6GT-425*.   Schmerz ruckarig, über dem re Auge *cc*.   Zusammenziehen wie eine Klammer in der Stirn *hh*.   Zusammenkrampfen in der Nasenwurzel *jj*.

6 **Augenmuskeln (tonische Krämpfe):**
Sehr oft sind mit den Kopfbeschwerden die Augen nach innen verdreht, konvergierender Strabismus 25-14. Krampfhaftes Zusammenziehen der Ciliarmuskeln b-2.

7 **Beine (Bewegungszwang, Krämpfe):**
Schmerzen von den Ovarien zum li Oberschenkel, konnte kaum einen weiteren Schritt tun; sobald sie das Bein ausstreckte, mußte sie es sofort wieder beugen, wegen eines Gefühls von Unruhe mußte sie es dann wieder ausstrecken 7-322. Krämpfe in beiden Unterschenkeln und Füßen 6-503. Die Unterschenkel tun weh, muß sich drehen und winden 7G-504. Schnell zuckender Schmerz um die Unterschenkel 6-505. Krampf in den li Zehen 6-511. Hitze in den Beinen, mit unruhigen Bewegungen 6-619. Schmerz im Ovar bis zum li Oberschenkel, glaubte, keinen weiteren Schritt tun zu können, trotzdem zwang sie ein Unruhegefühl dazu, das Bein auszustrecken und zu beugen wie beim Gehen, diesem Drang konnte sie nicht widerstehen, obwohl sie wußte, daß die Anstrengung von großem Schmerz gefolgt werden würde 22-22. Wehtun der Unterschenkel, kann sie im Bett nicht still halten 22G-34. Schmerzen in der re Hüfte, Leiste und Oberschenkel, nachts eher schlimmer, kann sich nicht lange still halten i-6. Wadenkrämpfe aa. Wadenkrämpfe, früher re, jetzt li ee. Zucken des re Beines hh.

8 **Finger (Krämpfe):**
Finger der re Hand steif, mit Krampf im Mittelfinger und den Unterarm hinauf 6-467. Krämpfe in den Fingern 6-468.

9 **Arme (Automatische Handbewegungen):**
Dauerndes Verlangen, an der Nase zu zupfen 14GT-152. Muß häufig die Augen schließen und mit den Fingern auf die Augäpfel drücken; diese Bewegung wird jetzt schon automatisch ausgeführt f-1.

10 **Blase, Darm (Tenesmus):**
Durchfall mit heftigem Tenesmus 16G-273. Stuhlgang jede halbe Stunde, dauernder Tenesmus 7-278. Stuhlentleerung, Afterkrampf hinterher 25-22. Stühle häufig, immer fortgesetzter Drang, nach dem Stuhlgang Gefühl, als würde noch mehr abgehen aT-8. Tenesmus der Blase und des Rectum während des Stuhlganges b-3. Dauernd Verkrampfungen in der Gegend der Blase. Muß wegen der Blasenkrämpfe alle halbe Stunde nachts aufstehen, versuchen, etwas Wasser zu lassen, was aber nicht gelang s. Erheblicher Tenesmus beim Stuhlgang 17-58.

11 **Unterbauch (Zusammenschnüren):**
Gefühl von Zusammenschnüren vom Rücken um die Hüften herum, bis zur Schamgegend aT-25.

12 **Rumpf (Zucken):**
Manchmal zuckende Schmerzen in der li Seite des Unterbauches, bis zur Leisten- und Schamgegend vorn 6-260. Kurzdauernde leichte krampfhafte Zuckungen um das

| KRÄMPFE | Orte / Empfindungen | I-5-B |

Herz *13G-599*. Ovarialneuralgie, zuckende Schmerzen *24-14*. Zuckende Schmerzen im li Ovar *24-17*.

KRÄMPFE   Empfindungen

1 **Bewegungsdrang, körperliche Unruhe:**
 (siehe I-1-B-6: Zielloses Umherlaufen, Bewegungsdrang; I-1-B-7: Unruhe, Aufregung; I-1-H-6: Fiebersymptome mit Unruhe; I-2-A-3: Schlafloses Hin- und Herwälzen in der Nacht; I-5-A-7: Bewegungszwang der Beine).

2 **Auf- und absteigender Globus im Oesophagus, muß schlucken:**
 (siehe I-5-A-1: Globusgefühl im Oesophagus).

3 **Gefühl von Zusammenschnüren äußerlich:**
 (siehe I-5-A-2: Zusammenschnüren der Brust; I-5-A-3: Zusammendrücken und loslassen am Herz; I-5-A-11: Zusammenschnüren im Unterbauch).
 Dumpfer Schmerz im Nacken, mit Gefühl von Zusammenziehen *6GT-425*. Krampfhaftes Zusammenziehen fast aller Muskeln *10GT-519*. Zusammenziehen wie eine Klammer in der Stirn *hh*. Zusammenkrampfen in der Nasenwurzel *jj*.

4 **Tenesmen:**
 (siehe V-1-B-1: Abwärtsdrängen durch die Scheide heraus; V-1-B-2: Abwärtsdrängen in den Därmen; V-3-A-1: Druck auf Rectum und Blase gleichzeitig; V-4-3: Dauernder Druck auf die Blase).

5 **Schmerzhafte tonische Muskelkrämpfe:**
 (siehe I-5-A-4: Krampfschmerz von der li Mamma bis zur Schulter; I-5-A-6: Zusammenziehen am Kopf; I-5-A-8: Krämpfe der Beine).
 Krämpfe in beiden Unterschenkeln und Füßen *6-503*. Krämpfe in den li Zehen *6-511*. Wadenkrämpfe *aa*. Krampfartige Schmerzen unter der li Mamma *cc*. Steifheit unter dem Sternum beim Bewegen des li Armes *dd*.

6 **Zuckungen einzelner Muskeln:**
 (siehe I-5-A-5: Zucken am Kopf; I-5-A-12: Zucken im Rumpf).
 Schnell zuckender Schmerz um die Unterschenkel *6-505*. Zucken des li Beines *hh*.

7 **Aufschrecken, Zusammenzucken:**
 (siehe I-2-A-7: Aufschrecken in der Nacht).
 Häufiges Aufschrecken *1-4*. Mehrfaches Aufschrecken *7-518*.

8 **Neigung, sich zu strecken oder zu dehnen:**
 (siehe I-2-B-2: Gähnen und Strecken).
 Schmerzen in der re Brustseite, mit Neigung, die Teile zu dehnen *15-385*.

9 **Automatische Handbewegungen:**
(siehe I-5-A-9: Automatische Handbewegungen).

KRÄMPFE   Zeit

1 **Abends:**
Zusammenschnüren; li Brustseite 6 Uhr abends, wird stärker nach dem Hinlegen *6-378*. (Schnell zuckender Schmerz; um Unterschenkel) 2 Stunden lang am Abend, verschwindet ebenso schnell, wie er gekommen ist *6-505*. Gegen Abend (Zusammenschnüren; Herz → Schulterblatt) *9-598*. (Bewegungsdrang; Unterschenkel) schlimmer, wenn sie versucht, einzuschlafen *22G-34*. Abends wenn sie ins Bett geht (Wadenkrämpfe) *ee*. Magenschmerz steigt in den Hals, besonders abends *i-5*.

2 **Nachts:**
(Zusammenschnüren; untere Brust) stärker in der Nacht gegen Morgen *6G-369*. 2 Uhr morgens, dauerte bis nach dem Aufstehen morgens (Zusammenschnüren; li Brust → re Brust) *6G-381*. (Krampfartiger Schmerz; li Mamma, Finger) beginnt 7 Uhr abends und dauert die ganze Nacht *22-15*. (Zusammenschnüren; Brust) die ganze Nacht *22-36*. Erwacht aus dem Schlaf mit dem Gefühl (Herz von Faust gepackt) *q-2*. Wadenkrämpfe nachts *aa*. Erwachte plötzlich durch (Herz wie ergriffen) *2-400*.

3 **Morgens:**
(Krämpfe; beide Unterschenkel und Füße) morgens *6-503*.

4 **Vormittags:**
(Zuckungen; um Herz) vormittags *13G-412*. (krampfartige Zuckungen; um Herz) vormittags *13G-599*.

5 **Nachmittags:**
(Krampf; re Mittelfinger → Unterarm) 5 Uhr nachmittags *6-467*. (Krampf; li Zehen) 5 Uhr nachmittags *6-511*.

6 **Tagsüber:**
(Zucken; li Schläfe) am Tag *13-109*.

KRÄMPFE   Modalitäten

1 **Durch Aufregung:**
Kloßgefühl im Hals vor öffentlichem Auftreten *hh*. Kloßgefühl im Hals bei Angstgefühlen *jj*.

KRÄMPFE — Modalitäten / Begleitsymptome

2 **Nach Darmentleerung:**
(Krämpfe; beide Unterschenkel und Füße) nach Darmentleerung morgens 6-503.

3 **Nach der Periode:**
Nach der Periode (Ovarialneuralgie, zuckende Schmerzen) 24-14.

4 **Beim Hinlegen:**
Abends wenn sie ins Bett geht (Wadenkrämpfe) ee.

KRÄMPFE   Begleitsymptome

1 **Fieberschauder mit Zusammenschnüren oder Zucken in der Brust:**
Gefühl von Blutandrang und Zusammenschnüren der Brust, als wenn sie zu eng wäre, bei den Fieberschaudern 13-366.   Fieberschauder vom Gesicht abwärts mit Blutandrang und Zusammenschnüren in der Brust, wie zu eng 13G-596.   Heftiger Frost gegen Abend, macht starke Schmerzen in und um das Herz, bis in den Rücken unter das Schulterblatt; der Schmerz ist ein Zusammenschnüren, als wäre das Herz in einem Schraubstock; dadurch Gefühl, als müßte ich mich zusammenkrümmen; ich kann mich kaum aufrichten beim Nachhausegehen; das Herz schüttelt sich richtig vor Kälte, obwohl das Wetter mild ist 9-598.   Frösteln im Gesicht, danach Fieber, Blutandrang zur Brust und leichte kurzdauernde krampfartige Zuckungen um das Herz 13G-599.   Herzanfälle, Gefühl, als ob das Herz gequetscht würde, nach den Anfällen Kälteschauder mit Zähneklappern eG.
Gefühl eines Klumpens in der Mitte der Brust. – Kalte Hände und Füße 5–43–189,604.

2 **Hitze der Extremitäten mit Zusammenschnüren der Brust:**
Gefühl von Zusammenschnüren im unteren Drittel der Brust. – Hitze in Händen, Armen und Beinen 6–11–369,617.   Zusammenschnüren in der li Mamma und Brustseite. – Hände und Füße heiß 6–17–393,624.   Häufiges Erwachen wie durch Schreck – Zusammenschnüren in der li Brustseite. – Große Hitze in Händen, Armen, Füßen und Beinen 6–20–580,378,620.   Gefühl von Zusammenschnüren in der li Brustseite, unter den falschen Rippen. – Hitze in den Händen. – Hitze in den Beinen 6–21–379, 616,619.   Krämpfe in den li Zehen, 5 Uhr nachmittags. – Engegefühl der li Brustseite, abends. – Heißer Schmerz um Stirn und Augen, abends. – Starke Hitze der Handflächen, 5 Uhr nachmittags 6–30–511,377,84,472.   Zusammenschnüren der Brust. – Brennen innerlich und äußerlich 13–14–366,553.   2 Uhr nachts bis morgens Zusammenschnüren der Brust. – Fieberhitze der Extremitäten während der Nacht 6–16–381,626.

3 **Übelkeit oder Magenschmerzen mit Globusgefühl:**
Anhaltende Übelkeit und Gefühl eines Klumpens in der Mitte der Brust, der zwar durch Leerschlucken nach unten rutschte, hinterher aber wieder aufstieg 5G-189. Hat besonders viel Magenschmerzen, heftig ausstrahlend nach Brust und Rücken, Auf-

steigen einer Kugel bis in den Hals, die zum Schlingen nötigt, wodurch sie hinuntergeht, um gleich wieder aufzusteigen *i-5*. Beginn der Krankheit mit heftigen Magenschmerzen und Erbrechen. Gefühl von Zusammenschnüren im Oesophagus, zum Schlingen nötigend und Angst verursachend *i-6*. Hat seit einiger Zeit Übelkeit, Schmerzen in der Gegend der Herzspitze und über der Magengegend, Gefühl von Herzkrampf mit Stechen nach der li Achselhöhle *i-8*. Vormittags leidet sie viel an Übelkeit, Gefühl eines Strangs im Halse, zum Schlingen nötigend, dann geht der Schmerz nach dem Magen *i-9*. Gefühl wie ein Kloß im Halse, dann Hunger *gg*. Kloßgefühl im Halse bei Angstgefühlen, bringt deshalb kein Essen herunter *jj*.

4 **Symptome der Beckenorgane mit Muskelkrämpfen in den Extremitäten:**
Leichtes Delirium und Aufschrecken. — Mehrere sehr stinkende Darmentleerungen *1—3—4,277*. Krämpfe in den Fingern. — Gefühl von Zusammenziehen im Nacken. — Krampfhafte Schmerzen in der li Mamma und Schulter. — Gefühl von starker Auftreibung der Därme nach der morgendlichen Entleerung. — Häufiger Urindrang mit Reizung und Beißen der Harnröhre *6—25—468,425,394,226,291*. Krampf im Mittelfinger und den Unterarm herauf. — Krämpfe in den li Zehen. — Schnell zuckender Schmerz um die Unterschenkel. — Abwärtszerren des gesamten Bauchinhaltes. — Rumpeln in der li Seite des Unterbauches *6—30—467,511,505,231,209*. Krämpfe in beiden Unterschenkeln und Füßen nach der Darmentleerung morgens. — Durchfallartiger Stuhl mit scharfem Beißen morgens. — Häufiger spärlicher Urin mit scharfem Beißen *6—32—503,275,295*.

5 **Kopfschmerzen, Trübsehen, Schwindel mit Muskelkrämpfen:**
Zusammenkrampfen am Herz und Schwindel *jj*.

Krämpfe in den Fingern. — Zusammenziehen im Nacken. — Krampfhafte Schmerzen in der li Mamma und Schulter. — Schießende Schmerzen in der re und li Schläfe. — Intensive Schmerzen in beiden Augen. — Starkes Trübsehen *6—25—468,425,394,110,124, 138*. Krämpfe in den li Zehen 5 Uhr nachmittags. — Enge der li Brustseite abends. — Heißer Schmerz um Stirn und Augen, abends *6—30—511,377,84*.

HAUT Orte

1 Weibliche Genitalien:
(siehe: V-4-1: Brennen nach dem Urinieren, scharfer Urin; V-5-5: Scharfer Fluor, Wundheit oder Jucken der Vulva).
Brennen überall in der Scham- und Genitalgegend *7-249*. Die li Seite des Unterbauches (Ovargegend) berührungsempfindlich *6-260*. Feinstechende Gefühle in der li Leisten- oder Ovargegend, wollüstiges Jucken in der Vagina *6GT-265*. Brennen in der Harnröhre *7-287*.

2 Anus:
(siehe: V-1-B-3: Stuhlentleerung gefolgt von Beißen und Reizung im Anus; V-3-B-9: Haemorrhoiden).

3 Stirn:
(Gummiband straff gespannt, prickelndes Gefühl) in der Stirn *13-99*. (Brennen, Feinstechen, elastisches Band) Stirn *13G-102*. Die li Kopfseite, Stirn und Schläfe (etwas empfindlich) *13-120*. Das Gesicht, besonders die Stirn rot und heiß, Nadelstechen in der Stirnhaut *13G-153*. Straffes Ziehen durch Stirn und Augen *6-266*. Feiner Ausschlag, Jucken um Stirn und Haargrenzen *6-561*. Jucken der re Schläfe *13-565*. Taubheitsgefühl in der Stirn *hh*.

4 Gesicht:
Das Gesicht, besonders die Stirn (rot und heiß) *13G-153*. Blutandrang zum Gesicht *13-154*. Li Backe (hellrot und heiß) *5'-155*. Brennen der Ohren *17-18*. Das Gesicht (kränklich, blaue Augenringe) *17-22*. Brennende Hitze in Gesicht und Kopf *17-23*. Haut gelblich, wie schimmlig und gefleckt, besonders im Gesicht *a-15*. Blasses Gesicht *a-21*. Jucken und Beißen im Gesicht *ee*. Jucken im Gesicht *jj*.

5 Augenlider:
Hitze in den Lidern und Augen *14AGT-141*. Blaue Augenringe *17-22*. Brennen und Beißen der Lider *a-6*. Röte der Lidränder *a-7*. Lidränder, besonders am Ciliarrand, rot und schorfig, in den Lidern wie roh und wund *f-2*.

6 Nasenlöcher:
Sie rieb heftig ihre Nase *1-148*. Die Schleimhaut beider Nasenlöcher (sehr blaß) *1-151*. Dauerndes Verlangen, an der Nase zu zupfen *14GT-152*. Eine Stelle auf der li Seite des Nasenseptums (trocken, mehlig) *a-26*.

7 Nacken, Scheitel:
Verrücktes Gefühl auf dem Kopf oben darauf *7G-111*. Auf der li Nackenseite (Brennen wie elektrisch) *13-119*. Vom Hinterkopf zum Scheitel herauf (Kriebeln, elektrisch) *25-13*.

Heißer Fleck auf dem Kopf *dd.* Stechen auf der Schädeldecke. Im Scheitel (Kriebeln) *ee.* Ameisenlaufen auf dem Scheitel. Kriebeln im Scheitel *hh.* Haarausfall und Kopfschuppen *ii.* Kriebeln im Scheitel *a-6.*

8 **Finger, Hände:**
Hände und Unterarme (steif und heiß) *6G-463.* Gefühl wie von Nadeln in Händen und Fingern *6-465.* Im Zeigefinger, von der Fingerspitze aus (wie von elektrischem Strom) *6-469.* Wie von elektrischem Strom von der Spitze des li Zeigefingers aus, bis zu den übrigen li Fingern und den Unterarm herauf, dann im re Zeigefinger und den anderen re Fingern bis zur Hand und Unterarm *6G-470.* Nadelstechen in den Fingern beider Hände, die Unterarme herauf *6-471.* Nadelstechen in den Fingerspitzen beider Hände und Hitze der Handflächen *6-472.* Im Muskelbauch des Deltoides beider Arme (brennendes Jucken) *7-566.* Brennende Hitze in den Handflächen und Fußsohlen, von da aufwärts über die ganzen Glieder *6G-622.* Taubsein und Ameisenlaufen im re Arm und in der re Hand *25-1.* Finger, besonders re, taub *eG.* Magenschmerz strahlt in die Extremitäten, besonders die Finger, aus, mit Prickeln *i-9.* Erst li, dann aber auch re in den Händen und die Arme aufsteigend (wie elektrischer Strom) *q-2.* Ameisenlaufen in den Fingern *ee.*

9 **Unterschenkel:**
Brennen der Hände und Füße *6G-470.* Feinstechen unter dem re Knie *6-500.* Die Füße (empfindlich) und die Knöchel (schwellen an) *7-510.* Prickeln in den Unterschenkeln *2-563.* Ameisenlaufen unterhalb der Knie *3-564.* Brennende Hitze in den Handflächen und Fußsohlen, von da aufwärts über die ganzen Glieder *6G-622.* Taubheit des re Unterschenkels von den Zehen bis über das Knie *eG.* Gruseln im re Bein *ee.* Die Haut schält sich an den Zehen *gg.* Zehen wund durch Fußschweiß *jj.*

10 **Rumpf, ganzer Körper:**
Brennen im Rücken *7-430.* Brennen innerlich und äußerlich *13-552.* Der ganze Körper (wund und zerschlagen, Kleiderdruck unerträglich) *10G-555.* Gefühl in der Bauchhaut wie straff und gespannt *6GT-562.* Brennende Hitze *13G-588.* Alle Muskeln (wund und zerschlagen, Kleiderdruck schmerzhaft) *22-40.* Empfindlichkeit im Unterbauch *23-18.* Haut, besonders im Gesicht und auf der oberen Brust, gelb, wie schimmlig und gefleckt *a-15.* Jucken am ganzen Körper *dd.* Empfindlich gegen leisen Druck am Bauch *ff.*

HAUT   Empfindungen

1 **Gefühl wie von elektrischem Strom:**
Nach dem Zubettgehen nahm der Schmerz zu zu einem Gefühl von Brennen, wie von angewandter Elektrizität (li Stirnhöcker, li Nackenseite) *13-119.* Schmerz wie von einem elektrischen Strom (von der Zeigefingerspitze aus) *6-469.* Gefühl, wie von einem elektrischen Strom (li Zeigefingerspitze → übrige Finger → Unterarm → re Hand) *6G-470.* Es wird

manchmal beschrieben als ein Kriebeln oder als elektrisches Gefühl (Hinterkopf → Scheitel) *25-13.* Ein Gefühl, wie wenn elektrischer Strom sich bewegt (li Hand → re Hand → Arm aufsteigend) *q-2.*

2 **Prickeln, Kriebeln, Nadelstechen:**
Prickelndes Gefühl (Stirn) *13-99.* Brennender, feinstechender Kopfschmerz (Stirn) Wie Nadelstechen (Stirnhaut) *13G-153.* Schmerzhaftes Gefühl wie von Nadeln (Hände, Finger) *6-465.* Nadelstechen (Finger → Unterarme) *6-471.* Nadelstechen (Finger) *6-472.* Feinstechen (unter re Knie) *6-500.* Prickeln (Unterschenkel) *2-563.* Ameisenlaufen (unterhalb Knie) *3-564.* Ameisenlaufen (re Arm und Hand) *25-1.* Kriebeln (Scheitel) *a-6.* Mit Prickeln (Magen → Finger) *i-9.* Ameisenlaufen (Kopf) *dd.* Gruseln (re Bein) *ee.* Ameisenlaufen (Scheitel) *ff; hh.*

3 **Taubheit:**
Taubsein und Ameisenlaufen (re Arm und Hand) *25-1.* Taubheit (re Unterschenkel). (Finger, besonders re) manchmal taub *eG.* Taubheitsgefühl (Stirn) *hh.*

4 **Berührungsempfindlichkeit:**
Die li Kopfseite, Stirn und Schläfen, ist etwas empfindlich *13-120.* Die li Seite des Unterbauchs ist berührungsempfindlich *6-260.* Kann den Druck der Kleider nicht ertragen *10G-555.* Sogar der Druck der Kleider ist sehr schmerzhaft *22-40.* Empfindlichkeit (Unterbauch) *23-18.* Wehtun (über Schamgegend) *23T-25.* Haemorrhoiden berührungsempfindlich *a-9.* Unerträglichkeit von engen Kleidern *r.* Gefühl auf dem Scheitel, als wären das Kopfschmerzen auf der Haut *cc.* Scheitel berührungsempfindlich. Empfindlich gegen leisen Druck (am Bauch) *ff.*

5 **Spannung:**
Gefühl, als wäre ein Gummiband straff gespannt, von einer Schläfe zur anderen *13-99.* Gefühl, als wäre ein elastisches Band darüber gespannt (Stirn) *13G-102.* Straffes, schmerzhaftes Ziehen durch Stirn und Augen *6-266.* In der Bauchhaut Gefühl wie steif und gespannt *7GT-562.*

6 **Scharfe**
(siehe: V-1-B-3: Stuhlentleerung gefolgt von Beißen im Anus; V-4-1: Scharfer Urin; V-5-5: Scharfer Fluor).

7 **Brennen:**
Brennender, feinstechender Stirnkopfschmerz *13G-102.* Hitze in den Lidern und Augen, anhaltend und sehr unangenehm *14GT-141.* Brennen überall (Scham- und Genitalgegend) *7-249.* Brennen (Harnröhre) *7-287.* Hitze, als wären die Teile entzündet (Labien) *6-336.* Dauerndes Brennen (Rücken) *7-430.* Hände und Unterarme steif und heiß wie ausgedörrt *6G-463.* Brennen innerlich und äußerlich *13-553.* Ein brennendes Jucken (Deltoides bds) *7-566.* Brennende Hitze *13G-588.* Brennende Hitze (Handflächen und Fußsohlen → Glieder) *6G-622.* Brennen (Ohren) *17-18.* Brennende Hitze (Gesicht und

Kopf) *17-23*. Brennen und Beißen (Lider) *a-6*. Haemorrhoiden mit Brennen *d-5*. Brennen (Scheide) *i-9*. Kleiner Fleck auf dem Kopf ganz heiß *dd*. Brennen (Unterlider) *hh*.

8 **Jucken, Beißen:**
Sie rieb heftig ihre Nase *1-148*. Dauerndes Verlangen, an der Nase zu zupfen *14GT-152*. Wollüstiges Jucken (Vagina) *6GT-265*. Beißen und Reizung (Labien) *6-336*. Jucken und Beißen (Labien) *6-340*. Ausschlag um Stirn und Haargrenzen mit viel Jucken *6-561*. Jucken (re Schläfe) *13-565*. (Muskelbauch des Deltoides bds) brennendes Jucken *7-566*. Brennen und Beißen (Lider) *a-6*. Haemorrhoiden jucken *a-9*. Trockene mehlige Stellen zwischen Labien jucken unerträglich, Jucken so tief drin, daß sie das Fleisch dort abreißen will *a-26*. Pruritus *b-5*. Jucken (Geschlechtsorgane) *l*. Vulvaekzem mit großem Juckreiz *s*. Jucken am After. Jucken am ganzen Körper *dd*. Jucken und Beißen (Geschlechtsteil, Gesicht) *ee*. Jucken am After bis zur Wundheit *hh*. Jucken im Gesicht *jj*.

HAUT Farbe, Befunde, Modalitäten, Begleitsymptome

1 **Rötung:**
Das Gesicht, besonders die Stirn rot und heiß *13G-153*. Blutandrang zum Gesicht *13-154*. Li Backe hellrot und heiß *5'-155*. Röte der Lidränder *a-7*. Lidränder rot *f-2*. Rötung und Brennen der Unterlider *hh*.

2 **Blässe, gelbliche Verfärbung:**
Schleimhaut beider Nasenlöcher sehr blaß *1-151*. Das Gesicht ist kränklich, mit blauen Augenringen *17-22*. Haut sieht gelb, wie schimmlig und gefleckt aus (< Gesicht und obere Brust) *a-15*. Blasses Gesicht *a-21*.

3 **Objektive Befunde:**
(siehe II-1-A-2: Haemorrhoiden).
Weißfluß verursachte einen Ausschlag und etwas Schwellung *7G-334*. Fluor so scharf, daß der ganze Damm exkorriiert wird *12GT-342*. Die Knöchel schwellen an *7-510*. Ein feiner Ausschlag um Stirn und Haargrenzen *6-561*. Trockene, mehlige Stellen, ungefähr linsengroß, auf der Schleimhaut zwischen großen und kleinen Schamlippen; Eine Stelle auf der li Seite des Nasenseptums, die ähnlich wie der Ausschlag in der Vulva aussieht *a-26*. Lidränder rot und schorfig, besonders am Ciliarrand *f-2*. Vulvaekzem *s*. Nase immer wund. Die Haut schält sich an den Zehen. Warzen *gg*. Haarausfall und Kopfschuppen *ii*. Fußschweiß, Zehen manchmal wund dadurch *jj*.

4 **Modalitäten:**
Eine Änderung in der Menstruation: scharfer Fluor hinterher *12GT-342*. Feiner Ausschlag um Stirn und Haargrenzen mit viel Jucken nachts *6-561*. Jucken der re Schläfe nachts *13-565*. Trockene, mehlige Stellen zwischen den Labien, jucken unerträglich, erwacht nachts, weil sie diese Stellen kratzt, allgemein schlimmer vor der Periode *a-26*. Pruritus beson-

HAUT / GEWEBSVERÄNDERUNGEN   II-2

ders ausgeprägt nach der Periode *b-8*. Jucken am ganzen Körper abends beim Ausziehen *dd*. Jucken und Beißen im Gesicht, besser durch Anwendung von heißem Dampf oder von Schnee *ee*.   Jucken im Gesicht, besonders nach Waschen mit Seife *jj*.

5 **Begleitsymptome:**
Brennender Schmerz durch den vorderen Teil des Kopfes. — Dumpfer Schmerz in der li Brustseite und an der Schulter. — Ziehender Schmerz in der li Lende, nahe der Hüfte. — Reizung auf dem oberen Teil von Brust und Armen und ein feiner Ausschlag um Stirn und Haargrenzen, mit viel Jucken, nachts. — Brennende Hitze in den Gliedern, sehr viel schlechter abends und nach dem Zubettgehen, sucht dauernd einen kühlen Platz im Bett *6—15—86,382,439,561,622*.

GEWEBSVERÄNDERUNGEN

1 **Verlagerung, Schwellung, Prolaps des Uterus:**
(siehe V-5-7).

2 **Vergrößerung des linken Ovars:**
(siehe V-5-7).

3 **Haemorrhoiden:**
(siehe II-1-A-2: Haemorrhoiden).

4 **Oedeme:**
Weißfluß verursacht einen Ausschlag und etwas Schwellung *7G-334*.   Die Füße waren empfindlich und die Knöchel schwellen an *7-510*.   Morgens beim Aufstehen Schwellung der Oberlider *dd*.

5 **Drüsenschwellung:**
Drüsen an der li Halsseite geschwollen *23-29*.   Schilddrüse auf der re Seite mehr als auf der li Seite, deutlich tast- und sichtbar, von weicher Beschaffenheit und pulsierend *r*.

6 **Abmagerung:**
Extreme Abmagerung und Entkräftung *16-513*.   Das Gesicht ist kränklich, mit blauen Augenringen *17-22*.

7 **Gewichtszunahme:**
Während der Prüfung ist sie dick geworden, sie hat 8 Pfund zugenommen *7-512*.

8 **Anderes:**
Beim Gehen scheint in den Gelenken keine Schmierflüssigkeit zu sein, man kann sie fast knarren hören *10-477*.   Walnußgroße Hernie in der li Leiste *a-20*.   Objektiv die Vagina rauh, Cervixriß, starke Erosion der Portio *o*.

ABSONDERUNGEN

1 **Scharfe, wundmachende Absonderungen:**
 (siehe: V-1-B-3: Stuhl; V-4-1: Urin; V-5-5: Fluor).

2 **Tiefgelb gefärbte Absonderungen:**
 (siehe: IV-4-3: Nasenschleim; V-2-B-3: Erbrechen; V-3-A-8: Stuhl; V-5-5: Fluor).

3 **Klebrige, eindickende Absonderungen:**
 (siehe: IV-2-B-2: Lidränder verklebt oder schorfig; IV-4-5: Verstopfung der Nase).
 Eiweißartiger Weißfluß hG-3. Dicker, gelber Ausfluß o.

4 **Profuse, dünne und klare Absonderungen:**
 (siehe: IV-2-B-1: Tränenfluß; IV-4-4: Wässrige Nasenabsonderung; IV-5-2: Speichelfluß; V-4-4,6: Urin; V-5-5: Fluor).

5 **Übelriechende Absonderungen:**
 (siehe: V-3-A-8: Stuhl).
 Menses stinkend 27-4. Stinkender Weißfluß hG-1.

6 **Blutige Absonderungen, Blutungen:**
 (siehe: IV-4-2: Nasenbluten; V-2-B-3: Erbrechen; V-3-A-8: Stuhl; V-4-5: Urin).
 Herunterdrängende Schmerzen mit blutigen Entleerungen aus der Vagina m-1. Blutabgang aus den Haemorrhoiden bessert die Herzbeschwerden hh.

7 **Schwächende Absonderungen:**
 (siehe: I-4-D-1,2,3: Periode, Stuhl, Samenergüsse).
 Verschwommensehen nach Samenergüssen 23-8.

TEMPERATUR   Orte – Kälte

1 **Herz:**
 Das Herz schüttelt sich richtig vor Kälte 9G-598. Kältegefühl um das Herz a-30. Kältegefühl von der Herzspitze bis unter das li Schulterblatt e. Hitze- und Kältegefühl am Herz. Frieren im Bauch drin. Mir ist innen im Körper immer kalt dd.

2 **Vom Gesicht abwärts:**
 Fieberschauer vom Gesicht abwärts 13AG-596. Frösteln im Gesicht 13G-599. Kälteschauer über das Gesicht 13-601. Frösteln und Kälteschauer, besonders im Gesicht 22-26.

3 **Den Rücken hinunter:**
 Frostüberlaufen den Rücken hinunter 8G-416. Kälteschauer im Rücken 5'-600. Kältegefühl

TEMPERATUR   Orte – Kälte / Hitze   II-4-B

im Rücken *5'T-610*.   Frösteln im Rücken *17-72*.   Kältegefühl vom Hinterkopf das Rückgrat hinunter *eG*.

4 **Augen:**
Kältegefühl der Augen *17-16*.

5 **Außenseite des linken Unterschenkels:**
Kälte der Außenseite des li Unterschenkels *2-407*.   Kälte auf der Außenseite des li Unterschenkels *2-608*.   Kalter Wind bläst auf die Beine, mit Wehtun des re Unterschenkels *a-32*.   Kalte Füße bis zum Knie *jj*.

6 **Handrücken:**
Kalter Schweiß auf den Handrücken *5G-535*.   Kalte Hände *10G-607*.   Kalte Hände, kalter Schweiß auf den Handrücken *23-32*.

7 **Füße:**
Kalte Füße *6G-470; b-4*.   Viel kalte Füße *n*.   Meist kalte Füße *aa*.   Kalte Füße *ff*.

8 **Glieder; Hände und Füße:**
Kalter Schweiß auf den Handrücken und auf den Füßen *5G-535*.   Glieder kalt und feucht *10G-603*.   Kalte Hände und Füße *5-604; 14G-605; 10-606*.   Kälte der Hände und Füße *17-95*.   Glieder kalt und feucht *a-22*.   Feuchtkalte Glieder *aT-24*.   Kalte Hände und kalte Füße *bb*.   Kalte Hände und Füße *ii*.

9 **Rumpf außer Kopf:**
Hitze in Gesicht und Kopf, mit Frösteln des übrigen Körpers *17-23*.   Hitze des Kopfes und Gesichts, der übrige Körper kalt *17-94*.

TEMPERATUR   Orte – Hitze

1 **Stirn:**
Hitze und Schmerz in der Stirn über den Augenbrauen, bis zu den Augen *6-83*.   Heißer Schmerz um Stirn und Augen *6-84*.   Heißer Schmerz in der Stirn *6-85*.   Brennender Schmerz durch den vorderen Teil des Kopfes *6-86*.   Drückender Schmerz und Hitze in der Stirn *6-95*.   Brennen in der Stirn, besonders über dem li Auge, nachmittags mehr auf der re Seite der Stirn *13-100*.   Brennender, feinstechender Stirnkopfschmerz *13G-102*.   Schmerz im li Stirnhöcker mit Schmerz auf der li Nackenseite (Brennen, wie elektrisch) *13-119*.   Das Gesicht, besonders die Stirn rot und heiß *13G-153*.   Hitze und Schmerzen in und durch die Stirn *6-228*.

2 **Gesicht, Ohren:**
Das Gesicht, besonders die Stirn (rot und heiß) *13G-153*.   Li Backe hellrot und heiß *5'-155*.   Brennen der Ohren *17-18*.   Hitze im Gesicht, mehr li *17-24*.

3 **Ganzer Kopf:**
(siehe: III-1-B-9: Heißer, brennender Schmerz im Kopf).
Kopf heiß 6-65. Hitze und Völle in Kopf und Gesicht 3-422. Hitze und Völle in Gesicht und Kopf 14G-615. Hitze mit Klopfen im Kopf 17-12. Hitze und Betäubung des Kopfes 17-13. Brennende Hitze in Gesicht und Kopf 17-23. Hitze des Kopfes und Gesichts 17-94. Hitze mit Klopfen im Kopf, mehr li 17-96. Hitze und Völle im Kopf 24-24. Kleiner heißer Fleck auf dem Kopf dd.

4 **Augen:**
(vgl.: II-4-B-4: Beißen, Brennen, Wundheit in den Augen).
Heißer Schmerz um Stirn und Augen 6-84. Hitze in Lidern und Augen 14AGT-141. Heißes Sandgefühl in der Bindehaut a-7.

5 **Von Händen und Füßen die Glieder aufwärts:**
Hitze, Druck nach außen in den Händen, Armen und Beinen 6-617. Hitze in den Handflächen und Fußsohlen, von da die Glieder aufwärts 6-618. Hitze in den Händen, Armen, Füßen und Beinen 6-620. Hitze mit Klopfen in den Armen und Beinen 6-621. Brennende Hitze in den Handflächen und Fußsohlen, von da aufwärts über die ganzen Glieder 6G-622. Hände und Füße heiß 6-624. Fieberhitze der Extremitäten 6-626.

6 **Handteller, Hände:**
Hände und Unterarme steif und heiß 6G-463. Hitze der Handflächen 6-472. Hitze in den Händen 6-616. Hitze in den Handflächen 6-618. Brennende Hitze in den Handflächen 6G-622. Heiße Hände 6-623; 6-625.

7 **Fußsohlen, Füße:**
Hitze in den Fußsohlen 6-618. Hitze in den Beinen 6-619. Brennende Hitze in den Fußsohlen 6G-622. Hitzegefühl auf den Fußrücken dd. Füße werden heiß im Bett ff.

8 **Unterbauch, Ovargegend:**
(siehe: V-1-C-12: Brennen im Unterbauch).
Hitze und Druck im Hypogastrium 3-240. Os uteri heiß a-17.

9 **Vulva, Anus:**
(siehe: V-1-B-3: Beißen und Brennen im Anus nach Stuhlgang; V-4-1: Brennen nach dem Urinieren; V-5-5: Scharfer Fluor).
(Hitze wie entzündet) Labien 6-336. Haemorrhoidalknoten (Brennen) d-5.

10 **Hals, Oesophagus, Magen:**
(siehe: IV-6-4: Brennen im Hals; V-2-B-4: Sodbrennen).
Brennen im Magen i-6.

11 **Brust, Rücken:**
Hitze und Blutandrang in der Brust 13-364. Beklemmung und Hitze der Brust 13G-371. Brennen im Rücken 7-430. Im Muskelbauch des Deltoides beider Arme (brennendes

TEMPERATUR   Orte – Hitze / Empfindungen – Kälte   II-4-C

Jucken) *7-566*. Wärmegefühl in der Herzgegend. Hitzegefühl am Herz *dd*. Hitzegefühl in der Herzgegend *ff*.

12 **Ganzer Körper:**
Brennen innerlich und äußerlich *13-553*.   Hitzewellen über den Körper *17-98*.   Brennende Hitze am ganzen Körper *22G-36*.

TEMPERATUR   Empfindungen – Kälte

1 **Frostschauder laufen abwärts:**
Fieberschauder *13-366*.   Fieberschauer vom Gesicht abwärts *13AG-596*.   Kälteschauer im Rücken *5'-600*. Frostüberlaufen den Rücken hinunter *8-602*.   Frösteln im Rücken *17-72*.   Fühlte den größten Teil des Tages Frost und Kälteschauer überrieselten mich zeitweise *20-6*. Kältegefühl vom Hinterkopf das Rückgrat hinunter *eG*.

2 **Kältegefühl äußerlich an umschriebenen Stellen:**
Frösteln im Gesicht *13G-599*.   Kälteschauer über das Gesicht *13-601*.   Kälte auf der Außenseite des li Unterschenkels, als wenn kalter Wind darauf bliese *2-608*. Kältegefühl im Rücken, als wenn kaltes Wasser darauf gegossen würde *5aT-610*.   Gefühl, als würde kalter Wind auf die Beine blasen, mit Wehtun besonders des re Unterschenkels *a-32*.

3 **Kältegefühl in inneren Organen:**
Das Herz schüttelt sich richtig vor Kälte *9G-598*.   Kältegefühl der Augen *17-16*.   Schmerz und Völle, mit Kältegefühl um das Herz *a-30*. Kältegefühl (Herzspitze → unter li Schulterblatt) *e*.   Kältegefühl am Herz. Frieren im Bauch drin. Mir ist innen im Körper immer kalt *dd*.

4 **Kalter Schweiß auf Händen und Füßen:**
Ohnmachtsanwandlungen mit kaltem Schweiß auf Handrücken und Füßen *5G-535*.   Glieder kalt und feucht *10G 603*.   Kalte Hände und Füße, meistens mit kaltem Schweiß *14G-605*. Kalte Hände und Füße mit profusem Schweiß, so daß sie dauernd naß waren von kaltem, klebrigem Schweiß *10-606*.   Kalte Hände, kalter Schweiß auf den Handrücken *23-32*. Feuchtkalte Glieder *aT-24*. Prostration mit kalten Schweißen *g*.

5 **Kalte Hände oder Füße:**
Mit kalten Füßen *6G-470*.   Kalte Hände und Füße *5-604*.   Kalte Hände *10G-607*.   Kälte der Hände und Füße *17-95*.   Kalte Füße *b-4*.   Viel kalte Füße *n*.   Meist kalte Füße *aa*.   Kalte Hände und Füße *bb*. Kalte Füße, auch im Bett *ff*.   Kalte Hände und Füße *ii*.. Kalte Füße bis Knie *jj*.

6 **Frösteln:**
Frösteln *5-238; 13-593*.   Etwas Frösteln *13-595*.   Frösteln (Körper außer Kopf) *17-23*. Körper außer Kopf kalt *17-94*.   Frösteln *i-6*.

7 **Schüttelfrost:**
Frostgefühl überall *9-594*.   Plötzliche Schauer *10-597*.   Heftiger Frost, das Herz schüt-

II-4-C Empfindungen — Kälte / Hitze TEMPERATUR

telt sich richtig vor Kälte, obwohl das Wetter mild ist *9-598*. Kälteschauer über das Gesicht, friert mehr als in kaltem Wetter *13-601*. Fühlte den größten Teil des Tages Frost *20-6*. Kälteschauder mit Zähneklappern *eG*.

8 **Frieren, Kälteempfindlichkeit:**
Allerdings ruft die kühle Luft ein Gefühl von Frösteln hervor *13G-55*. Kälteempfindlich *ee*. Fühlt sich einmal zu warm, dann zu kalt *gg*. Frieren vor der Periode *jj*.

TEMPERATUR   Empfindungen — Hitze

1 **Wärmeempfindlichkeit:**
Schwindel, Schwäche, schlimmer in einem engen, heißen Raum und besser, wenn die frische Luft auf den unbedeckten Kopf und Gesicht bläst, besser auch beim Gehen auf der Straße *13G-55*. Die li Kopfseite, Stirn und Schläfe, ist etwas empfindlich, das ist die Stelle, wo früher extreme Sonnenhitze Blutandrang hervorrief; früher habe ich aber nie im Winter darunter gelitten (1. Dezember) *13-120*. Stuhldrang, Abwärtsdrängen, diese Symptome sind beim Gehen im Freien etwas besser *5-250*. Beklemmung der Brust, muß ins Freie gehen zur Erleichterung *13G-371*. Häufige Ohnmachtsanwandlungen, besonders in einem warmen Raum *14AG-535*. Brennende Hitze der Glieder, mit allgemeiner Unruhe, sucht dauernd einen kühlen Platz im Bett oder möchte Arme und Beine in die kühle Luft herausstrecken, dadurch vorübergehende Besserung des Brennens und der Unruhe *6G-622*. Möchte gern einen kühlen Raum, geht gern im Freien spazieren. Die meisten Beschwerden werden durch einen warmen Raum verschlechtert. Die Patientin glaubt zu ersticken in einem überfüllten Raum, im Theater, in der Kirche *25-12*. Ohnmachtsanwandlungen in einem geschlossenen Raum *a-22*. Unverträglichkeit von Sonne. Verschlimmerung durch Wärme in jeder Form *r*. Am wohlsten war es ihr, wenn sie allein im Wald spazieren ging. Wärme konnte sie nicht leiden. Frieren mußte sie eigentlich nie *s*. Kann Wärme nicht gut vertragen *dd*. Kopfschmerz mit Schwindel, besser in der frischen Luft *ee*. Schwermut besser im Freien *ff*. Schwindel und Ohnmachtsanwandlungen in einem menschenüberfüllten Raum. Fühlt sich schlecht in einem warmen Zimmer *gg*. Allgemein besser durch frische Luft *hh*.

2 **Hitze mit Völle- und Blutstauungsgefühl einzelner Körperteile:**
Empfindung von Hitze und Blutandrang in der Brust *13-364*. Beklemmung und Hitze der Brust, eine Art Blutwallung *13G-371*. Blutandrang durch die Carotiden zum Kopf, mit starker Hitze und Völlegefühl in Gesicht und Kopf *3-422*. Fieber, Blutandrang zur Brust *13G-599*. Gefühl von Hitze und Blutandrang in der Brust *13-601*. Hitze und Völlegefühl in Gesicht und Kopf *14G-615*. Hitze in Händen, Armen und Beinen, ein Gefühl von Druck nach außen, als würde das Blut aus den Adern herausbersten *6-617*. Große Hitze in Armen und Beinen, mit Klopfen der Adern *6-621*. Hitze im Kopf mit Klopfen der Arterien *17-12*. Hitze und Betäubung des Kopfes *17-13*. Hitze (im Kopf, mehr li), mit heftigem

| TEMPERATUR | Empfindungen — Hitze | II-4-D |

Klopfen *17-96.* Große Hitze mit Klopfen und Pulsieren überall, Gefühl von Auswärtsdrücken in Händen und Unterarmen, als wenn das Blut die Adern sprengen wollte *22-37.* Schwere, Hitze und Völle im Kopf, als wenn er mit Blut überfüllt wäre, mit Druck von innen nach außen *24-24.*

3 **Hitze an kleinen Stellen:**
Hitze in Lidern und Augen *14AGT-141.* Li Backe hellrot und heiß bei Berührung *5'-155.* Starke Hitze in Rectum und Anus *3-281.* Starke Hitze der Handflächen *6-472.* Reizung der Labien, Hitze als wären die Teile entzündet *5-336.* Im Muskelbauch des Deltoides beider Arme ein brennendes Jucken *7-566.* Brennen der Ohren *17-18.* Os uteri heiß *a-17.* Hitzegefühl am Herz. Wärmegefühl in der Herzgegend. Hitzegefühl auf dem Fußrücken. Kleiner Fleck auf dem Kopf ganz heiß *dd.* Hitzegefühl in der Herzgegend *ff.*

4 **Hitze einzelner Körperteile:**
Kopf sehr heiß *6-65.* Das Gesicht, besonders die Stirn rot und heiß *13G-153.* Hitze und Druck im Hypogastrium *3-240.* Dauerndes Brennen im Rücken *7-430.* Brennende Hitze in Gesicht und Kopf *17-23.* Hitze im Gesicht, mehr li *17-24.* Hitze des Kopfes und Gesichts *17-94.*

5 **Hitze in Händen und Füßen:**
Hände und Unterarme steif und heiß wie ausgedörrt *6G-463.* Hitze in den Händen *6-616.* Hitze in Handflächen und Fußsohlen, die Glieder aufwärts *6-618.* Hitze in den Beinen *6-619.* Große Hitze in Händen, Armen, Füßen und Beinen mit starkem Verlangen, sie aus dem Bett in die kühle Luft zu strecken *6-620.* Brennende Hitze in Handflächen und Fußsohlen, die Glieder aufwärts *6G-622.* Heiße Hände *6-623.* Hände und Füße heiß *6-624.* Sehr heiße Hände *6-625.* Fieberhitze der Extremitäten *6-626.* Füße werden manchmal heiß im Bett *ff.*

6 **Brennen**
(siehe: II-4-B-4: Augen; IV-6-4: Hals; V-1-B-3: Anus; V-2-B-4: Oesophagus; V-5-5: Vulva).
Haemorrhoidalknoten

7 **Brennende**
(siehe: III-1-B-9: Kopf; II-4-B-11: Brust; V-1-C-12: Bauch).

8 **Allgemeine Hitze:**
Alles war zu heiß *13-551.* Brennen innerlich und äußerlich *13-553.* Brennende Hitze *13G-588.* Große Hitze *6-612.* Allgemeine Hitze *17-94.*

9 **Hitzewellen:**
Hitzewellen *5'-600.* Hitzewellen über den Körper *17-98.* Fühlt sich einmal zu warm, dann zu kalt *gg.*

10 **Fieber:**
Frösteln im Gesicht, danach Fieber *13G-599.* Leichte Fiebersymptome *1-614.* Mäßiges Fieber *g.* Beginn der Krankheit mit Frösteln und folgendem Fieber *i-6.* Fieber *m-1.*

TEMPERATUR Fieberstadien

1 **Kälteschauer, danach Blutandrang zu Kopf oder Brust:**
Gefühl von Blutandrang und Zusammenschnüren der Brust, bei den Fieberschaudern *13-366*. Fieberschauer vom Gesicht abwärts mit Blutandrang und Zusammenschnüren in der Brust, wie zu eng *13G-596*. Plötzliche Schauer, keine Hitze hinterher, aber Völlegefühl im Kopf *10-597*. Heftiger Frost gegen Abend, macht starke Schmerzen in und um das Herz, bis in den Rücken unter das Schulterblatt, der Schmerz ist ein Zusammenschnüren, als wäre das Herz in einem Schraubstock *9-598*. Frösteln im Gesicht, danach Fieber, Blutandrang zur Brust und leichte kurzdauernde krampfartige Zuckungen um das Herz *13G-599*.

Kälteschauer über das Gesicht, friert mehr als in kaltem Wetter, mit Gefühl von Hitze und Blutandrang in der Brust. – Völlegefühl im Kopf, besonders über den Augen. – Druck nach außen in der ganzen Stirn *13–1–601,73,88*. Kältegefühl im Rücken, als wenn kaltes Wasser darüber gegossen würde, beim Zubettgehen. – Dumpfer Schmerz über den Augen, ungefähr 2 Stunden lang *5'–11,12–610,128*. Gefühl wie von einem elektrischen Strom in Fingern, Händen und Unterarmen, mit kalten Füßen. – Gefühl von Zusammenziehen der Brust (29). – Enge der li Brustseite, abends. – Heißer Schmerz um Stirn und Augen, abends. – Starke Hitze der Handflächen, 5 Uhr nachmittags *6–28,29,30–470,368,377,84,472*.

2 **Frost, dann Hitze:**
Hitze des Kopfes und Gesichts, der übrige Körper kalt, abends, danach allgemeine Hitze nach dem Zubettgehen *17-94*. Frösteln vom Gesicht abwärts, mit Zusammenschnüren der Brust, brennende Hitze am ganzen Körper die ganze Nacht *22-36*. Beginn der Krankheit mit Frösteln und folgendem Fieber *i-6*.

Fieberschauer vom Gesicht abwärts, mit Blutandrang in der Brust. – Brennen in der Stirn, besonders über dem li Auge, abends *13–2–596,100*. Frösteln im Gesicht, danach Fieber, Blutandrang zur Brust. – Das Gesicht, besonders die Stirn, rot und heiß, nachmittags *13G–5–599,153*. Kälteschauer im Rücken, besonders nach dem Zubettgehen nachts, mit Hitzewellen gegen Morgen. – Morgens beim Erwachen li Backe hellrot und heiß bei Berührung *5'–12–600,155*.

3 **Hitze des Kopfes mit Kälte des übrigen Körpers:**
Brennende Hitze in Gesicht und Kopf, mit Frösteln des übrigen Körpers *17-23*. Hitze des Kopfes und Gesichts, der übrige Körper kalt *17-94*.

Kälteschauer im Rücken, besonders nach dem Zubettgehen nachts. – Morgens beim Erwachen li Backe hellrot und heiß bei Berührung *5'–12–600,155*.

4 **Wärmeempfindlichkeit und kalter Schweiß auf Handrücken und Füßen:**
Häufige Ohnmachtsanwandlungen besonders in einem warmen Raum mit kaltem

| TEMPERATUR | Fieberstadien / Modalitäten | II-4-F |

Schweiß auf den Handrücken und auf den Füßen *5G-535*. Plötzliche Schauer, keine Hitze hinterher, aber Völlegefühl im Kopf. – Glieder kalt und feucht *10—30—597,603*. Fußschweiß im Sommer *jj*.

5 **Hitze, dann Schweiß:**
Allgemeine Hitze nach dem Zubettgehen, schließlich profuser Schweiß gegen Morgen *17-94*. Hitzewellen über den Körper, dann Schweiß *17-98*. Fieber und Schweiß während der Nacht *m-1*.

TEMPERATUR Zeit, Modalitäten

1 **Nachmittags Hitze:**
Das Gesicht, besonders die Stirn, rot und heiß nachmittags *13G-153*. Starke Hitze der Handflächen 5 Uhr nachmittags *6-472*. Große Hitze nachmittags *6-612*. Brennende Hitze in Handflächen und Fußsohlen, über die ganzen Glieder, 5 Uhr nachmittags, sehr viel schlechter abends und nach dem Zubettgehen *6G-622*. Sehr heiße Hände nach 2 Uhr nachmittags *6-625*.

2 **Nachts Hitze:**
Nachts, als er sich wieder hinlegte (alles war zu heiß) *13-551*. Brennende Hitze die ganze Nacht *13G-588*. Hitze in den Händen die ganze Nacht *6-616*. Hitze in den Handflächen und Fußsohlen, die Glieder aufwärts, die ganze Nacht *6-618*. Große Hitze in Armen und Beinen, im ersten Teil der Nacht *6-621*. Fieberhitze der Extremitäten während der Nacht *6-626*. Hitze des Kopfes und Gesichts, übriger Körper kalt, abends, danach allgemeine Hitze nach dem Zubettgehen *17-94*. Fieber und Schweiß während der Nacht *m-1*.

3 **Morgens Hitze:**
Morgens beim Erwachen li Backe hellrot und heiß *5'-155*. Beklemmung und Hitze der Brust 8 Uhr morgens *13G-371*. Hitzewellen gegen Morgen *5'-600*.

4 **Abends Frost:**
Heftiger Frost gegen Abend *9-598*. Kälteschauer im Rücken, besonders nach dem Zubettgehen nachts *5'-600*. Frostüberlaufen den Rücken hinunter, jede Nacht beim Zubettgehen, einen Monat lang *8-602*. Kältegefühl im Rücken, beim Zubettgehen *5'T-610*. Fühlte den größten Teil des Tages Frost bis 7 Uhr diesen Abend *20-6*. Kalte Füße schlimmer nachts *b-4*. Kalte Füße, auch im Bett *ff*.

5 **Vormittags Frost:**
Frösteln im Gesicht, danach Fieber, vormittags *13G-599*. Fühlte den größten Teil des Tages Frost bis 7 Uhr diesen Abend, und Kälteschauer *20-6*.

6 **Modalitäten:**
Alles, was irgendwie aufregt, macht kalte Hände *10G-607*. Periode mit feuchtkalten

II-4-F   Modalitäten / Begleitsymptome   TEMPERATUR

Gliedern *aT-24*.   Kalte Füße, schlimmer nachts und besser, wenn sie sich bewegt *b-4*.
Frieren nach Stuhlgang *ff*.   Frieren vor der Periode *jj*.

TEMPERATUR   Begleitsymptome

1 Brustschmerzen:

(siehe: I-5-E-1: Fieberschauder mit Zusammenschnüren oder Zucken in der Brust; I-5-E-2: Hitze der Extremitäten mit Zusammenschnüren der Brust; II-4-E-1: Kälteschauer, danach Blutandrang zur Brust).
Brennende Hitze die Glieder aufwärts, sucht einen kühlen Platz im Bett. – Beklemmungsgefühl im unteren Drittel der Brust. – Heftige schneidende Schmerzen in der li Mamma bis zum Schulterblatt *6–8–622,374,397*.   Hitze in Händen, Armen und Beinen. – Gefühl von Zusammenschnüren im unteren Drittel der Brust. – Heftiger Schmerz und Schweregefühl der li Mamma, bis zum Schulterblatt und zur Lumbalgegend *6–11–617,369,391*.   Große Hitze in den Armen und Beinen, im ersten Teil der Nacht. – Scharfe, schneidende Schmerzen in beiden Brustdrüsen, li bis zum Schulterblatt und Rückgrat, nachts *6–14–621,396*.   Sehr heiße Hände, nach 14^{00}. – Kurzer Atem, Beklemmung, nach 14^{00}. – Heftige stechende Schmerzen in der li Mamma und Ziehen bis zu Schulter und Hals *6–24–625,361,398*.   Kopf sehr heiß. – Hände und Unterarme steif und heiß wie ausgedörrt. – Verlangen nach einem tiefen Atemzug, mit häufigem Seufzen. – Li Mamma schmerzhaft, mit Stechen in der li Achselhöhle und Schulter *6–31–65,463,357,390*.

2 Herzklopfen:

Heftiges Schlagen des Herzens, Klopfen der Carotiden, kann deshalb nicht einschlafen, nach dem Frostüberlaufen den Rücken hinunter *8G-416*.   Intermittierende Herzaktion, nach jeder Unterbrechung ein heftiger Schlag, gleichzeitig Blutandrang durch die Carotiden zum Kopf, mit starker Hitze und Völlegefühl in Kopf und Gesicht *3-422*.   Frösteln im Gesicht, danach Fieber, Blutandrang zur Brust und leichte kurzdauernde krampfhafte Zuckungen um das Herz *13-599*.   Kalte Hände und Füße, meistens mit kaltem Schweiß, besonders beim Herzflattern *14G-605*.   Große Hitze in Armen und Beinen, mit Klopfen der Adern *6-621*.

Große Hitze nachmittags. – Herzklopfen und Pulsieren überall, nachmittags *6–16–612,558*.   Große Hitze in Händen, Armen, Füßen und Beinen. – Pulsieren aller Arterien *6–20–620,557*.

3 Kopfschmerzen:

(siehe: III-1-E-5: Örtliche Hitze bei Kopfschmerzen).
Die Kälte der Außenseite des li Unterschenkels und der Druck in der re Kopfseite *2-407*. Plötzliche Schauer, keine Hitze hinterher, aber Völlegefühl im Kopf *10-597*.   Gefühl, als würde kalter Wind auf die Beine blasen, mit Wehtun des re Unterschenkels; Kopf-

schmerzen, Eingenommenheit des Kopfes *a-32*.   Kopfweh, Fieber und Schweiß während der Nacht *m-1*.

Brennende Hitze in den Handflächen und Fußsohlen, von da aufwärts über die ganzen Glieder, 5 Uhr nachmittags. − Sucht dauernd einen kühlen Platz im Bett, dadurch Besserung des Brennens. − Hitze und Schmerz in der Stirn über den Augenbrauen *6−1,8,1-8 −622,622,83*.   Hitze in Händen, Armen und Beinen. − Schmerz im Kopf. − Intensiver, blindmachender Kopfschmerz *6−11−617,64,82*.   Hitze in den Handflächen und Fußsohlen, die Glieder aufwärts, die ganze Nacht. − Kopfschmerz während der Nacht mäßig *6−12−618,91*.   Große Hitze in den Armen und Beinen, im ersten Teil der Nacht. − Heftiger, heißer Schmerz in der Stirn, begann zwischen 6 und 8 Uhr abends *6−14−621,85*.   Frostgefühl überall. − Dumpfer Kopfschmerz, fängt in der Stirn an, geht durch den ganzen Kopf, schlimmer auf der li Seite. − Heftiger Druck im re Auge *9−2−594,71,127*.   Heftiger Frost gegen Abend, das Herz schüttelt sich richtig vor Kälte, obwohl das Wetter mild ist. − Der gleiche (dumpfe) Kopfschmerz, fast nur in der Stirn *9−3−598,71*.   Kälteschauer über das Gesicht, friert mehr als in kaltem Wetter, mit Gefühl von Hitze und Blutandrang in der Brust. − Völlegefühl im Kopf, besonders über den Augen. − Druck nach außen in der ganzen Stirn. − Dumpfer, schmerzhafter Druck von der li Schläfe zum Ohr und Hinterkopf, ständiger dumpfer Stirnkopfschmerz, besonders über dem li Auge *13−1−601,73,88,116*.   Frösteln im Gesicht, danach Fieber. − Dumpfer Schmerz in der li Schläfe bis zur Stirn *13−5v−599,107*.   Beklemmung und Hitze der Brust, muß ins Freie gehen. − Der Kopfschmerz wird schlimmer in der frischen Luft. − Brennender, feinstechender Stirnkopfschmerz wie elastisches Band *13−7(8⁰⁰)−371,101,102*.   Brennende Hitze die ganze Nacht. − Kopfschmerz dumpf, drückend, mit Schweregefühl, er dauert die ganze Nacht *13−14−588,97*. Frösteln. − Dumpfer Schmerz in der li Schläfe *13−17−593,108*.

4 **Gliederschmerzen:**

Gefühl, wie von einem elektrischen Strom von den Fingern zu den Unterarmen, mit kalten Füßen *6-470*.   Hitze des Kopfes und Gesichts, der übrige Körper kalt, mit Knochenschmerzen *17-94*.   Nach den Herzanfällen Schwäche, Taubheit des re Unterschenkels von den Zehen bis über das Knie, Kälteschauer mit Zähneklappern *eG*.

Frösteln. − Stiche im re Hüftgelenk *13−17−593,483*.   Große Hitze nachmittags. − Re Hand und Unterarm steif und schmerzhaft, nach 8 Uhr abends nachlassend. − Gefühl von Auswärtsdrücken in Händen und Unterarmen, nachmittags *6−16−612,464,558*. Hitze in den Händen die ganze Nacht. − Hitze in den Beinen. − Schmerzen im Zeigefinger wie von einem elektrischen Strom. − Greifender Schmerz in den Knien *6−21− 616,619,469,496*.

5 **Rückenschmerzen:**

Kälteschauer mit Zähneklappern, Gefühl als würde der Rücken nach hinten gezogen *eG*.

Beklemmung und Hitze der Brust, muß ins Freie gehen, 8 Uhr morgens. − Ständiger Schmerz in Kreuz und Wirbelsäule, bis zu beiden Knien, den ganzen Tag *13−7−371,445*.

Kälteschauer im Rücken, besonders nach dem Zubettgehen nachts. — Dumpfer Schmerz in Kreuz und Sacrum, den ganzen Nachmittag und Abend *5'–12–600,446*. Kältegefühl im Rücken, beim Zubettgehen. — Schmerzen im Sacrum den ganzen Tag *5'–11–610,448*. Brennende Hitze in Handflächen und Fußsohlen, die Glieder aufwärts, sehr viel schlechter abends und nach dem Zubettgehen, sucht einen kühlen Platz im Bett. — Scharfe Schmerzen in der Lumbargegend, bis über die re Hüfte zur Nabelgegend, nachts *6–8–622, 437*.

6 **Schwäche:**
(siehe I-4-E-5: Schwäche mit Frost, Hitze oder Schweiß).

7 **Unruhe mit Hitze:**
(siehe I-1-H-6: Fiebersymptome mit Unruhe).

8 **Schwindel, Geistessymptome:**
Hitze und Betäubung des Kopfes *17-13*. Ruheloser Schlaf, mit abenteuerlichem Gefühl im Kopf; alles erscheint ihm zu heiß *24G-21*.

Ohnmachtsanwandlungen im warmen Raum mit kaltem Schweiß auf Handrücken und Füßen. — Frösteln. — Kalte Hände und Füße *5–43–535,238,604*. Ich fühle mich betrunken, taumele vorwärts, den ganzen Nachmittag. — Das Gesicht, besonders die Stirn, rot und heiß, nachmittags. — Stumpfsinn, kann das richtige Wort nicht finden, nachmittags. — Dumm im Kopf, nachmittags *13–5–57,153,34,59*. Beklemmung und Hitze der Brust, muß ins Freie gehen zur Erleichterung, 8 Uhr morgens. — Unmöglich, einen klaren Gedanken zu fassen, 8 Uhr vormittags. — Mein Kopf war so durcheinander, daß ich Angst hatte, Unterricht zu halten. — Eingenommenheit des Kopfes, eine Art Schwindligkeit, mußte mich gewaltig anstrengen, um gerade zu laufen *13–7–371,46,52,60,473*. Frösteln im Gesicht, danach Fieber, Blutandrang zur Brust, vormittags. — Schwindel, besonders beim Gehen, vormittags *13–5–599,107*. Kälteschauer über das Gesicht, friert mehr als in kaltem Wetter, mit Gefühl von Hitze und Blutandrang in der Brust. — Reizbar am Abend. — Taumeln und Wanken beim Gehen, mit Neigung, vorwärts zu fallen *13–1–601,21,56*.

9 **Augensymptome:**
Verschwimmen vor Augen, schlimmer im heißen Raum, Frösteln *13-55*.

Leichte Fiebersymptome. — Mattrötliche Injektion der Augen *1–2–614,122*. Frösteln. — Kalter Schweiß auf Handrücken und Füßen. — Kalte Hände und Füße. — Verschwommensehen *5–43–238,535,604,139*. Gesicht, besonders Stirn, heiß, nachmittags. — Augen voll Wasser, nachmittags *13–5–153,134*. Hitze der Brust, 8 Uhr. — Alles war zu heiß, nachts. — Gefühl, als wären die Augen voller Tränen, den ganzen Tag. — Wie ein Schleier vor Augen, 8 Uhr *13–7–371,551,126,145*.

Symptome
Frieren nach Stuhlgang *ff*.

| TEMPERATUR / SCHWEISS | Begleitsymptome | II-5 |

Leichte Fiebersymptome. – Erbrechen. – Kein Urin *1–2–614,194,301*. Fröstein. – Kalter Schweiß auf Handrücken und Füßen. – Kalte Hände und Füße. – Appetitlosigkeit. – Übelkeit. – In den Därmen Gefühl wie aufgetrieben. – Heftiges Abwärtsdrängen beim Stuhlgang. – Häufiger, spärlicher Urin *5–43–238,535,640,168,189,225,248,295*. Li Backe heiß. – Kälteschauer im Rücken, Hitzewellen. – Druck in Rectum und Anus *5'–12–155,600,267*. Brennende Hitze in den Gliedern. – Häufiger Urindrang mit Beißen. – Greifender Schmerz im li Ovar *6–9–622,290,324*. Hitze die Glieder aufwärts. – Darmentleerung mit scharfer Wundheit am After. – Urin milchig *6–12–618, 280,308*. Brennende Hitze in den Gliedern. – Flatulenz nach Stuhlgang. – Jucken und Beißen nach Urinentleerung. – Scharfe Schmerzen in der Ovargegend. – Scharfe Schmerzen die Vagina aufwärts, Jucken und Beißen der Labien *6–15–622,211,288,327, 340*. Hände und Füße heiß. – Völle im Magen. – Schwäche und Zittern in den Därmen und am After *6–17–624,202,216*. Hitze in der Stirn. – Heiße Hände. – Kneifende Schmerzen nach Durchfall *6–23–95,623,229*. Sehr heiße Hände. – Abwärtsdrängen im Unterbauch. – Ziehen in der re Inguinalgegend *6–24(14⁰⁰)–625,256,262*. Hitze der Handflächen. – Rumpeln im li Unterbauch. – Abwärtszerren des gesamten Bauchinhaltes *6–30–472,209,231*. Heftiger Frost. – Übelkeit *9–3–598,183*. Kälteschauer über das Gesicht, Hitze in der Brust. – Die gewöhnliche Zigarre ist ihm eklig und macht Wasserzusammenlaufen im Munde *13–1–601,175*. Etwas Fröstein. – Rumpeln, Bauchschmerzen *13–2–596,230*. Hitze der Brust. – Alles war zu heiß nachts. – Brennend heißer Urin *13–7–371,551,310*.

SCHWEISS

1 **Kalter Schweiß auf Handrücken und Füßen:**
Häufige Ohnmachtsanwandlungen mit kaltem Schweiß auf den Handrücken und auf den Füßen *5G-535*. Glieder kalt und feucht *10G-603*. Kalte Hände und Füße, meistens mit kaltem Schweiß *14G-605*. Kalte Hände und Füße mit profusem Schweiß, so daß sie dauernd naß waren von kaltem, klebrigem Schweiß *a-22*. Glieder kalt und feucht *a-22*. Periode mit feuchtkalten Gliedern *aT-24*.

2 **Schweiß in der rechten Achselhöhle:**
Viel Achselschweiß, besonders re, wurde früher nie beobachtet *7-628*.

3 **Nachts Schweiß der Hände:**
Hitze in den Händen die ganze Nacht, mit Schweiß *6-616*. Feuchtigkeit in den Handflächen, nachts *6-629*. Fieber und Schweiß während der Nacht *m-1*.

4 **Herzflattern oder Ohnmachtsanwandlungen mit kaltem Schweiß auf Händen und Füßen:**
Kalte Hände und Füße, meistens mit kaltem Schweiß, besonders beim Herzflattern *14G-605*. Zustand äußerster Prostration mit kalten Schweißen *g*.

Ohnmachtsanwandlungen im warmen Raum mit kaltem Schweiß auf den Handrücken und auf den Füßen. – Schwäche und Zittern in den Därmen, mit Kraftlosigkeit. – Verschwommensehen *5–43–535,215,139*. Hitze in den Händen die ganze Nacht, mit Schweiß. – Pulsieren aller Arterien *6–21–616,557*. Feuchtigkeit in den Handflächen nachts. – Große Hitze in Armen und Beinen, mit Klopfen der Adern im ersten Teil der Nacht *6–14–629,621*.

5 **Hitze mit Schweiß:**
(siehe II-4-E-4: Wärmeempfindlichkeit und kalter Schweiß auf Handrücken und Füßen; II-4-E-5: Hitze, dann Schweiß).
Hitze in den Händen die ganze Nacht, mit Schweiß *6-616*.

6 **Profuser Schweiß:**
Kalte Hände und Füße mit profusem Schweiß, so daß sie dauernd naß waren von kaltem, klebrigem Schweiß *10-606*. Viel Achselschweiß, wurde früher nie beobachtet *7-628*. Neigung zu Transpiration *i-3*. Viel Schweiß bei Schmerzen *i-6*.

SCHMERZEN DES GESAMTEN KOPFES — Orte

1. **Linke Stirn und Schläfe:**
   Fängt in der Stirn an, geht durch den ganzen Kopf, schlimmer auf der li Seite (dumpf) *9-71*. Geht dauernd vom Vorderkopf zum Hinterkopf, besonders auf der li Seite und konzentriert sich in der li Schläfe (dumpf) *13-72*. In der Stirn, besonders auf der li Seite (Völle und Schwere) *13-87*. Stirnkopfschmerz, mehr auf der li Seite (dumpf) *13G-93*. Im Winkel zwischen Stirn und li Schläfe (drückend) *13-96*. In der Stirn, besonders über dem li Auge (brennend drückend) *13-100*. In der li Schläfe bis zur Stirn (dumpf) *13T-107*. In der li Kopfseite, Schläfe, Seitenbein und Jochbein *7-114*. Linksseitiger Kopfschmerz (heftig) *13-115*. Stirnkopfschmerzen, besonders über dem li Auge (dumpf) *13GT-116*. Im li Stirnhöcker (schraubend) *13-119*. Die li Kopfseite, Stirn und Schläfe (empfindlich) *13-120*. Über dem li Auge (scharf) *5'-130; 4-131*. Im li Vorderkopf bis zur li Schläfe (heftig ziehend) *17-7*. War beschränkt auf Stirn und Schläfe, namentlich li (dumpf) *19-8*. Kopfschmerz li (migräneartig) *ff*.

2. **Kopfschmerz bis in die Augen:**
   Eingenommenheit des Kopfes, mehr in den Augen *13-60*. Völle im Kopf, als wenn der Inhalt durch jede Öffnung, Augen, Ohren usw., herauskäme *10GT-74*. In der Stirn über den Augenbrauen, bis zu den Augen (Hitze und Schmerz) *6-83*. Um Stirn und Augen (heißer Schmerz) *6-84*. Im Winkel zwischen Stirn und li Schläfe, mit Graben abwärts in den Augapfel *13-96*. Durch die Stirn und die Augen (Wundheitsschmerz) *6-103*. In beiden Augen, nach rückwärts in den Kopf (intensiv) *6G-124*. Im re Auge (heftiger Druck) *9-127*. Durch Stirn und Augen (straffes Ziehen) *6-266*. In den Augen *f-1*. Viel Kopfweh (Stechen) in den Augen *i-5*.

3. **Über den Augen:**
   Besonders über den Augen (Völle) *13-73*. In der Stirn über den Augen *5-81*; (dumpf) *5'A-90*. Besonders über dem li Auge (brennend drückend) *13-100*; (dumpf) *13GT-116*. Im Hinterkopf und über den Augen *7-118*. (Scharf) über dem li Auge *5'-130; 4-131*. Über den Augen (dumpf) *5'-128*. Über den Augen *14GT-129*. Unmittelbar über den Augen (heftig) *17-15*. Über den Augen und im Scheitel *a-19*. (Schwere) über den Augen *i-5*. Von oben nach unten, auf die Augen hinunter (drückend) *aa*. Über dem re Auge (ruckartig) *cc*.

4. **Vorderkopf, Stirn, Schläfen:**
   Kopfschmerz, der auf die Stirn beschränkt war (intensiv) *6G-82*. In der Stirn (heftig, heiß) *6-85*; (dumpf) *5'-89*; (drückend, Hitze) *6-95*. (Völle, drückend) *17-6*; (wie Klammer) *hh*. Durch den vorderen Teil des Kopfes (brennend) *6-86*. In der ganzen Stirn (Druck nach außen)

13-88. Durch die Stirn (dumpf) 6-91. Stirnkopfschmerz (dumpf) 9-92; aa. In den Schläfen 10-104. In der Schläfen- und Stirnregion des Gehirns (drückend, Völle, Bersten) 10-105; 12-106. Im ganzen Vorderkopf (dumpf, Schwere) 6-110. In und durch die Stirn (Hitze und Schmerzen) 6-228. Über den Augen und im Scheitel a-19.

5 **Stirn und Hinterkopf:**
Fängt in der Stirn an, geht durch den ganzen Kopf (dumpf) 9-71. Der Schmerz geht dauernd vom Vorderkopf zum Hinterkopf (dumpf) 13-72. Kopfschmerz, der auf die Stirn beschränkt war, nach 2 Stunden wechselte er die Stelle zum Hinterkopf und den Nacken abwärts (intensiv) 6G-82. Wechselte die Stelle von Stirn und Schläfen zu den Hinterhauptshöckern (dumpf, drückend, Schwere) 13-97. Von der li Schläfe zu Ohr und Hinterkopf (dumpfer Druck) 13GT-116. Im Hinterkopf und über den Augen z-118. (Schraubend) im li Stirnhöcker, mit (ziehend) auf der li Nackenseite 13-119. In der Stirn und Hinterkopf f-1.

Schmerzen im Vorderkopf. — Schmerzen in beiden Augen, nach rückwärts in den Kopf. — Schmerzen im Nacken 6—25—110,124,425.

6 **Kopfschmerz bis in Gesicht oder Zähne:**
Im Kopf und Gesicht (Völle) 3-76. (Hitze und Völle) 3-422; (Hitze und Völle) 14-615. Schmerzen in der re Gesichtsseite, scheinbar im Jochbein mit Gefühl im Kopf wie von einem heftigen Schnupfen 5G-156. In der re Kopfseite und in den Zähnen (Grimmen) 7-113. In der li Kopfseite, Schläfe, Seitenbein und Jochbein 7-114. Stirnkopfschmerzen und (schießend) die Nase hinunter 17-11. Vom Kopf bis in die Nase 17-19.

7 **Gesicht, Zähne:**
Dumpfer Schmerz in der re Gesichtsseite, Kiefer, mit Gefühl von Verlängerung der Zähne 6-157. Grimmen in einem hohlen Zahn 6-158. Schmerz in den Kiefergelenken 17-25. Schmerz in einem hohlen Backenzahn 17-26. Magenschmerzen, sogar bis in die Zähne fahrend i-5. Zusammenkrampfen in der Nasenwurzel jj.

8 **Kopfschmerz bis in die Ohren:**
Völle im Kopf, als wenn der Kopfinhalt durch jede Öffnung, Augen, Ohren usw., herauskäme 10GT-74. In den Ohren und in der Umgebung der Ohren (Herausdrücken) 12-106. Von der li Schläfe zum Ohr und Hinterkopf (dumpfer Druck) 13GT-116. Von unten her in die Ohren hinein (schießend) 17-17. Schmerzen im li Ohr 17-18.

9 **Kopfhaut der Stirn oder des Scheitels:**
Wie ein Gummiband von einer Schläfe zur anderen, Prickeln in der Stirn 13-99. Brennender, feinstechender Stirnkopfschmerz, wie elastisches Band 13G-102. Nadelstechen in der in der Stirnhaut 13G-153. Vom Hinterkopf zum Scheitel hinauf (Kriebeln, elektrisch) Kriebeln im Scheitel a-6. Gefühl auf dem Scheitel, als wären das Kopfschmerzen auf der Haut cc. Ameisenlaufen im Kopf, kleiner Fleck auf dem Scheitel (heiß) dd. Stechen auf der Schädeldecke; im Scheitel (Kriebeln) ee. Ameisenlaufen auf dem Scheitel ff. Taubheit in der Stirn; Ameisenlaufen auf dem Scheitel; Taubheit, Kriebeln im Scheitel hh.

SCHMERZEN DES GESAMTEN KOPFES   Orte / Empfindungen   III-1-B

10 **Vom Hinterkopf zum Scheitel:**
Hunger, der im Rücken empfunden wird und von da über Hinterkopf und Scheitel *7G-163*. Schmerz vom Scheitel zur li Scapula *17-8*. Hinterhauptskopfschmerzen mit Rückenschmerzen *20-11*. Abenteuerliches Gefühl vom Hinterkopf zum Scheitel herauf *25-13*. Abenteuerliches Gefühl scheint den Hinterkopf hinaufzulaufen *a-5*. Schmerzen auf dem Scheitel und im Hinterkopf *i-6*. Vom Nacken zum Scheitel *cc*. Kopfschmerz vom Hinterkopf zum Scheitel *ff*.

11 **Scheitel:**
Druck, verrücktes Gefühl auf dem Kopf oben darauf *7G-111*. Als wenn alles zum Scheitel heraus wollte *aa*. Druck auf dem Scheitel *bb*; Schwere *ff*.

12 **Hinterkopf und Nacken:**
(siehe: III-2-A-5: Nacken).
Schmerz im re Hinterhauptshöcker *17-10*. Hinterhauptskopfschmerz (dumpf) *20-2*; (leicht) *20-8*; (dumpf, schwer) *20-13*. Der hintere Teil meines Kopfes (zu weit) *20-14*. Stechen im Hinterkopf *a-6*. Schmerz im Nacken und Hinterkopf *bb*. Steifes Genick *hh*.

13 **Seitenwechsel der Kopfschmerzen:**
Besonders über dem li Auge (2). — Mehr auf der re Seite der Stirn (brennend, drückend) (3) *13-100*. Dumpf in der li Schläfe morgens, wechselt dann ab zwischen beiden Schläfen *13-108*. Schießend in der re Schläfe, geht herüber zur li *6G-110*. Dumpf in der Stirn, die sich von einer Schläfe zur anderen verbreiten *19-1*. Dumpfer Stirnkopfschmerz, abwechselnd von einer Seite zur anderen *23-3*.

14 **Rechte Kopfseite:**
Rechte Kopfseite (Eingenommenheit, Druckgefühl) *2-112*. In der re Kopfseite und in den Zähnen (Grimmen) *7-113*. In der re Kopfseite (Schießen) *7-117*. In der Stirn, mehr ausgesprochen auf der re Seite (dumpf) *19-1*.

15 **Ganzer Kopf:**
Heftiger heißer Schmerz durch den ganzen Kopf *6G-66*. Schmerzen überall im Kopf *8G-75*. Der ganze Kopf (in Stücke gerissen) *a-5*. Kopfweh im ganzen Kopf *i-9*.

SCHMERZEN DES GESAMTEN KOPFES   Empfindungen

1 **Abenteuerliches Durcheinander, verrücktes Gefühl:**
Abenteuerliches Durcheinander im Kopf, als wenn ich verrückt werden wollte *7-16*. Dann wieder fast verrücktes Gefühl im Kopf *14GT-51*. Überhaupt kein Gefühl im Kopf *7-58*. Ein verrücktes Gefühl auf dem Kopf oben darauf, so daß sie ihre Symptome nicht aufschreiben kann *7G-111*. Hat einen unbeschreibbaren Hinterhauptskopfschmerz *20-2*. Ein abenteuerliches Gefühl vom Hinterkopf zum Scheitel, es wird manchmal beschrie-

ben als ein Kriebeln oder als elektrisches Gefühl 25-13. Verrücktmachende Kopfschmerzen, Gefühl, als ob sie den Verstand verlieren sollte, das abenteuerliche Gefühl scheint den Hinterkopf hinaufzulaufen a-5. Sie klagte über ein abenteuerliches Gefühl im Kopf und sie hatte Angst, daß sie verrückt werden würde d-1. Gefühl im Kopf, als wenn es so komisch durch den Kopf geht; Kopfschmerzen zum Wahnsinnigwerden cc.

2 **Eingenommener, benommener Kopf:**
Leichte Eingenommenheit des Kopfes mit wenig Schmerzen 4-50. Manchmal leicht eingenommener Kopf 14GT-51. Dumm im Kopf 13-59. Eingenommenheit des Kopfes, eine Art Schwindligkeit, mehr in den Augen 13T-60. Gefühl von Benommenheit im Kopf 12G-63. Benommenheit des Kopfes 6-69; 13-70. Gefühl wie betäubt 9-71. Eingenommenheit (re Kopfseite) 2-112. Betäubung des Kopfes 17-13. Eingenommenheit des Kopfes a-32. Benommen im Kopf; benebelt im Kopf ff.

3 **Als wenn der Kopfinhalt herausgedrängt würde, Völlegefühl:**
Völlegefühl im Kopf, über den Augen 13T-73. Völle im Kopf und Drücken von innen nach außen, als wenn der Inhalt durch jede Öffnung, Augen, Ohren, usw., herauskäme 10GT-74. Kopfschmerzen, als wenn zu viel Blut im Kopf wäre, Blutandrang 8GT-75. Völlegefühl (Kopf und Gesicht) 3-76. Völle und Schwere (li Stirn) 13-87. Druck nach außen (ganze Stirn) 13T-88. Drückendes Völlegefühl (Schläfen und Stirn), wie ein Bersten, das durch Druck gebessert wurde 12-106; 10-105. Gefühl in der Umgebung der Ohren, als würde etwas herausgedrückt 10-105. Blutandrang zum Gesicht 13-154. Hitze- und Völlegefühl (Gesicht und Kopf) 14G-615. Völlegefühl und drückender Schmerz (Stirn) 17-6. Der ganze Kopf scheint in Stücke gerissen zu werden, mit starkem, nach außen drückendem Völlegefühl a-5. Gefühl, als ob alles zum Scheitel herauswollte aa.

4 **Schweregefühl:**
Schweregefühl im Kopf 6GT-61. Fortgesetztes Schweregefühl im Kopf 4-62. Gefühl von Schwere im Kopf, als würde er zu viel wiegen 12G-63. Kopfschmerzen; Schwere; möchte den Kopf mit den Händen halten 8G-75. Schwere (Stirn, besonders li Seite) 13-87. Kopfschmerz hinterließ ein dumpfes Schweregefühl im Kopf 6-91. Kopfschmerzen dumpf, drückend, mit Schweregefühl 13-97. Schießender Schmerz verursacht im ganzen Vorderkopf ein dumpfes Schweregefühl 6G-110. Schweregefühl der Augenlider 13-132. Dumpfer, schwerer, drückender Kopfschmerz 17-5. Dumpfes Schweregefühl im Kopf 17-20. Dumpfer, schwerer Hinterhauptskopfschmerz 20-13. Kopfschmerz, drückend von oben nach unten, auf die Augen hinunter aa. Schwere wie Bleibarren auf dem Scheitel ff.

5 **Dumpfer, drückender Schmerz:**
Dumpfer Kopfschmerz (Stirn → ganzer Kopf < li Seite) 9-71; (li im Vorderkopf → Hinterkopf < li Schläfe) 13-72; (Stirn) 9-92; 13G-93; (li Stirn und Schläfe) 19-8; (Stirn, abwechselnde Seiten) 23-3. Merkwürdig pressender Kopfschmerz 11G-78. Dumpfer Schmerz (Stirn) 5'-89; (Über den Augen) 5'A-90; (Stirn) 6-91; (li Schläfe → Stirn) 13T-107; (lin. Schläfe, dann abwechselnd zwischen beiden Schläfen) 13-108; (Über den Augen) 5'-128; (re Gesichtsseite)

| SCHMERZEN DES GESAMTEN KOPFES | Empfindungen | III-1-B |

6-157. Drückender Schmerz und Hitze (Stirn) *6-95.* Drückende Schmerzen (Zwischen Stirn und li Schläfe) *13-96.* Brennend drückende Schmerzen (2: Über li Auge; 3: re Stirnseite) *13-100.* Druck und verrücktes Gefühl oben auf dem Kopf *7G-111.* Dumpfer, schmerzhafter Druck (li Schläfe → Ohr, Hinterkopf) mit ständigem, dumpfem Kopfschmerz über li Auge *13GT-116.* Heftiger Druck (re Auge) *9-127.* Gefühl im Kopf wie von einem heftigen Schnupfen *5-156.* Leichte dumpfe Kopfschmerzen (Stirn, re Schläfe) *19-1.* Dumpfer, unbeschreibbarer Hinterhauptskopfschmerz *20-2.* Druckgefühl (auf Scheitel) *bb.* Steifes Genick *hh.*

6 **Wie ein straff gespanntes Gummiband vor der Stirn:**
Gefühl, als wäre ein Gummiband straff von einer Schläfe zur anderen gespannt, mit Prickeln *13-99.* Feinstechender Stirnkopfschmerz mit dem Gefühl, als wäre ein elastisches Band darüber gespannt *13G-102.* Straffes, schmerzhaftes Ziehen durch Stirn und Augen *6-266.* Heftiger ziehender Schmerz im li Vorderkopf bis zur li Schläfe *17-7.*

7 **Gefühl wie ein fest anliegender Helm, Zusammenziehen:**
Dumpfer Schmerz mit Gefühl von Zusammenziehen (Nacken) *6GT-425.* Gefühl, als ob eine feste Mütze den Schädel zusammenpresse *25-4.* Druckgefühl wie ein Helm *bb.* Zusammenziehen wie eine Klammer (Stirn) *hh.* Zusammenkrampfen (Nasenwurzel) *jj.*

8 **Prickeln, Taubheit:**
Prickelndes Gefühl (Stirn) *13-99.* Brennender, feinstechender Stirnkopfschmerz *13G-102.* Wie Nadelstechen (Stirnhaut) *13G-153.* Abenteuerliches Gefühl (Hinterkopf → Scheitel), es wird manchmal beschrieben als ein Kriebeln oder als elektrisches Gefühl *25-13.* Kriebeln (Scheitel), Stechen (Hinterkopf) *a-6.* Gefühl, als wären das Kopfschmerzen auf der Haut (Scheitel) *cc.* Ameisenlaufen im Kopf. Kleiner Fleck auf dem Kopf ganz heiß *dd.* Stechen auf der Schädeldecke. Krabbeln (Scheitel) *ee.* Ameisenlaufen, berührungsempfindlich, Gefühl, als ob die Haare in die Luft stehen (Scheitel) *ff.* Taubheitsgefühl (Stirn). Ameisenlaufen (Scheitel) *hh.*

9 **Leere, Weite, Gehirn wie locker:**
(siehe I-3-A-6: Gefühl, als sei der Kopf leer, das Gehirn locker).

10 **Heißer Schmerz, brennender Schmerz:**
(vgl.: II-4-B-1,3: Hitze der Stirn und des Kopfes).
Heftiger, heißer Schmerz (ganzer Kopf) *6G-66*; (Stirn) *6-85.* Hitze und Schmerz (über Augenbrauen → Augen) *6-83.* Heißer Schmerz um Stirn und Augen *6-84.* Brennender Schmerz (Vorderkopf) *6-86.* Drückender Schmerz und Hitze (Stirn) *6-95.* Brennen, mit brennend drückenden Schmerzen (2: über li Auge; 3: re Stirnseite) *13-100.* Brennender, feinstechender Schmerz (Stirn) *13G-102.* Der ziehende Schmerz nahm zu zu einem Gefühl von Brennen, wie von angewandter Elektrizität (li Nackenseite) *13-119.*

11 Scharfe Schmerzen, Schießen, Reißen:

Schießende Schmerzen (re, dann li Schläfe) *6G-110;* (Die Nase hinunter) *17-11;* (In die Ohren) *17-17.* Schießen (re Kopfseite) *7-117.* Scharfe Schmerzen (über li Auge) *5'-130.* Scharfer, aber nicht heftiger Schmerz (über li Auge) *4-131.* Schrecklich reißende, verrücktmachende Kopfschmerzen *a-5.*

12 Zucken, Klopfen, wellenartiger Schmerz:

Zuckender Schmerz in verschiedenen Teilen des Kopfes *7-79.* Kurzdauerndes Zukken (li Schläfe) *13-109.* Heftige klopfende Kopfschmerzen *17-9.* Hitze im Kopf mit Klopfen der Arterien *17-12.* Hitze im Kopf mit heftigem Klopfen im Kopf *17-29.* Schmerzen ruckartig (über li Auge) *cc.* Gefühl, als ob etwas wellenartig durch den Kopf geht, Schmerzen an- und abschwellend stärker und schwächer *gg.*

13 Schrauben, Graben, Grimmen:

Graben (zwischen Stirn und li Schläfe abwärts in den Augapfel) *13-96.* Schmerzhaftes Grimmen (re Kopfseite, re Zähne) *7-113.* Schraubender Schmerz (li Stirnhöcker) *13-119.*

14 Heftige Schmerzen:

Heftiger, heißer Schmerz (durch den ganzen Kopf) *6G-66;* (Stirn) *6-85.* Intensiver, blindmachender Kopfschmerz *6G-82.* Heftiger linksseitiger Kopfschmerz *13G-115.* Intensive Schmerzen (beide Augen → Kopf) *6G-124.* Heftiger, ziehender Schmerz (li Vorderkopf) *17-7.* Heftige, klopfende Kopfschmerzen *17-9.* Heftige Schmerzen (über Augen) *17-15.* Schrecklich reißende, verrücktmachende Kopfschmerzen; Schmerzen vollkommen unerträglich *a-5.* Kopfschmerzen zum wahnsinnig Werden *cc.*

15 Anderes:

Rauschen, wie von einer Flüssigkeit durch den Kopf, gewöhnlich von re nach li *14GT-77.* Wundheitsschmerz, ein Gefühl, als wären die Teile geschlagen worden (durch Stirn und Augen) *6-103.* Starker Hunger, der im Rücken empfunden wird und von da über Hinterkopf und Scheitel) *7G-163.* Wehtun (Hals- und Nackenmuskeln) *7-426.* Singen unter der Schädeldecke *hh.*

SCHMERZEN DES GESAMTEN KOPFES   Zeit

1 Nachmittags und abends:

Schlimmer beim Zubettgehen; kann nicht einschlafen (abenteuerliches Durcheinander im Kopf) *7-16.* Nach dem Zubettgehen nahm die Eingenommenheit des Kopfes zu *4-50.* Dumm im Kopf, nachmittags *13-59.* Hielt ungefähr 2 Stunden an, verschwand fast vollkommen durch häufiges Niesen, das ungefähr um 10 Uhr abends begann (heftiger heißer Schmerz durch den ganzen Kopf) *6G-66.* Leichter Kopfschmerz jeden Abend (3 Tage lang) *13-68.* Besser erst bei Sonnenuntergang, dauerte 2 Tage (Schwere; Schmerzen überall im Kopf) *8G-75.* Zwischen 5 und 6 Uhr nachmittags begann ein intensiver, blindmachender Kopfschmerz in der Stirn, der ungefähr 2 Stunden lang anhielt *6G-82.* Heißer Schmerz um Stirn

SCHMERZEN DES GESAMTEN KOPFES   Zeit   III-1-C

und Augen, abends *6-84*. Heftiger, heißer Schmerz in der Stirn, begann zwischen 6 und 8 Uhr abends *6-85*. Der bis in die Nacht anhielt, aber nicht so heftig, wie nach den früheren Arzneigaben (brennend; Vorderkopf) *6-86*. Morgens und abends (dumpf; Stirn) *6-91*. Dumpfer Stirnkopfschmerz, mehr li, begann nachmittags und nahm am Abend noch zu (9); abends (10) *13G-93*. Abends (Gummiband; Stirn) *13-99*. (Brennen; Stirn. Brennend drückend; über li Auge) abends (2). (Brennend drückend; re Stirnseite) kommt zwischen 5 und 6 Uhr nachmittags wieder, nimmt im Laufe des Abends an Stärke zu, wird aber nicht so stark wie früher (3). Abends (6) *13-100*. Kopfschmerz schlimmer gegen Abend *13-108*. Heftiger, linksseitiger Kopfschmerz, dauert etwa 2 Stunden und nimmt allmählich ab, nachmittags *13G-115*. (Scharf, über li Auge) 6 Uhr abends, der nach etwa einer Stunde etwas nachließ, aber den ganzen Abend anhielt *5'-130*. (Nadelstechen; Stirnhaut) nachmittags *13G-153*. (Hitze und Schmerzen; Stirn) ungefähr 5 Uhr nachmittags, der abends und nachts allmählich zunahm und der etwa 8 Uhr morgens nachließ *6-228*. (Dumpf; li Stirn und Schläfe) um 12 Uhr mittags (war schon einige Tage vor dem Einnehmen der Arznei beobachtet worden); derselbe wurde schlimmer bis ungefähr 4 Uhr 30 nachmittags und nahm dann allmählich ab und war gegen 7 Uhr verschwunden *19-8*. (Dumpf; Hinterhaupt) der gegen 6 Uhr 30 nachmittags vor dem Abendessen zunahm *20-2*. (Leicht; Hinterhaupt) seit 10 Uhr vormittags und bis nach dem Abendessen während *20-8*. Von 4 bis 5 Uhr (Hinterhauptskopfschmerzen) *20-11*. Abends regelmäßig Kopfweh im ganzen Kopf *i-9*. Fühlt sich morgens besser, schlechter 6 bis 8 Uhr nachmittags *hh*.

2 **Morgens, vormittags:**
Eingenommenheit des Kopfes, 8 Uhr vormittags *13T-60*. Benommenheit des Kopfes, frühmorgens *6-69*. Benommenheit des Kopfes beim Erwachen *13-70*. Erwachen am Morgen unerfrischt (Völle, Schwere; Stirn < li) *13-87*. (Dumpf; Stirn) morgens und abends (12). Der Kopfschmerz, der während der Nacht mäßig war, nahm 5 Uhr morgens zu und dauerte bis 9 Uhr (→ dumpfes Schweregefühl) (13) *6-91*. Eine Stunde nach dem Aufstehen morgens (drückend; zwischen Stirn und li Schläfe → Augapfel → li Hirnhälfte) *13-96*. Zunahme des Kopfschmerzes am Morgen, er wurde noch heftiger gegen Mittag (Stirn und Schläfen → Hinterhauptshöcker) *13-97*. 8 Uhr morgens *13-101*. Vormittags (dumpf; li Schläfe → Stirn) *13T-107*. Beim Aufstehen morgens (dumpf; li Schläfe) *13-108*. Den ganzen Vormittag lang (scharf; über li Auge) *4-131*. Erwachte um 7 Uhr 30 früh mit (Hinterkopf zu weit) *20-14*. Morgens steifes Genick *hh*. Morgens (Kopfschmerz durch geistige Anstrengung) *ii*.

3 **Nachts:**
Nach dem Zubettgehen nahm die Eingenommenheit des Kopfes zu *4-50*. Schwere nachts *4-62*. Nachts *6-64*; Stirn über Augenbrauen → Augen *6-83*. Er dauert den ganzen Abend und die ganze Nacht (dumpf, drückend, mit Schwere) *13-97*. Schlimmer nachts (intensiv; Augen → Kopf) *6G-124*. Der abends und nachts allmählich zunahm wie vorher, allerdings weniger stark, und der wie vorher etwa 8 Uhr morgens nachließ (Hitze und Schmerzen; Stirn) *6-228*. Gegen 1 Uhr 30 erwachte ich aus dem Schlaf mit (dumpf, schwer; Hinterhaupt) *20-13*. Während der Nacht *m-1*. Nachts beim Aufwachen (drückend; ↓ Augen) *aa*.

4 Andere Zeiten:
Den ganzen Tag (dumpf; Stirn) *9-92*. Am Tag (Zucken; li Schläfe) *13-109*. Der Kopfschmerz dauert den ganzen Tag (dumpf; Stirn) *19-1*. Gegen 12 Uhr mittags bekam ich Kopfschmerzen, doch schiebe ich das auf mein Fasten *19-4*.

5 Allmählich nachlassend:
Dauert etwa 2 Stunden und nimmt allmählich ab (heftig; li-seitig) *13G-115*. Nahm 6 Stunden lang zu und ließ dann allmählich nach (Druck; re Kopfseite) *2-407*. Wurde schlimmer bis 4 Uhr 30 nachmittags und nahm dann allmählich ab und war gegen 7 Uhr verschwunden (dumpf; Stirn und Schläfe, < li) *19-8*. Gefühl, als ob etwas wellenartig durch den Kopf geht, Schmerz an- und abschwellend stärker und schwächer *gg*.

6 Anfallsweise, migräneartig:
Ich leide sonst an Migräne, hatte während der Prüfung keinen Anfall *3-80*. Anfallsweise migräneartige Kopfschmerzen li. Migräneanfall *ff*.

SCHMERZEN DES GESAMTEN KOPFES — Modalitäten

1 Besser im Freien, schlechter im warmen Raum oder Sonne:
(Prickeln; Stirn) abends im warmen Raum *13-99*. (Brennend drückend; Stirn) abends im warmen Raum *13-100*. Die li Kopfseite ist etwas empfindlich, das ist die Stelle, wo früher extreme Sonnenhitze Blutandrang hervorrief *13-120*. (Eingenommenheit; < Augen) besser im Freien *24-26*. Kopfschmerz besser in der frischen Luft *ee*. Kopfschmerz schlechter durch Sonne. Migräneanfall durch Arbeit in der Sonne. Kalte Umschläge bessern die Kopfschmerzen. Benommenheit, wenn sie in einer Menschenmenge ist *ff*. Schlechte Luft macht Kopfschmerzen. Allgemein besser durch frische Luft *hh*.

2 Schlechter durch Bewegung im Freien, besser im Liegen:
(Schwere, Blutandrang; überall im Kopf) schlechter beim Gehen im Freien *8G-75*. Der Kopfschmerz wird schlimmer in der frischen Luft, 8 Uhr morgens *13-101*. (dumpf; li Schläfe → Stirn) besonders beim Gehen, vormittags *13T-107*. (Dumpf; li Schläfe) beim Aufstehen morgens *13-108*. (Völle, drückend: Stirn) schlechter bei Bewegung und im Freien (hielt bei vielen Prüfern während der ganzen Prüfung an) *17-6*. Heftiges Klopfen bei Anstrengung *17-96*. Gefühl von Blutandrang zur Brust, muß ins Freie gehen zur Erleichterung, aber die frische Luft verstärkt den Kopfschmerz *22-25*. Liegen bessert Kopfschmerz *bb*. Kopfschmerz besser im Liegen *ee*.

3 Schlechter durch Bücken, Kopfbewegungen, Erschütterung:
(Eingenommenheit → Druckgefühl; re Kopfseite) lehnt den Kopf nach li *2-112*. (Dumpf; Hinterhaupt) er war schlimmer beim Bücken und kurze Zeit nachdem ich mich wieder aufgerichtet hatte *20-2*. Stirnkopfschmerzen durch Husten *aa*. Kopfschmerzen verschlimmert durch schnelle Kopfbewegung *gg*. Kopfschmerz schlechter, wenn er den Kopf nach vorn beugt *hh*.

SCHMERZEN DES GESAMTEN KOPFES   Modalitäten   III-1-D

4 **Besser durch Bewegung, schlechter im Liegen:**
Nach dem Zubettgehen nahm die Eingenommenheit des Kopfes zu *4-50*. (Li Kopfseite) beim Sitzen ohne Arbeit, besser durch Bewegung und Beschäftigung *7-114*. Im Liegen auch Stiche in der Schläfe *17-7*. Morgens beim Aufwachen Kopfschmerzen, schlechter im Liegen, besser wenn sie aufsteht *aa*. Kopfschmerzen schlechter beim Liegen auf dem Rücken *ff*.

5 **Niesen bessert:**
Heftiger, heißer Schmerz durch den ganzen Kopf, verschwand fast vollkommen durch häufiges Niesen, das ungefähr um 10 Uhr abends begann, der Kopf wurde plötzlich ganz klar *6G-66*.

6 **Im Zusammenhang mit der Periode:**
Die Menses erleichtern das Kopfweh *7-341*. Kopfschmerz mit Erbrechen alle paar Tage, viel schlimmer während der Periode *a-18*. Menses erscheinen zu spät, vorher heftiger Kopfschmerz *i-4*. Kopfschmerz vor der Periode. Benebelt im Kopf während der Periode *ff*.

7 **Besser durch Essen:**
Gegen 12 Uhr mittags bekam ich Kopfschmerz, doch schiebe ich das auf mein Fasten *19-4*. (Dumpf; Hinterhaupt) welcher gegen 6 Uhr 30 vor dem Abendessen zunahm *20-2*. (Hinterkopf zu weit) alle Erscheinungen verschwanden nach dem Frühstück *20-14*.

8 **Beeinflußt durch Druck:**
(Schläfen) vermehrt durch Druck *10-104*. (Drückend, Völle, Bersten; Schläfen, Stirn) das durch Druck gebessert wird *10-105; 12-106*. (Augen) während einer Unterhaltung muß sie häufig die Augen schließen und mit den Fingern auf die Augäpfel drücken *f-1*. Als wenn alles zum Scheitel herauswollte, besser, wenn sie die Hand darauf hält *aa*. Druckgefühl wie ein Helm, kann dann kein Band um den Kopf tragen, kann dann keine Brille tragen *bb*. Scheitel berührungsempfindlich *ff*. Druck bessert Kopfschmerzen *gg*.

9 **Durch geistige Anstrengung, Aufregung:**
Eingenommenheit nach Lesen und Schreiben *4-50*. Aufregung macht Kopfschmerzen. Kopfschmerzen durch geistige Anstrengung *bb*. Wenn sie sich morgens konzentrieren muß, strengt das an und sie bekommt Kopfschmerzen *ii*.

10 **Schlechter durch Augenanstrengung, Licht, Geräusche:**
Hat einige Zeit immer genäht, bis ein Schmerz in den Augen sie davon abhielt. Jede Anstrengung, etwas zu sehen, macht Schmerzen. Jedes Licht ist schmerzhaft, besonders künstliches *f-1*. Kopfschmerzen schlechter durch Sonne, Licht, Geräusche *ff*.

11 **Anderes:**
Schmerzen in einem hohlen Backenzahn, mit großer Empfindlichkeit gegen kalte Sachen *17-26*. (Dumpf; Stirn, von einer Schläfe zur anderen) dies zeigte sich sogar während des Singens *19-1*.

SCHMERZEN DES GESAMTEN KOPFES Begleitsymptome

1 **Brustbeschwerden:**
Der dumpf drückende Schmerz in der li (Brust-)seite und der Druck in der re Kopfseite nahmen 6 Stunden lang zu und ließen dann allmählich nach, ich schlief dann für 4 Stunden ein und wurde plötzlich durch einen li-seitigen Schmerz geweckt als wenn das Herz heftig ergriffen würde *2-407*. Intermittierende Herzaktion, nach jeder Unterbrechung ein heftiger Schlag, der ihm den Atem versetzte, gleichzeitig Blutandrang durch die Carotiden zum Kopf, mit starker Hitze und Völlegefühl in Kopf und Gesicht, mehr als einen Monat lang *3-422*. Beklemmende Hitze und Gefühl von Blutandrang in der Brust, eine Art Blutwallung, muß ins Freie gehen zur Erleichterung, aber die frische Luft verstärkt den Kopfschmerz *22-25*. Schrecklich reißende, verrücktmachende Kopfschmerzen, der ganze Kopf scheint in Stücke gerissen zu werden, mit starkem nach außen drückendem Völlegefühl, Schmerzen in der Herzgegend bis zur li Scapula; fühlt, daß sie herzkrank ist und sich nicht erholen kann *a-5*.

Scharfer Schmerz über dem li Auge. — Scharfe und schnelle Schmerzen in der li Brustseite, mit Herzflattern *5'–3–130,386*. Hitze und Schmerzen in der Stirn über den Augenbrauen, bis zu den Augen, nachts. — Hitze und Schmerzen in und durch die Stirn, 5 Uhr nachmittags. — Beklemmungsgefühl im unteren Drittel der Brust, mit Schweratmigkeit gegen Morgen. — Heftige schneidende Schmerzen in der li Mamma, bis zum Schulterblatt, nachts *6–8–83,228,374,397*. Der Kopfschmerz nahm 5 Uhr morgens zu und dauerte bis 9 Uhr, er hinterließ ein dumpfes Schweregefühl im Kopf. — Scharfe Stiche, danach dumpfes Ziehen in der li Brustseite, bis zum Schlüsselbein, morgens. — Schmerzen in der li Mamma, morgens *6–13–91,388,389*. Heftiger, heißer Schmerz in der Stirn, begann zwischen 6 und 8 Uhr abends. — Schweres Atmen, häufiges Verlangen nach einem tiefen Atemzug, Seufzen. — Scharfe, schneidende Schmerzen in beiden Brustdrüsen, von der li Mamma zum li Schulterblatt und zum Rückgrat, nachts *6–14–85,359,396*. Brennender Schmerz durch den vorderen Teil des Kopfes. — Dumpfer Schmerz in der li Brustseite und an der Schulter *6–15–86,382*. Wundheitsschmerz durch die Stirn und die Augen, ein Gefühl, als wären die Teile geschlagen worden. — Kurzer Atem, Beklemmung. — Häufige stechende Schmerzen in der li Mamma, ein Gefühl von Ziehen bis zu Schulter und Hals *6–24–103,361,398*. Schießende Schmerzen in der re Schläfe, gehen herüber zur li und verursachen im ganzen Vorderkopf ein dumpfes Schweregefühl. — Intensive Schmerzen in beiden Augen, nach rückwärts in den Kopf. — Krampfhafte Schmerzen in der li Mamma und Schulter. — Dumpfer Schmerz im Nacken, mit Gefühl von Zusammenziehen *6–25–110,124,394,425*. Heißer Schmerz um Stirn und Augen, abends. — Enge der li Brustseite, abends *6–30–84,377*. Dumpfer Schmerz in der re Gesichtsseite, mit Gefühl von Verlängerung der Zähne. — Grimmen in einem hohlen Zahn. — Verlangen nach einem tiefen Atemzug, mit häufigem Seufzen. — Li Mamma schmerzhaft, mit Stechen in der li Achselhöhle und Schulter *6–31–157,158,357,390*. Dumpfer Kopfschmerz in der Stirn. — Frost macht Schmerzen in und um das Herz, bis in den Rücken unter das Schulterblatt, der Schmerz ist ein Zusammenschnüren, als wäre das Herz in einem Schraubstock *9–3–71,598*. Völlegefühl im Kopf, besonders über den Augen. – Druck nach außen in der ganzen Stirn. – Dumpfer, schmerzhafter Druck, anfallsweise von der li Schläfe zum Ohr und zum Hinterkopf, mit ständigem, dumpfem Stirnkopfschmerz, besonders über dem li Auge. – Gefühl von Hitze und Blutandrang in der Brust *13–1–73,88,116,601*. Brennend drückender Kopfschmerz, mehr auf der re Seite der Stirn. – Beklemmung der Brust, besser durch Seufzen *13–3–100,373*. Dumpfe Schmerzen in der li Schläfe bis zur Stirn, vormittags. – Blutandrang zur Brust und kurzdauernde krampfartige Zuckungen um das Herz, vormittags *13–5–107,599*. Eingenommenheit des Kopfes, 8 Uhr. – Der Kopfschmerz wird schlimmer in der frischen Luft, 8 Uhr. – Beklemmung und Hitze der Brust, 8 Uhr *13–7–60,101,371*. Drückende Schmerzen im Winkel zwischen Stirn und li Schläfe, mit Graben abwärts in den Augapfel, die Schmerzen breiten sich über die ganze li Hirnhälfte aus. – Gefühl von Zusammendrücken in der Brust, mit Erstickungsgefühl. – Schweregefühl des Herzens. – Puls klein und schwach *13–8–96,370,403,423*. Dumpfer Kopfschmerz, vom Vorderkopf zum Hinterkopf, auf der li Seite. – Völle und Schwere in der Stirn, auf der li Seite. – Schraubender Schmerz im li Stirnhöcker, mit ziehenden Schmerzen in der li Nackenseite. – Dumpf drückender Schmerz unter dem Brustbein zum Mittellappen der re Lunge hin, besser durch Seufzen *13–15–72,87,119,376*. Heftiger, li-seitiger Kopfschmerz, nachmittags. – Heftiger Blutandrang zur Brust, nachmittags. – Schwacher Herzschlag, nachmittags *13–24–115,367,421*.

2 **Unterleibs-, Blasen- und Darmbeschwerden:**
Der alte Schmerz in der li Kopfseite, Seitenbein und Jochbein, gefolgt von Durchfall und Druck auf die Blase *7-114*. Um 8 Uhr abends kam der kneifende Schmerz in den Därmen wieder mit Hitze und Schmerzen in und durch die Stirn ungefähr 5 Uhr nachmittags, der abends und nachts allmählich zunahm wie vorher, allerdings weniger stark, und der wie vorher etwa 8 Uhr morgens nachließ, zusammen mit einem reichlichen und lockeren Stuhl *6-228*. Anus steif und schmerzhaft, mit straffem, schmerzhaftem Ziehen durch Stirn und Augen *6-266*. Dumpfer Kopfschmerz, der Schmerz geht dauernd vom Vorderkopf zum Hinterkopf, auf der li Seite und konzentriert sich in der li Schläfe, mit häufigem Urinieren *22-9*. Merkwürdig pressender Kopfschmerz mit Zittrigkeit und vermehrtem Wasserlassen *23-5*.

Leichte Eingenommenheit des Kopfes, mit wenig Schmerzen (1 Std). – Fortgesetztes Schweregefühl im Kopf, nachts. – Intermittierende, scharfe Schmerzen durch den Unterbauch, scheinbar nahe der Blase. – Die Blase wurde in 10 Stunden 4 mal entleert in der Nacht. – Um Mitternacht erwachte er plötzlich und entleerte die Blase *4–1–50,62, 258,300,574*. Scharfer, aber nicht heftiger Schmerz über dem li Auge, den ganzen Vormittag lang. – Mehrere Blasenentleerungen am Tag. – Urin bemerkenswert klar und weiß bei jeder Entleerung *4–2–131,300,306*. Dumpfer Schmerz über den Augen. – Druck in Rectum und Anus *5'–12–128,267*. Hitze und Schmerz in der Stirn über den

Augenbrauen, bis zu den Augen, nachts. — Kneifender Schmerz in den Därmen, schlimmer abends, abends reichliche Entleerung, gefolgt von einem Gefühl von Beißen und Reizung im Anus und das Rectum hinauf, die Symptome gingen mit einer reichlichen Darmentleerung vorüber. — Häufiger Urindrang tagsüber mit spärlichem Abgang und Gefühl von Reizung und Beißen in den Harnwegen nach jedem Abgang *6—1-8—83,228,291*.

Dumpfe Schmerzen durch die Stirn morgens und abends, Kopfschmerzen während der Nacht mäßig. — Kräftige Darmentleerung heute morgen, mit der gleichen scharfen Wundheit am After aufwärts bis in die Mitte der Därme. — Häufiger Urindrang tagsüber, mit spärlichem Abgang und Gefühl von Reizung und Beißen in den Harnwegen nach jedem Abgang. — Urin sieht milchig aus, morgens *6—12—91,280,291,308*. Der Kopfschmerz nahm 5 Uhr morgens zu und dauerte bis 9 Uhr, er hinterließ ein dumpfes Schweregefühl im Kopf. — Flatulenz und ein Gefühl von Aufgeblähtsein der Därme nach Stuhlgang, morgens. — Urin dick, milchig, wenig, häufiger Drang, Wundheit und brennende Hitze durch die Harnwege nach dem Urinieren, morgens. — Dumpf ziehende Schmerzen in der li Ovargegend, ging gegen 10 Uhr morgens vorüber *6—13—91,211,309,325*. Brennender Schmerz durch den vorderen Teil des Kopfes. — Scharfe Schmerzen in der Ovargegend. — Jucken und Beißen der Labien, mit starken Beschwerden in den Teilen, scharfe Schmerzen die Vagina aufwärts *6—15—86,327,340*. Schweregefühl im Kopf. — Drückende Schmerzen und Hitze in der Stirn. — Kneifende Schmerzen nach jedem Durchfall. — Morgendurchfall *6—23—61,95,229,274*. Wundheitsschmerz durch die Stirn und die Augen, ein Gefühl, als wären die Teile geschlagen worden. — Unangenehmes Gefühl im Magen und Darm. — Starkes Gefühl eines Gewichtes und Abwärtsdrängen im unteren Teil der Eingeweide. — Ziehen in der re Inguinalgegend. — Urin reichlich, rötliches Sediment, beißende Reizung nach jedem Abgang *6—24—103,199,256,262,304*. Heißer Schmerz um Stirn und Augen. — Viel Rumpeln in der li Seite des Unterbauches. — Gefühl von Abwärtszerren des gesamten Bauchinhaltes *6—30—84,209,231*. Zuckende Schmerzen in verschiedenen Teilen des Kopfes. — Gefühl von Aufblähung des Unterbauches, besonders an den Hüften und in der Uterusgegend. — Reißende Schmerzen im Unterbauch von der Gegend der Ovarien aus, nach abwärts auf beiden Seiten. — Druckgefühl in der Vagina und Schmerz an der Spitze des Kreuzbeines bis zu den Hüften *7—7—79,192,259,338*. Schmerz im Hinterkopf und über den Augen. — Vom vorderen Rand des Darmbeinkammes auf beiden Seiten ein kräftiges Ziehen nach unten und hinten. — Dauernder Druck auf die Blase, dauernder Urindrang, läßt nur wenig Urin, hinterher Beißen und Tenesmus. — Abwärtsdrängen in der Vagina. — Kräftiges Ziehen nach oben und vorn von der Steißbeinspitze aus *7—25—118,264,285,339,454*. Schießen in der re Kopfseite. — Anhaltender brennender Schmerz durch das Hypogastrium von einer Seite zur anderen. — Druck auf Rectum und Anus. — Druck auf Blase und Rectum. — Gefühl von Reizung im Uterus. — Fluor scharf wie vorher *7—42—117,241,268, 321*. Der alte Schmerz in der li Kopfseite, Schläfe, Seitenbein und Jochbein, gefolgt von Durchfall und Druck auf die Blase. — Gefühl, als sollte die Periode kommen. — *7—61—114,244*. Kopfschmerz, Schwere, als wenn zuviel Blut im Kopf wäre, Schmerzen überall im Kopf, dauerte 2 Tage. — Abwärts drängende Schmerzen. Druck und wie

| SCHMERZEN DES GESAMTEN KOPFES | Begleitsymptome | III-1-E |

ein Gewicht tief unten in der Vagina, 2 Tage lang *8—90—75,251*. Brennende, feinstechende Stirnkopfschmerzen, mit Gefühl wie elastisches Band. — Brennend heißer Urin *13—7—102,310*. Dumpfer Stirnkopfschmerz, mehr auf der li Seite. — Verstärkter Geschlechtstrieb. — Wenn dem Urindrang nicht nachgegeben wird, Blutandrang zur Brust *13—10—93,349,365*.

3 **Mund-, Hals- und Magenbeschwerden:**
Starker Hunger, der im Rücken empfunden wird und von da über Hinterkopf und Scheitel *7G-163*. Wehtun der Hals- und Nackenmuskeln, immer dann schlimmer, wenn sie „Durstanfälle" hat während der ganzen Prüfung *7-426*. Gegen 1 Uhr 30 erwacht sie aus dem Schlaf mit einem dumpfen, schweren Hinterhauptskopfschmerz und mit einer Krankheitsempfindung im Magen *20-13*.

Leichte Eingenommenheit des Kopfes, mit wenig Schmerzen (1 Std). — Fortgesetztes Schweregefühl im Kopf, nachts. — Nachts beim Erwachen Gefühl in Mund und Hals wie von einem Belag *4—1—50,62,159*. Dumpfer Schmerz in der Stirn über den Augen. — Abneigung gegen Brot und Kaffee *5'—6—90,174*. Dumpfer Schmerz in der Stirn. — Kein Appetit. — Übelkeit und Rückenschmerzen *5'—10—89,170,186*. Dumpfer Schmerz über den Augen. — Möchte nicht essen, die besondere Abneigung gegen Brot setzt sich fort *5'—12—128,171*. Schweregefühl im Kopf. — Drückender Schmerz und Hitze in der Stirn. — Übermäßig viel Speichel. — Übelkeit *6—23—61,95,160,183*. Schießende Schmerzen in der re Schläfe, gehen herüber zur li und verursachen im ganzen Vorderkopf ein dumpfes Schweregefühl. — Intensive Schmerzen in beiden Augen, nach rückwärts in den Kopf. — Appetit sehr gering, schnell satt. — Dumpfer Schmerz im Nacken, mit Gefühl von Zusammenziehen *6—25—110,124,167,425*. Zuckende Schmerzen in verschiedenen Teilen des Kopfes. — Sie aß so viel wie sonst, hatte aber keinen Appetit. — Übelkeit erheblich vermehrt *7—7—79,172,192*. Schmerzen im Hinterkopf und über den Augen. — Vermehrtes Verlangen nach Fleisch, und sie hat sehr viel gegessen *7—25—118,165*. Schießen in der re Kopfseite. — Verlangen nach Fleisch. — Durst *7—42—117,162,176*. Der alte Schmerz in der li Kopfseite, Schläfe, Seitenbein und Jochbein. — Starker Hunger, der im Rücken empfunden wird und von da über Hinterkopf und Scheitel, sie aß enorm viel, fühlte sich aber, als würde sie verhungern *7—61—114,163*. Der gleiche (dumpfe) Kopfschmerz, fast nur in der Stirn. — Übelkeit *9—3—71,183*. Der gleiche (dumpfe) Kopfschmerz, Gefühl wie betäubt. — Aufstoßen. — Plötzlich entstehende Übelkeit. — Dumpfes Schweregefühl im Magen *9—4—71,181,187,201*. Völlegefühl im Kopf, besonders über den Augen. — Druck nach außen in der ganzen Stirn. — Dumpfer, schmerzhafter Druck, anfallsweise von der li Schläfe zum Ohr und Hinterkopf, mit ständigem dumpfem Stirnkopfschmerz, besonders über dem li Auge. — Die gewöhnliche Zigarre ist ihm eklig und macht Wasserzusammenlaufen im Munde *13—1—73,88,116,175*. Heftiger, li-seitiger Kopfschmerz, nachmittags. — Blutgeschmack im Munde, nachmittags. — Kein Appetit *13—24—115,161,170*.

4 **Fiebersymptome:**
(siehe II-4-G-3: Fiebersymptome mit Kopfschmerzen).

5 **Örtliche Hitze:**
Hitze und Schmerzen in der Stirn über den Augenbrauen, bis zu den Augen, nachts *6-83*. Drückende Schmerzen und Hitze in der Stirn, mehrere Stunden lang *6-95*. Das Gesicht, besonders die Stirn, rot und heiß und wie Nadelstechen in der Stirnhaut, nachmittags *13G-153*. Kneifender Schmerz in den Därmen mit Hitze und Schmerzen in und durch die Stirn ungefähr 5 Uhr nachmittags *6-228*. Intermittierende Herzaktion, mit starker Hitze und Völlegefühl in Kopf und Gesicht, mehr als einen Monat lang *3-422*. Hitze und Völlegefühl in Gesicht und Kopf *14G-615*. Hitze im Kopf, mehr li, mit heftigem Klopfen im Kopf bei Anstrengung *17-96*. Beklemmende Hitze und Gefühl von Blutandrang zur Brust, muß ins Freie gehen zur Erleichterung, aber die frische Luft verstärkt den Kopfschmerz *22-25*.

6 **Schwäche:**
(siehe I-4-E-1: Schwäche bei Kopfschmerzen).

7 **Schwindel:**
(siehe I-3-D-2: Kopfschmerzen mit Schwindel).

8 **Geistessymptome:**
(siehe I-1-H-5: Kopfschmerzen mit Störung der Denkfähigkeit).

9 **Augensymptome:**
Dumpfer Stirnkopfschmerz, mehr auf der li Seite, begann nachmittags und nahm am Abend noch zu, mit Tränen des li Auges (9) *13G-93*. Drückende Schmerzen im Winkel zwischen Stirn und li Schläfe, mit Graben abwärts in den Augapfel, ich mußte blinzeln, eine Stunde nach dem Aufstehen morgens; die Schmerzen breiten sich über die ganze li Hirnhälfte aus (8) *13-96*. Der alte Kopfschmerz kommt wieder, mit etwas Tränenfluß, abends im warmen Raum (6) *13-100*. Augen voller Wasser; Gesicht rot und heiß, Nadelstechen in der Stirnhaut *23-9*. Sehr oft sind mit den Kopfbeschwerden die Augen nach innen gedreht, konvergierender Strabismus *25-14*. Brennen und Beißen der Lider; beide recti interni weichen um 2 Grad ab; Augen immer besser im Freien; Tränenfluß beim nach unten Sehen; Kriebeln im Scheitel; Stechen im Hinterkopf *a-6*. Kopfschmerz mit Schwindel und Augenflimmern *ee*.

Schießende Schmerzen in der re Schläfe, gehen herüber zur li und verursachen im ganzen Vorderkopf ein dumpfes Schweregefühl. — Intensive Schmerzen in beiden Augen, nach rückwärts in den Kopf. — Starkes Trübsehen. — Dumpfer Schmerz im Nacken, mit Gefühl von Zusammenziehen *6—25—110,124,138,425*. Kopfschmerz, Schwere, als wenn zu viel Blut im Kopf wäre, Schmerzen überall im Kopf. — Der innere Winkel des re Auges ist immer noch wund *8—90—75,123*. . Dumpfer Kopfschmerz, fängt in der Stirn an, geht durch den ganzen Kopf, schlimmer auf der li Seite. — Heftiger Druck im re Auge *9—2—71,127*. Der gleiche (dumpfe) Kopfschmerz, Gefühl wie betäubt. — Die Sehfähigkeit der Prüferin ist stark herabgesetzt, jetzt kann sie sehr viel schlechter sehen *9—11—71,143*. Dumm im Kopf, nachmittags. — Dumpfer Schmerz in der li Schläfe bis zur Stirn, mittags. – Augen voll Wasser, nachmittags. – Nadelstechen in der Stirnhaut, nachmittags *13–5–59,107,134,153.* Eingenommenheit des Kopfes, 8 Uhr. – Der Kopfschmerz wird schlimmer in der frischen Luft, 8 Uhr. – Brennender, feinstechender Stirnkopfschmerz, mit Gefühl eines elastischen Bandes. – Gefühl, als wären die Augen voller Tränen den ganzen Tag. – Wie ein Schleier vor Augen, 8 Uhr *13–7–60,101,102, 126,145.* Dumpfer Kopfschmerz, vom Vorderkopf zum Hinterkopf auf der li Seite. – Schraubender Schmerz im li Stirnhöcker, mit stechendem Schmerz in der li Nackenseite. – Schweregefühl der Augenlider und Trübsehen *13–15–72,87,119,132.* Heftiger li-seitiger Kopfschmerz, nachmittags. – Unscharf vor den Augen, nachmittags *13–24–115,140.*

10 Rückenschmerzen:

(vgl.: III-2-A-5: Rückenschmerzen bis in den Kopf).

Starker Hunger, der im Rücken empfunden wird und von da über Hinterkopf und Scheitel *7G-163.* Von 4-5 Uhr nachmittags hatte ich Hinterhauptskopfschmerzen, mit Rückenschmerzen und einem Gefühl außerordentlicher Ermüdung *20-11.*

Leichte Eingenommenheit des Kopfes, mit wenig Schmerzen (1 Std). – Fortgesetztes Schweregefühl im Kopf, nachts. – Ständiger, nicht sehr heftiger Schmerz in der Lumbargegend, nachts *4–1–50,62,435.* Scharfer, aber nicht heftiger Schmerz über dem li Auge, den ganzen Vormittag lang. – Etwas Schmerzen zwischen den Schultern. – Der Schmerz in der Lumbargegend hält an, wird aber merklich leichter, gelegentlich geht der Schmerz zwischen die Schultern, morgens. – Der Lumbarschmerz nimmt zu *4–2–131,432,435,436.* Dumpfer Schmerz in der Stirn über den Augen. – Dumpfer und anhaltender Rückenschmerz, zwischen den Hüften, mit Abwärtsdrücken gegen den Anus *5'–6–90,442.* Dumpfer Schmerz in der Stirn. – Übelkeit und Rückenschmerzen *5'–10–89,186.* Dumpfer Schmerz über den Augen. – Dumpfer Schmerz in Kreuz und Sacrum, den ganzen Nachmittag und Abend *5'–12–128,446.* Hitze und Schmerzen in der Stirn über den Augenbrauen, bis zu den Augen, nachts. – Scharfe Schmerzen in der Lumbargegend, bis über die re Hüfte zur Nabelgegend, nachts *6–8–83,437.* Der Kopfschmerz nahm 5 Uhr morgens zu und dauerte bis 9 Uhr, er hinterließ ein dumpfes Schweregefühl im Kopf. – Ziehende Schmerzen im Sacrum, morgens *6–13–91,452.* Brennender Schmerz durch den vorderen Teil des Kopfes. – Ziehender Schmerz in der li Lende, nahe der Hüfte *6–15–86,439.* Kopfschmerz, Schwere, als wenn zuviel Blut im Kopf wäre, Schmerzen überall im Kopf, dauerte 2 Tage. – Schmerzen in der unteren Dorsalwirbelsäule, als wenn der Rücken brechen wollte, 2 Tage lang *8–90–75,434.* Der gleiche (dumpfe) Kopfschmerz, Gefühl wie betäubt. – Nagender Rückenschmerz, in der Lumbargegend *9–4–71,438.* Kopfschmerz. – Heftiger Rückenschmerz *11–3–67,429.* Brennender, feinstechender Stirnkopfschmerz, mit Gefühl, wie elastisches Band. – Ständiger Schmerz in Kreuz und Wirbelsäule, bis zu beiden Knien *13–7–102,445.*

11 Gliederschmerzen:

Schreckliche, reißende, verrücktmachende Kopfschmerzen; der ganze Kopf scheint in Stücke gerissen zu werden; Schmerzen und Schwäche in den Gliedern *a-5*. Gefühl, als würde kalter Wind auf die Beine blasen, mit Wehtun des re Unterschenkels; Kopfschmerzen, Eingenommenheit des Kopfes, keine Lust zu arbeiten, greifende Schmerzen oder Schwere und Druck in den Knien *a-32*.

Hitze und Schmerz in der Stirn über den Augenbrauen, bis zu den Augen. – Hitze und Schmerzen in und durch die Stirn, ungefähr 5 Uhr nachmittags. – Im ersten Teil der Nacht Gefühl von Auswärtsdrücken in den Händen, Armen, Füßen und Unterschenkeln. – Brennende Hitze in Handflächen und Fußsohlen, von da über die ganzen Glieder, 5 Uhr nachmittags *6—1-8—83,228,456,622*. Dumpfer Schmerz durch die Stirn, morgens und abends, Kopfschmerzen während der Nacht mäßig. – Schmerzen (ein starkes Wehtun) im re Handgelenk und große Schwäche darin, morgens. – Schmerzhaftes Gefühl wie von Nadeln in Händen und Fingern, morgens *6—12—91,461,465*. Schweregefühl im Kopf. – Drückender Schmerz und Hitze in der Stirn. – Schmerz in der re Hüfte und den Oberschenkel hinunter. – Heiße Hände *6—23—61,95,479,623*. Schießende Schmerzen in der re Schläfe, gehen herüber zur li und verursachen im ganzen Vorderkopf ein dumpfes Schweregefühl. – Intensive Schmerzen in beiden Augen, nach rückwärts in den Kopf. – Dumpfer Schmerz im Nacken, mit Gefühl von Zusammenziehen. – Drückende Schmerzen im re Unterarm und Handgelenk. – Krämpfe in den Fingern *6—25—110,124,425,460,468*. Heißer Schmerz um Stirn und Augen, abends. – Finger der re Hand steif, mit Krampf im Mittelfinger und den Unterarm herauf, 5 Uhr nachmittags. – Nadelstechen in den Fingerspitzen beider Hände und starke Hitze der Handflächen, 5 Uhr nachmittags. – Feinstechen unter dem re Knie, 5 Uhr nachmittags. – Schnell zuckender Schmerz um die Unterschenkel 2 Stunden lang am Abend. – Krampf in den li Zehen, 5 Uhr nachmittags *6—30—84,467,472,500,505,511*. Dumpfer Stirnkopfschmerz, mehr auf der li Seite. – Reißende Schmerzen im li Oberarm, scheinbar nur in den Muskeln *13—9—93,459*. Dumpfer Schmerz in der li Schläfe. – Stiche kommen und gehen im re Hüftgelenk *13—17—108,483*.

12 **Nasensymptome:**
Heftiger, heißer Schmerz durch den ganzen Kopf, hielt ungefähr 2 Stunden an, verschwand fast vollkommen durch häufiges Niesen, das ungefähr um 10 Uhr abends begann, der Kopf wurde plötzlich ganz klar *6G-66*. Kopfschmerz, Schwere, als wenn zuviel Blut im Kopf wäre; Blutandrang; Blut läuft heraus, wenn man die Nase putzt, Schmerzen überall im Kopf *8G-75*. Schmerzen in der re Gesichtsseite, scheinbar im Jochbein, mit Verstopfung des re Nasenloches und einem Gefühl im Kopf wie von einem heftigen Schnupfen *5G-156*.

13 **Ohrgeräusche:**
Leichte Eingenommenheit des Kopfes, mit wenig Schmerzen (1 Std). – Fortgesetztes Schweregefühl im Kopf, nachts. – Leichtes Rauschen in beiden Ohren, nach dem Zubettgehen *4—1—50,62,147*.

RÜCKENSCHMERZEN   Orte

1 **Brustschmerzen bis zum linken Schulterblatt:**
Zusammenschnüren in der li Brustseite, unter den falschen Rippen, von da bis zum Hals und zum li Schulterblatt *6G-379*. Lahmheit der Muskeln in der re Brustseite, ging durch zum Schulterblatt dieser Seite *15-385*. Schweregefühl, Gefühl wie ergriffen der li Mamma, nach hinten bis zum li Schulterblatt und nach unten bis in die li Lumbargegend *6-391*. Schmerzen in der linken Brustdrüse, um die Brust herum unter dem linken Schulterblatt bis zum Rückgrat *6-392*. Dumpfes Wehtun in der linken Brustdrüse und unter dem linken Schulterblatt *6-395*. Scharfe, schneidende Schmerzen in beiden Brustdrüsen, von der linken Mamma zum linken Schulterblatt und zum Rückgrat *6GT-396*. Schneidende Schmerzen in der li Mamma, bis zum Schulterblatt *6G-397*. Die Schmerzen in der li Mamma und Brustseite und um das li Schulterblatt sind sehr beschwerlich und haben am längsten von allen Beschwerden angehalten *6-398*. Schmerzen in und um das Herz, bis in den Rücken unter das Schulterblatt (Zusammenschnüren) *9-598*. Zusammenschnüren und Schwere in der li Brustdrüse, bis zur Basis der Scapula *24-19*. Schmerzen in der Hergegend, bis zur li Scapula *a-5*. Scharfe Schmerzen von der li Brustwarze durch die Brust zum Rücken *b-5*. Kältegefühl von der Herzspitze bis unter das li Schulterblatt *e*.

2 **Kreuzschmerzen bis in Unterleib, Hüften, Oberschenkel:**
Vom vorderen Ende des Darmbeinkammes ziehen nach unten und hinten *7-264*. Wehtun im Becken zwischen Promontorium und Schambein; Gefühl, als würde nach unten in die Leisten und die Vorderseite des Oberschenkels geschnitten; der Schmerz ging bis über die Lumbosacralgegend *7-316*. Schmerz in beiden Ovarien, besonders li, und von da hinunter in die Vorder- und Innenfläche des li Oberschenkels; sie kann nicht sagen, welche Beckenseite am schlimmsten ist, die vordere oder die hintere *7-322*. Schmerzen im re Ovar und etwas Rückenschmerzen *7-323*. Scharfer Schmerz in der Lumbargegend bis über die re Hüfte zur Nabelgegend *6-437*. Dumpfer Rückenschmerz, zwischen den Hüften, mit Abwärtsdrücken gegen den Anus *5'-442*. Schmerz im Sacrum mit Abwärtsdrücken im Unterbauch *5AT-450*. Wehtun und Druck durch die Lumbosacralgegend, und etwas Druck auf das Rectum *7-453*. Zittern der Knie, des Bauches und des unteren Rückens *10G-492*. Stechende Schmerzen von der Schamgegend zum Sacrum *23-33*. Schmerzen im li Ovar, Wehtun in der Kreuzbeingegend bis in die Oberschenkel *a-15*. Schmerzen im Kreuz, im re und li Ovar und an der Außenseite der Oberschenkel hinunter; heftig *aT-16*. Abwärtsdrängende Schmerzen, Schmerzen im Sacrum *a-22*. Zusammenschnüren vom Rücken um die Hüften herum, bis zur Schamgegend *aT-25*. Schmerz in Rücken und Hüften, Abwärtsdrängen *cG-3*. Stiche in der li Nierengegend, die nach dem Schoße zu ausstrahlen *i-2*. Menses begleitet von heftigen Kreuzschmerzen. Schmerz im Unterleib, besonders in der li Ovarialgegend. Schmerz in der Nabelgegend, bis in die Hüften, Kreuz und Beine sich erstreckend *i-3*. Schmerzen im Kreuz und im li Mittel-

bauch *ee*. Kreuzschmerzen bis zur Außenseite der Beine, bis an die Zehen *ff*. Schmerzen im Kreuz und in den Leisten. Schmerzen im li Unterbauch und im Kreuz *jj*.

3 **In den Rücken ausstrahlende Oberbauchschmerzen:**
Starker Hunger, der im Rücken empfunden wird *7G-163*. Intensiver, scharfer Schmerz in der re Seite, zwischen Hüfte und falschen Rippen, nach vorwärts und aufwärts bis zum Nabel *4-205*. Scharfe Schmerzen in der re Seite, zwischen den kurzen Rippen und den Hüften, die zum Bauchmittelpunkt hin liefen *14-233*. Schmerz im li Oberbauch, der beim Hinlegen zum Rücken schießt *17-49*. Magenschmerzen, heftig ausstrahlend nach Brust und Rücken *i-5*. Druckgefühl im Magen bis zum Rücken. Schmerzen in der li Oberbauchseite bis zum Rücken. Druck am Nabel und in der re Rückenseite. Stechen im Magen, zog ins re Schulterblatt *hh*.

4 **Flanken, Lenden, Nieren:**
Intensiver, scharfer Schmerz in der re Seite, zwischen Hüften und falschen Rippen, nach vorwärts und aufwärts bis zum Nabel *4-205*. Scharfe Schmerzen in der re Seite, zwischen den kurzen Rippen und den Hüften, die zum Bauchmittelpunkt hin liefen *14-233*. Schwäche, dumpfer, schwerer Schmerz in Kreuz und Lenden *5-335*. Ziehender Schmerz in der li Lende nahe der Hüfte *6-439*. Ständiger Schmerz in Kreuz und Wirbelsäule, bis zu beiden Nieren *13-445*. Schmerz erst in der re, dann in der li Seite, direkt unter den Rippen *17-50*. Stechender Schmerz in der li Nierengegend *18-2*. Schmerzen in der li Niere *18-4*. Etwas Rückenschmerzen, in der Lendengegend *20-4*. Stiche in der li Nierengegend, die nach dem Schoße zu ausstrahlen *i-2*.

5 **Nacken. Rückenschmerzen bis in den Kopf:**
(vgl. III-1-E-10: Kopfschmerzen mit Rückenschmerzen).
Dann wechselte er die Stelle zum Hinterkopf und den Nacken abwärts *6G-82*. Schrauben im li Stirnhöcker, mit Ziehen auf der li Nackenseite *13-119*. Starker Hunger, der im Rücken empfunden wird und von da über Hinterkopf und Scheitel *7G-163*. (Dumpf, Zusammenziehen) im Nacken *6GT-425*. Wehtun der Hals- und Nackenmuskeln *7-426*. Schmerz vom Scheitel zur li Scapula *17-8*. Hinterhauptskopfschmerzen, mit Rückenschmerzen *20-11*. Kältegefühl vom Hinterkopf das Rückgrat hinunter *eG-10*. Schmerzen im Nacken und Hinterkopf *bb*. Steifes Genick *hh*.

6 **Sacrum:**
Anhaltender, dumpfer Schmerz tief unten im Rückgrat zwischen den Hüften *14-441*. Dumpfer Schmerz in Kreuz und Sacrum *5'-446*. Schmerz im Sacrum *5'A-448; 5AT-450; a-22; ff*. Schmerz im unteren Teil des Sacrum *15-449*. Dumpfer Schmerz tief unten im Rücken, im Sacrum *5'-451*. Ziehende Schmerzen im Sacrum *6-452*. Stechende Schmerzen von der Schamgegend zum Sacrum *23-33*. Anhaltendes Wehtun in der Kreuzbeingegend bis in die Oberschenkel *a-15*. Intermittierender, wehenartiger Schmerz im unteren Teil des Rückens *a-23*. (Klopfen im, Schreck fährt ins) Kreuzbein *dd*.

RÜCKENSCHMERZEN   Orte / Empfindungen   III-2-B

7 **Steißbein. Vom Steißbein aus nach vorn:**
Druckgefühl in der Vagina und Schmerz an der Spitze des Kreuzbeines bis zu den Hüften 7G-338. Ziehen nach oben und vorn von der Steißbeinspitze aus 7G-454.

8 **Dorsal:**
Etwas Schmerz zwischen den Schultern 4-432. Dumpfer Schmerz unter dem re Schulterblatt 12-433. Schmerz in den unteren Dorsalwirbeln (brechend) 8GT-434. Gelegentlich geht der (lumbale) Schmerz zwischen die Schultern 4-435. Schmerz vom Scheitel zur li Scapula 17-8. Schmerz in der Gegend der Schulterblätter 17-71. Schmerz in der dorsalen Wirbelsäule cc.

9 **Lumbal, Kreuz:**
Schmerz der li Mamma, nach unten bis in die li Lumbalgegend 6-391. Ständiger, nicht sehr heftiger Schmerz in der Lumbalgegend 4-435. Der Lumbalschmerz nimmt zu (2). Die Schmerzen in der Lumbalgegend sind sehr beschwerlich 4-436. Nagender Rückenschmerz, in der Lumbalgegend 9-438. Schmerz im unteren Rücken 15-440. Kreuzschmerz 14-443; aa. Dumpfer, gelegentlich schießender Schmerz durch das Kreuz, kurzdauernd 3-447. Schmerz in der Lumbalgegend 17-70; 20-12. Rückenschmerzen, die sich in der Lumbalgegend festsetzten 20-9. Heftige Kreuzbeschwerden, die den Eindruck einer akuten Lumbago machen q-1.

RÜCKENSCHMERZEN   Empfindungen

1 **Hunger wird im Rücken empfunden:**
Starker Hunger, der im Rücken empfunden wird und von da über Hinterkopf und Scheitel 7G-163.

2 **Der Rücken wird nach hinten gezogen. Ziehen in einer Richtung. Ziehender Schmerz:**
Ziehender Schmerz (li Nackenseite) 13-119; (li Lende) 6-439; (Sacrum) 6-452; (Nabelgegend) → Kreuz) i-3. Vom vorderen Ende des Darmbeinkammes ein kräftiges Ziehen nach unten und hinten 7-264. Dumpfer Rückenschmerz, mit Abwärtsdrücken gegen den Anus 5'-442. Kräftiges Ziehen nach oben und vorn von der Steißbeinspitze aus 7G-454. Gefühl, als würde der Rücken nach hinten gezogen eG-2.

3 **Dumpfer Schmerz, Schwere, Druck, Wehtun, anhaltender Schmerz:**
Dumpfer, schwerer Schmerz (Kreuz und Lenden) 5-335. Dumpfes Wehtun, hält am Abend und in der Nacht an (li Brustdrüse → Schulterblatt) 6-395. Dumpfer Schmerz (Nacken) 6G-425; (unter re Schulterblatt) 12-433; (Kreuz und Sacrum) 5'-446; (Kreuz) 3-447; (Sacrum) 5'-451. Wehtun (Hals- und Nackenmuskeln) 7-426. Anhaltender, dumpfer Schmerz (Rückgrat zwischen Hüften) 14-441. Dumpfer und anhaltender Rückenschmerz (zwischen den Hüften) 5'-442. Ständiger Schmerz (Kreuz und Wirbelsäule → Nieren) 13-445.

Wehtun und Druck (lumbosacral) *7-453*. Wehtun von Fleisch und Knochen überall *10-554*. Der Rückenschmerz ist ein dumpfer, lähmiger *20-7*. Rückenschmerzen, die sich in der Lumbalgegend festsetzten *20-9*. Alle Muskeln sind wund und zerschlagen *22-40.*. Zusammenschnüren und Schwere (li Mamma → Schulterblatt) *24-19*. Anhaltendes Wehtun (Sacrum → Oberschenkel) *a-15*. Heftiger Kreuzschmerz, der auch in der Zwischenzeit (zwischen Menses) anhält *i-3*. Druck (Magen → Rücken. Nabel → re Rückenseite) *hh*.

4 **Schwäche, Lahmheit, Zerschlagenheit, Steifheit:**
Der ganze Hals ist wie lahm und müde *13-119*. Große Schwäche in Kreuz und Lenden *5-335*. Schmerzen in der re Brustseite mit einem Gefühl, als wenn die Muskeln lahm oder wund seien, die Lahmheit ging durch zum Schulterblatt *15-385*. Zittern (Knie, Bauch, unterer Rücken) *10G-492*   Muskeln lahm, wie geschlagen, der ganze Körper wund und zerschlagen *10G-555*. Lahmheitsgefühl oder Schwäche im Rücken *17-72*. Der Rückenschmerz ist ein dumpfer, lähmiger *20-7*. Alle Muskeln sind wund und zerschlagen *22-40*. Steifes Genick *hh*.

5 **Zusammenschnüren:**
Gefühl von Zusammenschnüren (li Brustseite → Schulterblatt) *6G-379*. Gefühl, als würde sie ergriffen (li Mamma → Schulterblatt, Lumbalgegend) *6-391*. Dumpfer Schmerz, mit Gefühl von Zusammenziehen (Nacken) *6GT-425*. Der Schmerz ist ein Zusammenschnüren, als wäre das Herz in einem Schraubstock (Herz → unter Schulterblatt) *9G-598*. Ein Gefühl von Zusammenschnüren und Schwere (li Mamma → Basis der Scapula) *24-19*. Gefühl von Zusammenschnüren (Rücken → um Hüften → Schamgegend) *aT-25*.

6 **Schneiden, scharfe Schmerzen:**
Intensiver, scharfer Schmerz (re Seite → Nabel) *4-205*. Scharfe, schneidende Schmerzen (re Seite → Bauchmittelpunkt) *14-233*. (li Mamma → Schulterblatt, Rückgrat) *6GT-396*. Gefühl, als würde mit einem Messer hineingeschnitten (re Ovar, Leiste → über Lumbosacralgegend) *7-316*. Heftige, schneidende Schmerzen (li Mamma → Schulterblatt) *6G-397*. Scharfe Schmerzen (Lumbosacralgegend → über re Hüfte → Nabelgegend) *6-437*. (li Brustwarze → Rücken) *b-5*.

7 **Stechen, Schießen:**
Dumpfer und gelegentlich schießender Schmerz (durch Kreuz) *3-447*. Schmerz im li Oberbauch, der beim Hinlegen zum Rücken schießt *17-49*. Stechender Schmerz (li Nierengegend) *18-2*. (Schamgegend → Sacrum) *23-33*. Stiche (Nieren) *i-2*. Gefühl von Stechen (Kreuz, li Mittelbauch) *ee*. Stechen (li Schulterblatt) *ff*. (Magen → re Schulterblatt. Li Oberbauch → re Rückenseite) *hh*.

8 **Kältegefühl:**
Kältegefühl im Rücken, als wenn kaltes Wasser darauf gegossen würde *5'T-610*. Kältegefühl (Herzspitze → unter li Schulterblatt. Hinterkopf → Rückgrat hinunter) *eG*.

RÜCKENSCHMERZEN   Empfindungen / Zeit   III-2-C

9 **Brennen:**
Der Schmerz nahm zu zu einem Gefühl von Brennen, wie von angewandter Elektrizität (li Nackenseite) *13-119.* Dauerndes Brennen im Rücken *7-430.*

10 **Anderes:**
Schmerz in den unteren Dorsalwirbeln, als wenn der Rücken brechen wollte *8GT-434.* Nagender Rückenschmerz, in der Lumbalgegend *9-438.* Intermittierender, wehenartiger Schmerz im unteren Teil des Rückens *a-23.* Klopfen im Kreuzbein *dd.*

11 **Heftige Schmerzen:**
Intensiver, scharfer Schmerz (re Seite → Nabel) *4-205.* Heftige, schneidende Schmerzen (li Mamma → Schulterblatt) *6G-397.* Heftiger Rückenschmerz *11-429.* Schmerzen im Sacrum, der recht heftig 6 Tage lang anhielt *5T-450.* Starke Schmerzen (Herz → Schulterblatt) *9-598.* Schmerzen sehr heftig (Kreuz, Ovarien) *aT-16.* Heftiger Kreuzschmerz *i-3.* Heftig ausstrahlend (Magen → Rücken) *i-5.* Kommt mit Klagen über heftige Kreuzbeschwerden, die den Eindruck einer akuten Lumbago machen *q-1.*

RÜCKENSCHMERZEN   Zeit

1 **Nachmittags, abends, bis in die Nacht:**
Zwischen 5 und 6 Uhr nachmittags begann Stirnkopfschmerz, der ungefähr 2 Stunden anhielt, dann wechselte er die Stelle zum Hinterkopf und den Nacken abwärts *6G-82.* Nach dem Zubettgehen nahm der Schmerz zu zu einem (ziehender Schmerz → Brennen; li Stirnhöcker, li Nackenseite) *13-119.* 10 Uhr abends (heftiger Schmerz, Schweregefühl, Gefühl wie ergriffen; li Mamma → li Schulterblatt, li Lumbalgegend) *6-391.* Hielt am Abend und in der Nacht an (dumpfes Wehtun; li Brustdrüse, unter li Schulterblatt) *6-395.* Rückenschmerz den ganzen Abend, bis nach Mitternacht, ließ dann etwas nach *5'-528.* Ständiger Schmerz in der Lumbalgegend, (nachts); hält an, wird aber merklich leichter (morgens) *4-435.* (Nachts) (scharf; lumbal → Hüfte → Nabelgegend) *6-437;* (scharf, schneidend; li Mamma nach Schulterblatt) *6GT-396; 6G-397.* (Nagend; Lumbalgegend) die ganze Nacht *9-438.* (Dumpf; Kreuz und Sacrum) den ganzen Nachmittag und Abend *5'-446.* Seit 12 Uhr mittags habe ich etwas Rückenschmerzen gehabt, in der Lendengegend *20-4.* Nach 12 Uhr mittags Rückenschmerzen, die sich zwischen 4 und 5 Uhr in der Lumbalgegend festsetzten *20-9.* Von 4 bis 5 Uhr nachmittags hatte ich Hinterhauptskopfschmerzen, mit Rückenschmerzen *20-11.* 7 Uhr 10 nachmittags Schmerzen in der Lumbalgegend. Beim Zubettgehen bestehen die Rückenschmerzen fort *20-12.*

2 **Morgens, vormittags:**
In der Mitte des Vormittags, der Schmerz dauerte bis etwas nach Mittag, er hörte plötzlich auf (intensiv, scharf; re zwischen Hüfte und falschen Rippen → Nabel) *4-205.* Morgens (ziehend; Sacrum) *6-452.* 10 Uhr 30 vormittags, plötzlich stechender Schmerz in der li Nierengegend, der ungefähr eine Stunde anhält *18-2,4.* Kreuzschmerzen morgens vor

dem Aufstehen *dd.* Kreuzschmerzen schlechter morgens im Bett *ff.* Morgens steifes Genick *hh.*

3 **Dauer:**
4 Tage lang (dumpfer, schwerer Schmerz und Schwäche; Kreuz und Lenden) *5-335,444.* Die Schmerzen in der li Mamma und um das li Schulterblatt waren sehr beschwerlich und haben am längsten von allen Beschwerden angehalten, nicht einmal jetzt, nach 2 Monaten, sind sie ganz verschwunden *6-398.* 2 Tage lang (zum Brechen, untere Dorsalwirbel) *8GT-434.* Ständiger Schmerz nachts, hielt an bis morgens, dauert den ganzen Tag bis zum Abend (Lumbalgegend) *4-435,436.* Dauert bis zum 10. Tag (dumpf, anhaltend; zwischen den Hüften) *5'-442.* Den ganzen Tag (ständig; Kreuz und Wirbelsäule → Nieren) *13-445.* (Sacrum) *5'A-448.* Kurzdauernd (dumpf, gelegentlich schießend; Kreuz) *3-447.* Der recht heftig 6 Tage lang anhielt (Sacrum, Unterbauch) *5T-450.*

RÜCKENSCHMERZEN   Modalitäten

1 **Bewegung bessert, Liegen verschlechtert:**
Neigung, die Teile zu dehnen (lahm oder wund; re Brustseite → Schulterblatt) *15-385.* Besser durch Lagewechsel (nachts) (scharf, schneidend; li Mamma → Schulterblatt) *6GT-396.* Schlechter im Bett (nagend; Lumbalgegend) *9-438.* Schmerz im li Oberbauch, der beim Hinlegen zum Rücken schießt *17-49.* Kreuzschmerzen morgens vor dem Aufstehen *dd.* Besser beim Aufsein, schlechter im Bett (Kreuz und li Mittelbauch) *ee.* Kreuzschmerzen schlechter im Liegen, besser durch Gehen, schlechter morgens im Bett, besser durch Aufstehen. Kreuzschmerzen bis zur Außenseite der Beine, kann nicht liegen dabei *ff.*

2 **Bewegung verschlechtert:**
Intensiver, scharfer Schmerz zwischen Hüften und falschen Rippen re, bis zum Nabel, der einen tiefen Atemzug unmöglich macht, mußte fast mit der Arbeit (Schriftsetzer) aufhören *4-205.* Bei Lagewechsel im Bett, wird stärker nach Aufstehen (ziehend; li Lende) *6-439.* Schlechter durch Bewegung (ziehend; Sacrum) *6-452.* Viel Rückenschmerzen, sehnt sich nach Ruhe, die kleinste Bewegung verschlimmert *aT-8.* Kreuzschmerzen besser im Liegen *aa.* Schmerzen in der dorsalen Wirbelsäule, schlechter, wenn sie den Arm nach vorne streckt *cc.* Kreuzschmerzen schlechter durch Bücken *ff.*

3 **Reiben und Druck bessert:**
(Scharf; lumbal → re Hüfte → Nabelgegend) vorübergehend besser durch Reiben *6-437.* (Scharf; li Brustwarze → Rücken) besser durch Liegen auf der li Seite *b-5.* Eine feste Leibbinde bessert die Kreuzschmerzen. Braucht ein hartes Kissen im Kreuz *ff.* (Li Oberbauch → re Rückenseite) besser durch Massieren und Druck *hh.*

4 **Linksseitige Schmerzen schlechter durch Liegen auf der linken Seite:**
(Schwere, wie ergriffen; li Mamma → li Schulterblatt, li Lumbalgegend) nachdem sie eine Weile

auf der li Seite gelegen hatte 6T-391. (Schneidend; li Mamma → Schulterblatt) schlechter durch Liegen auf der li Seite 6GT-397.

5 **Essen bessert:**
(Kreuz und li Mittelbauch) besser nach dem Frühstück und durch Teetrinken ee. (Druck; Magen → Rücken) besser durch Essen hh.

6 **Im Zusammenhang mit der Periode:**
Schmerzen, Stiche in der li Nierengegend, die nach dem Schoße zu ausstrahlen und auch außerhalb der Menses, besonders aber einige Tage vorher eintreten i-2. Bekam Menses, begleitet von heftigem Kreuzschmerz, der auch in der Zwischenzeit anhält i-3.

7 **Anderes:**
Schmerzen im Sacrum, schlechter im Stehen 5T-450. Rückenschmerzen in der Lendengegend, schlechter beim Sitzen 20-4. Alle Muskeln sind wund und zerschlagen, so daß hartes Auftreten, Bewegungen eines Wagens und sogar der Druck der Kleider sehr schmerzhaft sind 22-40. Schreck fährt ins Kreuzbein dd. Husten macht Kreuzschmerzen ff.

RÜCKENSCHMERZEN   Begleitsymptome

1 **Hunger wird im Rücken empfunden:**
Starker Hunger, der im Rücken empfunden wird und von da über Hinterkopf und Scheitel; sie aß enorm viel, fühlte sich aber, als würde sie verhungern 7G-163.

Kräftiges Ziehen nach oben und vorn von der Steißbeinspitze aus. — Vermehrtes Verlangen nach Fleisch, und sie hat sehr viel gegessen 7—25—454,165.

2 **Übelkeit, Magenbeschwerden:**
Übelkeit und Rückenschmerzen 5'-186; a-3. Übelkeit mit Druckgefühl in der Vagina und Schmerz an der Spitze des Kreuzbeines 23-11.

Dumpfer, und gelegentlich schießender Schmerz durch das Kreuz, kurzdauernd (19^{30}). — Aufstoßen vom Magen her (19^{30}). — Leichte Übelkeit (19^{30}) 3—1—447,182,190. Dumpfer Schmerz tief unten im Rücken, im Sacrum. — Appetitlosigkeit. — Abneigung gegen Brot und Kaffee 5'—5—451,168,174. Übelkeit und Rückenschmerzen. — Kein Appetit 5'—10—186,170. Nagender Rückenschmerz in der Lumbalgegend. — Dumpfes Schweregefühl im Magen. — Plötzlich entstehende Übelkeit. — Aufstoßen 9—4—438,201,187,181.

3 **Unterleibs-, Blasen- und Darmbeschwerden:**
Absonderung hellroten Blutes aus der Vagina mit dumpfem, schwerem Schmerz und großer Schwäche in Kreuz und Lenden, 4 Tage lang 5-335. Stühle häufig, immer fortgesetzter Drang und viel Rückenschmerzen. Empfindlichkeit über dem li Ovar, mit Ab-

wärtsdrängen. Häufiger Urindrang. Uterus prolabiert *a-8*. Starke Auftreibung des Bauches, sehr unangenehme Schmerzen im li Ovar, anhaltendes Wehtun in der Kreuzbeingegend, Prolaps *a-15*. Schmerzen im Kreuz, im re und li Ovar, und an der Außenseite der Oberschenkel hinunter. Gefühl von Schwäche und Zerren im Uterus *aT-16*. Ab-Abwärtsdrängende Schmerzen. Als ob Stuhlgang kommen sollte. Häufiger, spärlicher, brennender Urin. Schmerzen im Sacrum. Bauch wie aufgetrieben *a-22*. Wenn der Uterus nur langsam zum Normalzustand zurückkehrt. Beißen in der Urethra nach dem Wasserlassen. Schmerzen in Rücken und Hüften. Verstopfung und schmerzhafte Haemorrhoiden *cGT-3*.

Ständiger, nicht sehr heftiger Schmerz in der Lumbalgegend, nachts. – Die Blase wurde (nachts) in 10 Stunden 4 mal entleert. – Um Mitternacht erwachte er plötzlich und entleerte die Blase. – Intermittierende, scharfe Schmerzen durch den Unterbauch, scheinbar nahe der Blase *4–1–435,300,574,258*. Schmerz in der Lumbalgegend hält an, gelegentlich geht er zwischen die Schultern. – Der Lumbalschmerz nimmt zu. – Mehrere Blasenentleerungen am Tag. – Urin bemerkenswert klar und weiß bei jeder Entleerung *4–2–435,436,300,306*. Dumpfer Schmerz in Kreuz und Sacrum. – Druck in Rectum und Anus *5'–12–446,267*. Scharfer Schmerz in der Lumbalgegend, bis über die re Hüfte zur Nabelgegend, nachts (8-10). – Heftiger Schmerz und Schweregefühl in der li Mamma, nach hinten zum li Schulterblatt und nach unten bis in die li Lumbalgegend, 10 Uhr abends (11). – Häufiger Urindrang, danach beißendes Brennen der Harnröhre, im letzten Teil der Nacht, Urin milchig, mit dickem, rötlichem Sediment (9-11) *6–8-11–437,391,290*. Ziehender Schmerz im Sacrum, morgens. – Dumpf ziehender Schmerz in der li Ovargegend, bis 10 Uhr morgens. – Urin dick, milchig, häufiger Drang, Wundheit und brennende Hitze durch die Harnwege nach dem Urinieren, morgens. – Flatulenz und ein Gefühl von Aufgeblähtsein der Därme nach Stuhlgang, morgens. *6–13–452,325,309,211*. Druckgefühl in der Vagina und Schmerz an der Spitze des Kreuzbeines bis zu den Hüften. – Reißender Schmerz im Unterbauch von der Gegend der Ovarien aus nach abwärts auf beiden Seiten. – Übelkeit erheblich vermehrt, mit dem gleichen Gefühl von Aufblähung des Unterbauches, besonders an den Hüften und in der Uterusgegend *7–7–338,259,192*. Wehtun und Druck durch die Lumbosacralgegend, und etwas Druck auf das Rectum. – Ein Gefühl im Becken, als ob alles durch die Vagina zutage treten sollte *7–20–453,245*. Kräftiges Ziehen nach oben und vorn von der Steißbeinspitze aus. – Abwärtsdrängen in der Vagina. – Dauernder Druck auf die Blase, dauernder Urindrang, hinterher Beißen und Tenesmus. – Vom vorderen Ende des Darmbeinkammes auf beiden Seiten ein kräftiges Ziehen nach unten und hinten *7–25–454,339,285,264*. Schmerz im re Ovar und etwas Rückenschmerz. – Ein wenig Völle und Wehtun im Bauch *7–28–323,224*. Dauerndes Brennen im Rücken. – Die leidenschaftliche Erregung kommt wieder. – Dauernder Urindrang. – Dauernder Druck auf das Rectum *7–69–430,353,293,270*. Schmerzen in der unteren Dorsalwirbelsäule, als wenn der Rücken brechen wollte, 2 Tage lang. – Abwärts drängende Schmerzen. Druck wie ein Gewicht tief unten in der Vagina, 2 Tage lang *8–90–434,251*. Nagender Rückenschmerz in der Lumbalgegend. – Schmerzen in der re Ovargegend, ein Nagen und Zerren, als würde etwas locker werden in der Gegend *9—4-5—438,326*. Ständiger Schmerz in Kreuz und Wirbelsäule, bis zu beiden Knien. — Brennend heißer Urin *13—7—445,310*.

4 **Durst:**
Wehtun der Hals- und Nackenmuskeln, immer dann schlimmer, wenn sie „Durstanfälle" hat während der ganzen Prüfung *7-426*. Viel Rückenschmerzen. Mund trocken, Durst nach großen Mengen von Wasser *aT-8*. Nach den Herzanfällen Trockenheit von Mund und Hals, Gefühl, als würde der Rücken nach hinten gezogen *eG*.

Ständiger, nicht sehr heftiger Schmerz in der Lumbalgegend, nachts. — Nachts beim Erwachen Gefühl in Mund und Hals wie von einem Belag *4—1—435,159*.

5 **Depression, Unruhe:**
(siehe I-1-H-7: Rückenschmerzen mit Depression).

6 **Müdigkeit, Schwäche:**
(siehe I-2-E-2: Schmerzen mit Müdigkeit; I-4-E-7: Schwäche mit Glieder- oder Rückenschmerzen).

7 **Frost, Hitze:**
(siehe II-4-G-5: Temperatursymptome mit Rückenschmerzen).

8 **Herz- und Brustbeschwerden:**
(vgl. III-2-A-1: Brustschmerzen bis zum linken Schulterblatt).
Herzanfälle, Gefühl, als ob das Herz gequetscht würde. Nach den Anfällen Gefühl, als würde der Rücken nach hinten gezogen *eG*.

Dumpfer Schmerz tief unten im Rücken, im Sacrum. — Häufige Anfälle von Herzklopfen *5'—5—451,418*. Scharfer Schmerz in der Lumbalgegend, bis über die re Hüfte zur Nabelgegend, nachts. — Beklemmungsgefühl im unteren Drittel der Brust (8). — Heftige, schneidende Schmerzen in der li Mamma, bis zum Schulterblatt, nachts. — Gefühl von Zusammenschnüren im unteren Drittel der Brust (9) *6—8-9—437,374,397,369*. Ziehender Schmerz im Sacrum, morgens. — Schmerz in der li Mamma, morgens. — Scharfe Stiche, danach dumpfes Ziehen in der li Brustseite, bis zum Schlüsselbein, morgens *6—13—452,389,388*. Etwas Rückenschmerz und Schmerz im re Ovar (29). — Bemerkte einige sehr deutliche Herzsymptome (29). Plötzliches Herzflattern nach Gehen (30). — Ein gehetztes, zwingendes Gefühl um das Herz, mit Flattern (30) *7—29—431, 413,415*. Ständiger Schmerz in Kreuz und Wirbelsäule, bis zu beiden Knien. — Gefühl von Beklemmung und Blutandrang in der Brust. — Beklemmung und Hitze der Brust, eine Art Blutwallung *13—7—445,372,371*.

9 **Kopfschmerzen:**
(siehe III-1-E-10: Kopfschmerzen und Rückenschmerzen)

10 **Gliederschmerzen:**
7 Uhr 10 nachmittags Schmerzen in der Lumbalgegend, habe diesen Nachmittag dann und wann bohrende Schmerzen in der Hinterseite des oberen Femurdrittels gehabt. Beim Zubettgehen bestehen die Rückenschmerzen fort *20-12*. Nach den Herzanfällen Schwäche, Taubheit des re Unterschenkels von den Zehen bis über das Knie, Gefühl, als würde der Rücken nach hinten gezogen *eG*.
Dumpfer und gelegentlich schießender Schmerz durch das Kreuz, kurzdauernd. — Schmerzen in den Beinen, unterhalb der Knie, die von einer Seite zur anderen wandern. — Pulsieren in beiden Füßen. — Ameisenlaufen unterhalb der Knie *3—1(19³⁰)—447, 501,509,564*.

11 **Augensymptome:**
Schmerzen in den unteren Dorsalwirbeln, als wenn der Rücken brechen wollte. — Der innere Winkel des re Auges ist immer noch wund *8—90—434,123*. Nagender Rückenschmerz in der Lumbalgegend. — Kann schlechter sehen, die Augen sind sehr schmerzhaft, beißen, muß sie oft schließen *9—4,5—438,143*. Ständiger Schmerz in Kreuz und Wirbelsäule, bis zu beiden Knien, den ganzen Tag. — Gefühl, als wären die Augen voller Tränen, den ganzen Tag *13—7—445,126*. Schmerz im unteren Teil des Sacrum. — Verschwommensehen und Trübsehen *15—5—449,142*.

12 **Ohrenrauschen:**
Ständiger, nicht sehr heftiger Schmerz in der Lumbalgegend, nachts. — Leichtes Rauschen in beiden Ohren, nach dem Zubettgehen *4—1—435,147*.

GLIEDERSCHMERZEN   Orte — Glieder

1 **Schmerzen an kleinen Stellen:**
Eine kleine Stelle, so groß wie eine Fingerspitze, auf der Innenseite des li Oberschenkels, ungefähr in der Mitte, ist manchmal sehr schmerzhaft, es kommt und geht *3—2—488*. Scharfer Schmerz in der Innenseite des li Oberschenkels, über der Femoralarterie, etwa 2 Zoll unterhalb des Poupartschen Bandes *3—2—489*. Scharfer Schmerz in beiden Knien, auf der Innenseite bis zur Vorderseite, am Muskelansatz des Rectus, der Schmerz schien auf eine kleine Stelle beschränkt zu sein *3—1—499*. Die Schmerzen überall sind an kleinen Stellen, wie vom Druck einer Fingerspitze *3—1—559*. Die Knochen der Beine tun weh *17—80*. Schmerzen an kleinen Stellen *27-2*.

2 **Wandernde Schmerzen:**
Schmerzen in den Beinen, unterhalb der Knie, die von einer Stelle zur anderen wandern *3-501*. Zu verschiedenen Zeiten schien sich ein geringer Schmerz für kurze Zeit irgendwo festzusetzen, verging dann aber bald wieder, um in einem anderen Teile des Körpers zu erscheinen *20-2*. Schmerzen an kleinen Stellen, die dauernd den Ort wechseln *27-2*. Bohren und Stechen an verschiedenen Stellen, Knie, Knöchel, Becken *jj*.

GLIEDERSCHMERZEN　　　　Orte – Glieder / Arme　　　　III-3-B

3 **Knochen, Muskeln:**
Wehtun der Hals- und Nackenmuskeln *7-426*. Schmerzen in den unteren Dorsalwirbeln, als wenn der Rücken brechen wollte *8GT-434*. Heftiger Schmerz in den zweiten Gelenken der Finger und im Knöchelgelenk *10-455*. Reißende Schmerzen im li Oberarm, scheinbar nur in den Muskeln *13-459*. Mattigkeit in den Beinen, besonders in den Muskeln *13-474*. Beim Gehen scheint in den Gelenken keine Schmierflüssigkeit zu sein, man kann sie fast knarren hören *10-477*. Bohren im re Hüftgelenk, mit Steifheit der Oberschenkelmuskeln *6G-481*. Wehtun von Fleisch und Knochen überall *10-554*. Muskeln lahm, wie zerschlagen *10G-555*. Im Muskelbauch des Deltoides beider Arme ein brennendes Jucken *7-566*. Hitze des Kopfes, Körper kalt, mit Knochenschmerzen *17-94*. Alle Muskeln sind wund und zerschlagen *22-40*. Wie glühendes in den Knochen der Unterschenkel *jj*.

4 **Arme und Beine gleichzeitig:**
Heftiger Schmerz in den zweiten Gelenken der Finger und im Knöchelgelenk *10-455*. Gefühl von Auswärtsdrücken in Händen, Armen, Füßen und Unterschenkeln *6-456*. Schneller Schmerz im Ringfinger beider Hände und den entsprechenden Zehen beider Füße gleichzeitig *3-457*. Brennen der Hände und Füße *6-470*. Hitze in den Handflächen und Fußsohlen, von da die Glieder aufwärts *6-618*. Große Hitze, mit Klopfen der Adern, in Armen und Beinen *6-621*.

GLIEDERSCHMERZEN　　　　　　　　　　　　　　　　Orte – Arme

1 **Finger:**
Heftiger Schmerz in den zweiten Gelenken der Finger *10-455*. Schneller Schmerz im Ringfinger beider Hände *3-457*. Schmerzhaftes Gefühl wie von Nadeln in Händen und Fingern *6-465*. Lähmung oder Steifheit der Finger *10G-466*. Finger der re Hand steif, mit Krampf im Mittelfinger *6-467*. Krämpfe in den Fingern *6-468*. Nadelstechen in den Fingern beider Hände *6-471*. Die Hände wie zerschlagen *10G-555*. Finger, besonders re taub *eG*. Magenschmerz strahlt in die Extremitäten, besonders in die Finger aus *i-9*. Ameisenlaufen in den Fingern *ee*.

2 **Fingerspitzen:**
Schmerz im Zeigefinger wie von elektrischem Strom von der Fingerspitze aus *6–21–469*. Wie von elektrischem Strom von der Spitze des li Zeigefingers aus, bis zu den übrigen li Fingern, dann im re Zeigefinger und den anderen re Fingern bis zu Hand und Unterarm *6G–28–470*. Nadelstechen in den Fingerspitzen beider Hände und Hitze der Handflächen *6–30–472*.

3 **Unterarme und Hände gleichzeitig:**
Auswärtsdrücken in Händen, Armen *6–1-8–456*. Ziehende Schmerzen im re Unterarm und Handgelenk *6–25–460*. Hände und Unterarme steif und heiß *6G–31–463*. Re Hand

und Unterarm steif und schmerzhaft *6G—16—464*. Krampf im re Mittelfinger und den Unterarm hinauf *6—30—467*. Gefühl wie elektrischer Strom li Finger und den Unterarm hinauf, dann re Finger bis zur Hand und Unterarm *6G—28—470*. Nadelstechen mit Auswärtsdrücken in den Fingern beider Hände, die Unterarme hinauf *6—29—471*. Klopfen, Auswärtsdrücken in Händen und Unterarmen *6GT—16—558*. Hitze, Druck nach außen in Händen und Armen *6—11—617*. Hitze in Handflächen und Fußsohlen, von da die Glieder aufwärts *6—12—618*. Taubsein und Ameisenlaufen im re Arm und in der re Hand *25-1*. Wie elektrischer Strom, der erst li, dann aber auch re in den Händen auftritt und die Arme aufsteigend sich bewegt *q-2*.

4 **Von der Brust zur Schulter:**
Von der Brust zur Kehle hinauf, zum Schlüsselbein und zur li Achselhöhle (scharf) *6G—16—381*. In der li Brustseite und an der Schulter (dumpf) *6—15—382*. Li Mamma schmerzhaft, mit Ziehen in der li Achselhöhle und Schulter *6—31—390*. Krampfschmerz in der li Mamma und Schulter *6G—25—394,458*. Schmerzen in der li Mamma, ein Gefühl von Ziehen bis zur Schulter und Hals *6G—24—398*. Dann geht der Schmerz nach dem Magen und strahlt in die Extremitäten, besonders die Finger, aus *i-9*.

5 **Schulter, Oberarmmuskeln:**
Reißende Schmerzen im li Oberarm, scheinbar nur in den Muskeln *13-459*. Im Muskelbauch des Deltoides beider Arme brennendes Jucken *7-566*. Stechen in der re Schulter *17-75*. Schießender Schmerz durch die Schulter in der Richtung der Bicepssehne *17-76*. Dumpfer Schmerz in der li Schulter *23-31*. Schulterschmerzen *ee*.

GLIEDERSCHMERZEN   Orte – Beine

1 **Vorderseite und Innenseite des proximalen Teils des Oberschenkels:**
Gefühl, als würde in die Leisten und in die Vorderseite des Oberschenkels geschnitten *7-316*. Schmerz von den Ovarien hinunter in die Vorder- und Innenfläche des li Oberschenkels *7-322*. Eine kleine Stelle, so groß wie eine Fingerspitze, auf der Innenseite des li Oberschenkels, ungefähr in der Mitte, ist manchmal sehr schmerzhaft, es kommt und geht *3-488*. Scharfe Schmerzen in der Innenseite des li Oberschenkels, über der Femoralarterie, etwa 2 Zoll unterhalb des Poupartschen Bandes *3-489*. Stechen entlang der Innenseite des re Oberschenkels *17-78*. Bohrende Schmerzen in der hinteren Seite des oberen Femurdrittels *20-12*.

2 **Von oben her zur Außenseite des Oberschenkels:**
Greifende Schmerzen durch die re Hüfte und an der Außenseite des re Oberschenkels hinunter *6-480*. Heftige, ziehende Schmerzen in der re Hüfte, bis zur Außenseite des Oberschenkels *6G-482*. Schmerzen im Kreuz, Ovarien und an der Außenseite des Oberschenkels hinunter *aT-16*. Kreuzschmerzen bis zur Außenseite der Beine *ff*. Ziehender Schmerz an der Außenseite des li Beines *hh*.

GLIEDERSCHMERZEN Orte — Beine

3 **Von oben her zu Hüfte und Oberschenkel:**
Der Schmerz im re Ovar nahm zu bis zu einem Gefühl, als würde nach unten in die Leiste und die Vorderseite des Oberschenkels geschnitten 7-316. Schmerz in beiden Ovarien, besonders li, und von da hinunter in die Vorder- und Innenfläche des li Oberschenkels 7-322. Schmerz im li Ovar und Leiste mit Schmerz in der re Hüfte, bis zum Oberschenkel hinunter 6-324. Druckgefühl in der Vagina und Schmerz an der Spitze des Kreuzbeines bis zu den Hüften 7G-338. Ständiger Schmerz in Kreuz und Wirbelsäule, bis zu beiden Knien 13-445. Schmerz in der re Hüfte und den Oberschenkel hinunter 6G-479. Bohren im re Hüftgelenk, mit Steifheit der Oberschenkelmuskeln 6G-481. Schmerz im li Eierstock. Er schießt von li querüber zur re Leiste, ferner das li Bein hinunter 25-2. Schmerzen in der Ovargegend, der Schmerz geht durch den Unterbauch zur Leiste und das Bein hinunter a-10. Feinstechende, brennende Schmerzen vom li Ovar in den Bauch hinauf und in den Schenkel hinunter a-14. Schmerzen im li Ovar, anhaltendes Wehtun in der Kreuzbeingegend bis in die Oberschenkel a-15. Schmerzen in Rücken und Hüften c-3. Fliegende Schmerzen durch das Becken und die Oberschenkel hinunter d-1. Schmerzen in der Nabelgegend, bis in die Hüften, Kreuz und Beine sich erstreckend i-3. Schießende und stechende Schmerzen in der re Hüfte, Leiste und Oberschenkel i-6. Bauchschmerzen bis zum re Oberschenkel dd.

4 **Hüfte allein; Oberschenkel allein:**
Stiche im re Hüftgelenk 13G-483; 13-484. Wehtun des re Hüftgelenkes 7-485. Mattigkeit in den Oberschenkeln 13-486. Schmerzen in den Oberschenkeln aa. Reißen im Oberschenkel hh.

5 **Proximaler Teil des Unterschenkels unterhalb des Knies:**
Feinstechen unter dem re Knie 6-500. Schmerzen in den Beinen, unterhalb der Knie, die von einer Stelle zur anderen wandern 3-501. Ameisenlaufen unterhalb der Knie 3-564. Schmerzen in beiden Unterschenkeln unterhalb der Knie 17-79.

6 **Knie:**
Schwäche und Schmerzen in den Knien 3-493. Die Knie sind schwach und schmerzhaft 3-494. Schmerzen in den Knien 3-495; 23T-25. Greifender Schmerz in den Knien 6-496. Die Knie tun weh 7-497. Schwere und Druck in beiden Knien 6-498; a-32. Scharfe Schmerzen in beiden Knien, auf der Innenseite bis zur Vorderseite, am Muskelansatz des Rectus, der Schmerz schien auf eine kleine Stelle beschränkt zu sein 3-499. Schmerzen im re Knie s. Knieschmerzen. Bohren und Stechen der Knie jj.

7 **Unterschenkel und Füße gleichzeitig:**
Auswärtsdrücken in Füßen und Unterschenkeln 6-456. Dumpfer, schwerer Schmerz von den Knien bis zu den Zehenspitzen 3-502. Krämpfe in beiden Unterschenkeln und Füßen 6-503. Schmerz im Knöchel bis zu den Zehen 6-506. Schwäche, Taubheit des re Unterschenkels von den Zehen bis über das Knie eG.

III-3-C   Orte / Empfindungen   GLIEDERSCHMERZEN

8 **Zehen:**
Schneller Schmerz im Ringfinger beider Hände und den entsprechenden Zehen beider Füße gleichzeitig *3-457*. Dumpfer, schwerer Schmerz von den Knien bis zu den Zehenspitzen *3-502*. Schmerz im Knöchel bis zu den Zehen *6-506*. Krampf in den li Zehen *6-511*. Schwäche, Taubheit des re Unterschenkels von den Zehen bis über das Knie *eG*. Kreuzschmerzen bis an die Zehen *ff*.

9 **Fußknöchel:**
Schmerz im Knöchelgelenk *10-455; 3-507*. Lahmheit im Knöchelgelenk *3-487*. Schmerz im Knöchel bis zu den Zehen *6-506*. Bohren und Stechen der Knöchel *jj*.

10 **Unterschenkel allein; Füße allein:**
Die Unterschenkel tun weh *7G-504*. Schnell zuckende Schmerzen um die Unterschenkel *6-505*. Dumpfer, bohrender Schmerz auf dem li Fußrücken *3-508*. Pulsieren in beiden Füßen *3-509*. Die Füße sind empfindlich *7-510*. Fußsohlen wund *10G-555*. Prickeln in den Unterschenkeln *2-563*. Wehtun besonders des re Unterschenkels *a-32*. Wadenkrämpfe *aa*. Wadenkrämpfe, früher re, jetzt li *ee*. In den Knochen der Unterschenkel (wie glühendes Eisen) *jj*.

GLIEDERSCHMERZEN   Empfindungen

1 **Gefühl von Herausdrücken des Blutes aus den Adern der Unterarme und Hände:**
Gefühl von Auswärtsdrücken (Hände, Arme, Füße und Unterschenkel) *6—1-8—456*. Nadelstechen, mit einer Empfindung wie starkes Auswärtsdrücken, als ob das Blut durch die Adern hindurchdrückte (Finger → Unterarme) *6—29—471*. Gefühl von Auswärtsdrücken, als wenn das Blut die Adern sprengen wollte (Hände und Unterarme) *6GT—16—558*. Ein Gefühl von Druck nach außen, als würde das Blut aus den Adern herausbersten (Hände, Arme und Beine) *6—11—617*.

2 **Schmerz wie von elektrischem Strom, brennend, von den Fingerspitzen aus:**
Schmerz im Zeigefinger wie von einem elektrischen Strom, von der Fingerspitze aus, mit Klopfen des Pulses *6—21—469*. Gefühl, wie von einem elektrischen Strom von der Spitze des li Zeigefingers aus, bis zu den übrigen Fingern und den Unterarm hinauf, dann im re Zeigefinger und den anderen re Fingern bis zur Hand und Unterarm. — Das Gefühl eines elektrischen Stromes in der li Hand trat gelegentlich auf, ist aber jedesmal immer weniger geworden; dies, zusammen mit dem Brennen der Hände und Füße, ließ zuerst nach *6—28,60—470*. Ein brennendes Jucken (Deltoides) *7-566*. Ein Gefühl, wie wenn elektrischer Strom erst li, dann aber auch re in den Händen auftritt und die Arme aufsteigend sich bewegt *q-2*. Wie glühendes Eisen (Knochen der Unterschenkel) *jj*.

GLIEDERSCHMERZEN   Empfindungen   III-3-D

3 **Kriebeln, Ameisenlaufen, Nadelstechen:**
Schmerzhaftes Gefühl wie von Nadeln (Hände und Finger) *6—12—465*. Nadelstechen (Finger → Unterarme) *6—29—471*. (Fingerspitzen) *6—30—472*. Feinstechen (unter re Knie) *6—30—500*. Prickeln (Unterschenkel) *2-563*. Ameisenlaufen (unterhalb Knie) *3-564*. (Finger) *ee*. Taubsein und Ameisenlaufen (re Arm und Hand) *25-1*. Taubheit (re Unterschenkel; Finger, < re) *eG*. Magenschmerz strahlt in die Extremitäten, besonders die Finger aus, mit Prickeln *i-9*. Gruseln (re Bein) *ee*.

4 **Dumpfer, schwerer, drückender, anhaltender Schmerz, Wehtun:**
Dumpfer Schmerz (li Brustseite und Schulter) *6-382*; (li Schulter) *23-31*. Ständiger Schmerz (Kreuz → Knie) *13-445*. Drückende Schmerzen (re Unterarm, Handgelenk) *6-460*; (re Handgelenk) *17-77*. Schmerz (ein starkes Wehtun) (re Handgelenk) *6-461*. Wehtun (re Hüftgelenk) *7-485*; (Knie) *7-497*; (Unterschenkel) *7G-405*; (Knochen der Beine) *17-80*; (< re Unterschenkel) *a-32*. Gefühl von Schwere und Druck (beide Knie) *6-498*. Dumpfer, schwerer Schmerz (Knie → Zehenspitzen) *3-502*. Dumpfer, bohrender Schmerz (li Fußrücken) *3-508*. Anhaltendes Wehtun (Kreuzbein → Oberschenkel) *a-15*.

5 **Steifheit, Schmerz mit Schwächegefühl:**
Schmerz (ein starkes Wehtun) und große Schwäche darin (re Handgelenk) *6—12—461*. Hände und Unterarme steif und heiß, wie ausgedörrt *6G—31—463*. Re Unterarm steif und schmerzhaft *6G—16—464*. Lähmung oder Steifheit der Finger, so daß sie kaum einen Bleistift fest genug halten kann zum Schreiben *10G-466*. Re Finger steif *6—30—467*. Steifheit (Oberschenkelmuskeln) *6G—27—481*. Schwäche und Schmerz (Knie) *3-493*. Die Knie sind schwach und schmerzhaft *3-494*. Muskeln lahm, wie zerschlagen *10G-555*. Steife Glieder *17-73*. Schmerzen und Schwäche in den Gliedern *a-5*.

6 **Ziehen:**
Ziehen (Mamma → li Achselhöhle und Schulter) *6-390*. Ein Gefühl von Ziehen (li Mamma → Schulter und Hals) *6G-398*. Heftige, ziehende Schmerzen (re Hüfte → Außenseite Oberschenkel) *6G-482*. Ziehender Schmerz (Außenseite li Bein) *hh*.

7 **Bohren:**
Bohren (re Hüftgelenk) *6G-481*. Dumpfer, bohrender Schmerz (li Fußrücken) *3-508*. Dann und wann bohrende Schmerzen (Hinterseite oberes Femurdrittel) *20-12*. Bohren und Stechen (Knie, Knöchel, Becken) *jj*.

8 **Schnell vorübergehende oder zuckende Schmerzen:**
Schneller Schmerz im Ringfinger beider Hände und den entsprechenden Zehen beider Füße gleichzeitig, verging nach wenigen Sekunden *3-457*. Schnelle Schmerzen in den Beinen *3-478*. Schnell zuckende Schmerzen um die Unterschenkel, verschwinden ebenso schnell, wie sie gekommen sind *6-505*. Zucken des li Beines *hh*.

9 **Scharfe Schmerzen: Stechen, Schießen, Schneiden, Reißen, vorwiegend in den Beinen:**
Als würde mit einem Messer in das Ovar gestochen und nach unten in die Leiste und die

Vorderseite des Oberschenkels geschnitten *7-316*. Zusammenschnüren in der li Brustdrüse und scharfe Schmerzen zur li Achselhöhle *6G-381*. Reißende Schmerzen (Oberarmmuskeln) *13-459*. Stiche kommen und gehen im re Hüftgelenk *13G-483*. Gelegentlich leichte Stiche im re Hüftgelenk *13-484*. Scharfe Schmerzen (über Femoralarterie li) *3-489;* (beide Knie, Rectusansatz) *3-499*. Stechen in der re Schulter *17-75;* entlang Innenseite re Oberschenkel *17-78*. Fast unerträglicher, schießender Schmerz durch die Schulter in Richtung der Bicepssehne *17-76*. Er schießt vom Ovar das li Bein hinunter *25-2*. Schießende und stechende Schmerzen in re Hüfte, Leiste und Oberschenkel *i-6*. Reißen im Oberschenkel *hh*. Bohren und Stechen (Knie, Knöchel) *jj*.

10 **Greifender, krampfartiger Schmerz:**
Krampfschmerz (li Mamma und Schulter) *6G-394,458*. Krampf (re Mittelfinger und Unterarm) *6-467;* (li Zehen) *6-511*. Krämpfe (Finger) *6-468;* (Unterschenkel und Füße) *6-503;* (Waden) *ee*. Greifender Schmerz, der einige Zeit anhält (Knie) *6-496*. Greifender Schmerz (Knie) *a-32*.

11 **Zerschlagenheit, Wundheit, Empfindlichkeit:**
Die Füße sind empfindlich *7-510*. Muskeln lahm, wie zerschlagen, Fußsohlen so wund, daß sie nicht darauf gehen kann, die Hände wie zerschlagen, der ganze Körper wund und zerschlagen, kann den Druck der Kleider nicht ertragen, dauerte fast 4 Wochen *10G-555*. Alle Muskeln sind wund und zerschlagen, so daß hartes Auftreten, die Bewegungen eines Wagens und sogar der Druck der Kleider sehr schmerzhaft sind *22-40*.

12 **Pulsieren:**
Schmerz wie elektrisch vom Zeigefinger aus, mit Klopfen des Pulses *6—21—469*. Pulsieren (beide Füße) *3-509*. Pulsieren aller Arterien *6—20,22—557*. Klopfen und Pulsieren überall, Gefühl von Auswärtsdrücken in Händen und Unterarmen *6GT—16—558*. Große Hitze in Armen und Beinen, mit Klopfen der Adern *6—14—621*.

GLIEDERSCHMERZEN   Zeit

1 **Im ersten Teil der Nacht nach dem Hinlegen:**
Im ersten Teil der Nacht (Auswärtsdrücken; Hände, Arme, Füße, Unterschenkel) *6-456*. Bis in die Nacht (Nadelstechen, Auswärtsdrücken; Finger → Unterarm) *6-471*. Nach dem Hinlegen, nachts (Schwere und Druck; Knie) *6-498*. Beginnt 7 Uhr abends und dauert die ganze Nacht (drückend; re Arm und Handgelenk) *22-15*. Nachts eher schlimmer (schießend und stechend; re Hüfte, Leiste und Oberschenkel) *i-6*. Nachts (Wadenkrämpfe) *aa*. (Schulterschmerzen) *ee*. Abends, wenn sie ins Bett geht (Wadenkrämpfe) *ee*. Schlechter abends im Bett (Knie und Beinschmerzen). Schlimmer nachts im Bett (wie glühendes Eisen; Knochen der Unterschenkel) *jj*.

2 **Abends:**
Abends 9 Uhr 30 (schneller Schmerz, Ringfinger, 4. Zehen) *3-457*. Nach 8 Uhr abends nach-

GLIEDERSCHMERZEN   Zeit / Modalitäten   III-3-F

lassend (re Hand und Unterarm steif und schmerzhaft) *6G-464*. 5 Uhr nachmittags li Zeigefinger, dann (re Zeigefinger → Unterarm) mehrere Stunden lang *6G-470*. Abends 6 Uhr 15 (scharf; über li Femoralarterie) *3-489*. Abends 7 Uhr 30 (wandernd; unterhalb Knie) *3-501*; (Pulsieren; beide Füße) *3-509*; (Schmerzen überall an kleinen Stellen) *3-559*; (Ameisenlaufen; unterhalb Knie) *3-564*. 2 Stunden lang am Abend (schnell zuckend; um Unterschenkel) *6-505*. Abends (Knochenschmerzen) *17-94*.

3 **Nachmittags:**
5 Uhr nachmittags (re Finger steif, Krampf im Mittelfinger) *6-467*; (elektrisch; li Zeigefinger → Unterarm) *6G-470*; (Nadelstechen; Fingerspitzen) *6-472*; (Feinstechen; unter re Knie) *6-500*; (Krampf; li Zehen) *6-511*. 3 Uhr 30 nachmittags (scharf; Rectusansatz beider Knie) *3-499*. Nachmittags (Klopfen und Pulsieren überall. Auswärtsdrücken; Hand und Unterarm) *6GT-558*; (bohrend; Hinterseite oberes Femurdrittel) *20-12*.

4 **Vormittags:**
11 Uhr vormittags (Schnelle Schmerzen, Beine) *3-478*; (Innenseite li Oberschenkel) *3-488*; (Schwäche und Schmerzen; Knie) *3-493,494*; (dumpf, bohrend; Fußrücken) *3-508*. 11 Uhr 45 vormittags (Knöchelgelenk) *3-507*.

5 **Morgens:**
Morgens (Wehtun, Schwäche; re Handgelenk) *6-461*; (Nadeln; Hände und Finger) *6-465*. Nach Darmentleerung morgens (Krämpfe; Unterschenkel und Füße) *6-503*.

6 **Dauert den ganzen Tag:**
Den ganzen Tag lang (re Hüfte, Oberschenkel) *6-324*; (Knie) *3-495*. Ständiger Schmerz, den ganzen Tag (Kreuz → Knie) *13-445*. Kommen und gehen tagsüber (Stiche, re Hüftgelenk *13G-483*.

GLIEDERSCHMERZEN   Modalitäten

1 **Gehen verschlechtert Beinschmerzen, muß aber Gehbewegungen machen:**
Beim Gehen Schmerzen in beiden Ovarien und von da hinunter in die Vorder- und Innenfläche des li Oberschenkels, konnte kaum einen weiteren Schritt tun; sobald sie das Bein ausstreckte, mußte sie es sofort wieder beugen, wegen eines Gefühls von Unruhe mußte sie es dann wieder ausstrecken *7—21—322*. Die Unterschenkel tun weh, muß sich drehen und winden *7G—26—504*. Hitze in den Händen, Armen und Beinen, mit allgemeiner Unruhe, ein Gefühl von Druck nach außen *6—11—617*. Hitze in den Handflächen und Fußsohlen, von da die Glieder aufwärts, mit Unruhe die ganze Nacht *6—12—618*. Hitze in den Beinen, mit unruhigen Bewegungen *6—21—619*. Brennende Hitze in den Handflächen und Fußsohlen, von da aufwärts über die ganzen Glieder, mit allgemeiner Unruhe des ganzen Körpers *6—1—622*. Schmerzen im li Ovar bis zur Vorder- und Innenfläche des li Oberschenkels, mit Ver-

schlimmerung durch Gehen, wenn sie einen Schritt getan hatte, glaubte sie, keinen weiteren Schritt tun zu können; trotzdem zwang sie ein Unruhegefühl dazu, das Bein auszustrecken und zu beugen wie beim Gehen; diesem Drang konnte sie nicht widerstehen, obwohl sie wußte, daß die Anstrengung von größerem Schmerz gefolgt sein würde; die Anstrengung, das Glied zu bewegen, schien eher den Schmerz zu verschlimmern als die eigentliche Ausführung der Bewegung *22-22*. Wehtun der Unterschenkel, sie kann sie im Bett nicht still halten, schlimmer, wenn sie die Kontrolle darüber aufgibt, z.B. wenn sie versucht, einzuschlafen *22G-34*. Schießende und stechende Schmerzen in der re Hüfte, Leiste und Oberschenkel, sowohl bei Bewegung, als in der Ruhe, nachts eher schlimmer, kann sich nicht lange still halten *i-6*.

2 **Bewegung, Lagewechsel bessert:**
Heftige, ziehende Schmerzen in der re Hüfte, bis zur Außenseite des Beines, besser durch Lagewechsel des Beines *6G-482*. Abends, wenn sie ins Bett geht, Wadenkrämpfe. Schulterschmerzen, besser durch Heben der Arme über den Kopf. Bewegungen bessern die Schmerzen im Arm *ee*. Gehen bessert, Stehen verschlimmert, Rückenlage verschlimmert die Schmerzen im li Bein. Kreuzschmerzen bis zur Außenseite der Beine, bis an die Zehen, kann nicht liegen dabei *ff*. Reißen im Oberschenkel im Sitzen, besser durch Herumgehen *hh*. Knie- und Beinschmerzen schlechter abends im Bett, besser durch Herumgehen *jj*.

3 **Gehen, Bewegung, Aufsitzen verschlechtert:**
Beim Gehen scheint in den Gelenken keine Schmierflüssigkeit zu sein, man kann sie fast knarren hören *10-477*. Greifender Schmerz durch die re Hüfte und an der Außenseite des re Oberschenkels hinunter, schlimmer beim Aufsitzen *6-480*. Schwäche und Schmerzen in den Knien beim Gehen *3-493*. Die Knie sind schwach und schmerzhaft beim Gehen, besonders beim Ersteigen eines Hügels *3-494*. Schmerzen im Knöchelgelenk, mehr bei Bewegung *3-507*. Fußsohlen so wund, daß sie nicht darauf gehen kann *10G-555*. Schmerzen im re Knie beim Treppenabgehen *s*. Schmerzen in beiden Oberschenkeln beim Treppensteigen *aa*. Hitzegefühl auf den Fußrücken beim Gehen *dd*. Aufrichten vom Bücken macht Schmerzen im li Bein *ff*.

4 **Erschütterung verschlechtert:**
Heftiger Schmerz in den zweiten Gelenken der Finger und im Knöchelgelenk, so daß der Wagen angehalten werden mußte, die Erschütterung war so schmerzhaft *10-455*. Alle Muskeln sind wund und zerschlagen, so daß hartes Auftreten, die Bewegungen eines Wagens sehr schmerzhaft sind *22-40*. Schmerzen im re Knie beim Treppenabgehen *s*.

5 **Kleiderdruck ist unerträglich, Druck verschlechtert:**
Muskeln lahm, wie zerschlagen, Fußsohlen so wund, daß sie nicht darauf gehen kann, die Hände wie zerschlagen, der ganze Körper wund und zerschlagen, kann den Druck der Kleider nicht ertragen, dauerte fast 4 Wochen *10G-555*. Alle Muskeln sind wund und zerschlagen, so daß sogar der Druck der Kleider sehr schmerzhaft ist *22-40*. Die Knie dürfen sich nachts nicht berühren *s*. Ziehende Schmerzen an der Außenseite des li Beines, kann nicht darauf liegen *hh*.

GLIEDERSCHMERZEN — Modalitäten / Begleitsymptome

6 **Rückenlage bessert oder verschlimmert:**
Schließlich schlief sie auf dem Rücken ein, mit gebeugten Knien und Hüften (Ovarien → Vorder- und Innenfläche li Oberschenkel) *7-322*. Rückenlage verschlimmert Schmerzen im li Bein *ff*.

7 **Bettwärme verschlechtert:**
Abends, wenn sie ins Bett geht, Wadenkrämpfe. Schulterschmerzen, schlimmer nachts in der Bettwärme. Ameisenlaufen in den Fingern in der Bettwärme *ee*. Knie- und Beinschmerzen schlechter abends im Bett. Wie glühendes Eisen in den Knochen der Unterschenkel, schlechter nachts im Bett *jj*.

GLIEDERSCHMERZEN — Begleitsymptome

1 **Brustschmerzen, Herzbeschwerden:**
Klopfen und Pulsieren überall, Gefühl von Auswärtsdrücken in Händen und Unterarmen, als wenn das Blut die Adern sprengen wollte, nachmittags *6GT-558*. Ein sehr charakteristisches, auf das Herz bezogenes Symptom ist Taubsein und Ameisenlaufen im re Arm und in der re Hand, verbunden mit Herzschwäche *25-1*. Kopfschmerzen, Schmerzen in der Herzgegend bis zur li Scapula, Schmerzen und Schwäche in den Gliedern, fühlt, daß sie herzkrank ist und sich nicht erholen kann *a-5*. Herzanfälle, Gefühl, als ob das Herz gequetscht würde, nach den Anfällen Schwäche, Taubheit des re Unterschenkels von den Zehen bis über das re Knie; Finger manchmal taub, besonders re *eG*. Hat immer wieder Herzattacken, als würde das Herz von einer Faust gepackt und wieder losgelassen; ein Gefühl, wie wenn elektrischer Strom erst li, dann aber auch re in den Händen auftritt und den Arm aufsteigend sich bewegt; dabei Pulsieren in den Arterien des ganzen Körpers *q-2*. Bestimmte Armbewegungen machen Herzschmerzen. Steifheit unter dem Sternum beim Bewegen des li Armes *dd*.
Scharfe Schmerzen an der Innenseite des li Oberschenkels, 2 Zoll unterhalb des Poupartschen Bandes. — Dauerndes Schweregefühl li in der Herzgegend $3-2(18^{45},n)$ $-489,399$. Hitze in Händen, Armen und Beinen, ein Gefühl von Druck nach außen, als würde das Blut aus den Adern herausbersten. — Gefühl von Zusammenschnüren im unteren Drittel der Brust, mit Atemnot. — Heftiger Schmerz und Schweregefühl in der li Mamma, Gefühl, als würde sie ergriffen *6—11—617,369,391*. Heftige, ziehende Schmerzen in der re Hüfte, bis zur Außenseite des Oberschenkels, besser durch Lagewechsel des Beines. — Dumpfer Schmerz und Zusammenschnüren in der li Mamma und Brustseite, mit Atembeklemmung, schlimmer im Liegen *6—17—482,393*. Schmerz im li Zeigefinger wie von einem elektrischen Strom, von der Fingerspitze aus, mit Klopfen des Pulses. — Greifender Schmerz in den Knien. — Gefühl von Zusammenschnüren in der li Brustseite. — Pulsieren aller Arterien *6—21—469,496,379*. Bohren im re Hüftgelenk, mit Steifheit der Oberschenkelmuskeln. — Schmerz im Knöchel bis zu den Zehen. — Engegefühl der Brust *6—27—481,506,363*. Nadelstechen

in den Fingern beider Hände, mit einer Empfindung wie starkes Auswärtsdrücken, als ob das Blut durch die Adern herausdrückte. – Gefühl von Zusammenziehen der Brust 6–29–471,368. Hände und Unterarme steif und heiß, wie ausgedörrt. – Verlangen nach einem tiefen Atemzug, mit häufigem Seufzen. – Li Mamma schmerzhaft, mit Stechen in der li Achselhöhle und Schulter 6–31–463,357,390. Ständiger Schmerz in Kreuz und Wirbelsäule, bis zu beiden Knien. – Mattigkeit in den Beinen, besonders in den Muskeln. – Gelegentlich leichte Stiche im re Hüftgelenk. – Beklemmung und Hitze der Brust. – Gefühl von Beklemmung und Blutandrang in der Brust 13–7–445,474,484,371,372.

2 **Unterleibs-, Blasen- und Darmbeschwerden:**
Wehtun über der Schamgegend, mit Schmerzen in den Knien 23-25.

Schnelle Schmerzen in den Beinen. – Eine kleine Stelle auf der Innenseite des li Oberschenkels ist manchmal sehr schmerzhaft. – Schwäche und Schmerzen in den Knien beim Gehen. – Dumpfer, bohrender Schmerz auf dem li Fußrücken. – Sehr unangenehmes Gefühl in den Därmen. – Hitze und Druck im Hypogastrium. – Darmentleerung, dunkel und hart, danach starke Hitze im Rectum und Anus, mit leichten Bauchschmerzen 3–2(11³⁰)–478,488,483,508,217,240,281. Im ersten Teil der Nacht Gefühl von Auswärtsdrücken in den Händen, Armen, Füßen und Unterschenkeln. – Kneifender Schmerz in den Därmen, schlimmer abends, Blasenreizung, Darmreizung 6–1-8–456,228. Schmerzen im re Handgelenk und große Schwäche darin morgens. – Schmerzhaftes Gefühl wie Nadeln in Händen und Fingern, morgens. – Kräftige Darmentleerung heute morgen, mit der gleichen scharfen Wundheit am After. – Urin sieht milchig aus, morgens 6–12–461,465,280,308. Greifende Schmerzen durch die re Hüfte und an der Außenseite des re Oberschenkels hinunter. – Gefühl von Schwere und Druck in beiden Knien. – Urin reichlicher und häufiger, starker Geruch, starke Reizung der Harnröhre nach jedem Abgang 6–22–480,498,298. Bohren im re Hüftgelenk, mit Steifheit der Oberschenkelmuskeln. – Schmerz im Knöchel bis zu den Zehen. – Schießende Schmerzen in der li Ovargegend, Abwärtsdrängen 6–27–481,506,328. Nadelstechen in den Fingern beider Hände, mit einer Empfindung wie starkes Auswärtsdrücken. – Starkes Abwärtsdrängen in der Uterusgegend 6–29–471,318. Krämpfe in beiden Unterschenkeln und Füßen nach der Darmentleerung morgens. – Etwas durchfälliger Stuhlgang mit scharfem Beißen im gesamten Verdauungskanal, morgens beim Aufstehen. – Häufiger, aber spärlicher Urin, mit scharfem Beißen der Urethra 6–32–503,275,295. Die Knie tun weh. – Gefühl eines abwärtsdrängenden Gewichtes über der Schamgegend. – Schmerzen in der re Darmbeingegend 7–10–497,257,261. Ständiger Schmerz in Kreuz und Wirbelsäule, bis zu beiden Knien. – Mattigkeit in den Beinen, besonders in den Muskeln. – Gelegentlich leichte Stiche im re Hüftgelenk. – Brennend heißer Urin 13–7–445,474,484,310.

3 **Flatulenz, Übelkeit:**
Schmerzen im li Oberschenkel, Flatulenz und Lahmheit im Knöchelgelenk bei Bewegung nehmen allmählich ab 3–3–487.

| GLIEDERSCHMERZEN | Begleitsymptome | III-3-G |

Scharfe Schmerzen in beiden Knien, am Muskelansatz des Rectus (15^{30}). — Schmerzen in den Beinen, unterhalb der Knie, die von einer Stelle zur anderen wandern (19^{30}). — Sehr bald Aufstoßen vom Magen her (15^{30}, 19^{30}) *3—1—499,501,182.* Schneller Schmerz im Ringfinger beider Hände und den entsprechenden Zehen beider Füße gleichzeitig. — Übelkeit mit starkem Brechreiz, aber Unfähigkeit zu erbrechen. — Glucksen im re Oberbauch. — Blähungen bewegen sich in den Därmen, mit Völlegefühl. — Rumpeln im unteren Teil der Eingeweide, mehr auf der re Seite *3—1(21^{30})— 457,184,204,212,239.* Schnelle Schmerzen in den Beinen. — Eine kleine Stelle auf der Innenseite des li Oberschenkels ist manchmal sehr schmerzhaft. — Schwäche und Schmerzen in den Knien beim Gehen. — Dumpfer, bohrender Schmerz auf dem li Fußrücken. — Übelkeit, Brechreiz. — Dauernder Brechreiz, mit häufigem Schleimräuspern aus dem Hals. — Starke Auftreibung des Magens, mit häufigem Aufstoßen und Blähungsabgang *3—2(11^{30})—478,488,493,508,185,193,196.* Heftige, ziehende Schmerzen in der re Hüfte, bis zur Außenseite des Oberschenkels, besser durch Lagewechsel des Beines. — Ungewöhnliches Völlegefühl im Magen nach dem Essen, mit Druck nach oben *6—17—482,202.* Schmerzen in der re Hüfte und den Oberschenkel hinunter. — Übermäßig viel Speichel. — Übelkeit *6—23—479,160,183.* Drückende Schmerzen im re Unterarm und Handgelenk. — Krämpfe in den Fingern. — Appetit sehr gering, schnell satt. — Gefühl von starker Auftreibung der Därme nach der morgendlichen Entleerung und nach Essen *6—25—460,468,167,226.*

4 **Durst, trockener Mund:**
Wehtun des re Hüftgelenkes, schlimmer wenn sie „Durstanfälle" hat während der ganzen Prüfung *7-485.* Nach den Herzanfällen Schwäche, Taubheit des re Unterschenkels von den Zehen bis über das Knie, Trockenheit von Mund und Hals *eG.*

5 **Temperatursymptome:**
(siehe II-4-G-4: Temperatursymptome mit Gliederschmerzen).

6 **Kopfschmerzen:**
(siehe III-1-E-11: Kopfschmerzen und Gliederschmerzen).

7 **Rückenschmerzen:**
(siehe III-2-E-10: Rückenschmerzen und Gliederschmerzen).

8 **Schwäche:**
(siehe I-4-E-7: Schwäche mit Glieder- oder Rückenschmerzen).

9 **Unruhe:**
(siehe III-3-F-1: Gehen verschlechtert Beinschmerzen, muß aber Gehbewegungen machen).

10 **Augensymptome:**
Drückende Schmerzen im re Unterarm und Handgelenk. — Krämpfe in den Fingern. — Starkes Trübsehen *6—25—460,468,138.* Ständiger Schmerz in Kreuz und Wirbelsäule,

bis zu beiden Knien. — Gelegentlich leichte Stiche im re Hüftgelenk. — Gefühl, als wären die Augen voller Tränen. — Wie ein Schleier vor Augen *13—7—445,484,126,145*. Reißende Schmerzen im li Oberarm. — Das li Auge tränt *13—9—459,135*.

SCHMERZEN DER BRUSTORGANE   Orte

1 **Bis zum linken Schulterblatt:**
(siehe III-2-A-1: Brustschmerzen bis zum linken Schulterblatt).

2 **Bis zu Hals, Schulter, Schlüsselbein und Achselhöhle:**
In der li Brustseite, unter den falschen Rippen, von da bis zum Hals (Zusammenschnüren) 6G-379. Zusammenschnüren in der li Brustseite, hinüber zur anderen Seite und scharfe Schmerzen zur Kehle hinauf, zum Schlüsselbein und zur li Achselhöhle 6G-381. In der li Brustseite und an der Schulter (dumpf) 6-382. In der li Brustseite, bis zum Schlüsselbein (scharfe Stiche, dann dumpfes Ziehen) 6-388. Li Mamma schmerzhaft, mit Ziehen in der li Achselhöhle und Schulter 6-390. In der li Mamma und Schulter (Krampfschmerz) 6G-394. Stechende Schmerzen in der li Mamma und ein Gefühl von Ziehen bis zur Schulter und Hals 6G-398. In der re Achselhöhle (lanzinierend) 17-65. Herzkrampf mit Stechen nach der li Achselhöhle i-8.

3 **Abwärtsdrängen oder Aufblähung im Bauch wirken sich bis zur Brust aus:**
Ungewöhnliche Auftreibung von Bauch und Brust 6AG-206. Das Abwärtszerren gegen das Becken hin wird bis zum Magen herauf gefühlt und sogar bis zu den Schultern. Als ob alles im Becken nach unten drücken würde, so daß sie heftig einatmen muß, um den Thorax nach oben zu ziehen und das Becken von seinem Gewicht zu entlasten 7T-245. Gefühl, als würden alle inneren Organe von den Brüsten und dem Nabel an durch die Vagina nach außen gezogen 6-337. Starkes Völlegefühl in Brust und Bauch 6G-362. Zerren, als ob alle inneren Organe an der Brust aufgehängt wären 23-27. Schmerz im li Eierstock, er schießt von da zum Herzen oder zur li Brustdrüse 25-2. Trichterartiger Druck, der im Hals beginnt und zum Uterus hinzieht a-18. Abwärtsdrängen und -zerren von hoch oben her cG-3. Schmerzen in der Gegend der Herzspitze und über der Magengegend i-8. Die Blähungen führten zu Herzstörungen s.

4 **Linke Mamma:**
In der li Mamma (Schmerz) 6-389; (Krampfschmerz) 6G-394; (Heftig, schneidend) 6G-397; (stechend) 6G-398; (Schmerz) 23-22; (schneidend, feinstechend) 24-19. Li Mamma (schmerzhaft) 6-390. Der li Mamma (Heftiger Schmerz und Schwere, wie ergriffen) 6-391. In der li Brustdrüse (Schmerz) 6-392; (dumpfes Wehtun) 6-395. In der li Mamma und Brustseite (dumpf, Zusammenschnüren) 6-393. In beiden Brustdrüsen, von der li Mamma zum li Schulterblatt (scharf, schneidend) 6GT-396. In den Mammae (schneidend) 24-14. In der (li) Brustdrüse (Zusammenschnüren, Schwere) 24-19. In der Mamma-gegend (Kugel) 24-22. Von der li Brustwarze durch die Brust zum Rücken (scharf) b-5. Mammaschmerzen gg.

5 **Herzspitze, unter der linken Mamma:**
In der li Brustseite, handbreit unter der li Mamma (Zusammenschnüren) *6-380*. In der Herzspitze (scharf) *7-410*. Um die Herzspitze (Schwächegefühl) *24-4*. An der Herzspitze (Gefühl von Zittern) *eG*. Von der Herzspitze bis unter das li Schulterblatt (Kältegefühl) *e*. Schmerz in der Gegend der Herzspitze und über der Magengegend. Bloße Berührung an einer Stelle unter der li Brustdrüse erzeugt heftigen Schmerz *i-8*. Unter der li Mamma (Krampfartig. Ziehen und Schweregefühl) *cc*.

6 **Herz, Herzgegend:**
In ihrem Herzen (Blut eingeschlossen) *13G-370*. In der li Seite, um das Herz herum (dumpf drückend) *2AA-383*. Links in der Herzgegend (Schwere) *3G-399*; (Heftig) *17-67*. Schmerz li, als würde das Herz heftig ergriffen *2-400,407; 23-28; 24-5*. Um das Herz (Schwere und Druck) *14-402*; (Schneller Schmerz) *16-411*; (Krampfartige Zuckungen) *13G-599*. Des Herzens (Schwere) *13-403*. Schmerz in der Herzgegend *14-404; 408; a-5*; (dumpf, schwer oder drückend) *3AT-405*. In der Herzgegend (Schwere) *3-406*; (Wärme, Zusammenziehen) *dd*; (Stechen) *ee*; (Hitzegefühl) *ff*. Starke Schmerzen in und um das Herz (Zusammenschnüren) *9G-598*. Das Herz (in Schraubstock eingespannt) *27-5*; (gequetscht) *eG*; (gepackt und losgelassen) *q-2*. Zum Herzen (Blutandrang) *b-5; eG*. Am Herz (Zittern) *r; ff*. (Hitze und Kälte, Stechen) *dd*; (Zusammenkrampfen, Stechen) *jj*. Herzbeklemmungen *hh*.

7 **Linke Brustseite:**
Der li Brustseite (Enge) *6-377*. In der li Brustseite (Zusammenschnüren) *6-378, 379; 381*. (dumpf) *6-382,393*; (scharf und schnell) *5'AAG-386*; (scharfe Stiche, dann dumpfes Ziehen) *6-388*; (beschwerlich) *6-398*; (drückend) *17-66*; (Gewicht) *eG*. In der li Brust (Gewicht) *14G-334*; (schnell, scharf) *14G-387*; (scharf) *27-7*. Durch die li Brustseite (schießend) *17-63*.

8 **Rechte Brustseite:**
In der li Brustseite, hinüber zur anderen Seite (Zusammenschnüren) *6G-381*. In der re Brustseite (fein, nagend, Muskeln wie lahm oder wund) *15-385*. In der re Achselhöhle (lanzinierend) *17-65*.

9 **Unter dem Brustbein:**
(vgl.: I-5-A-1: Globusgefühl im Oesophagus).
In der Mitte der Brust (Klumpen) *5G-189*. Unter dem Brustbein (Klumpen) *14-375*; (Steifheit) *dd*. Unter dem Brustbein, zum Mittellappen der re Lunge hin (dumpf drückend) *13-376*.

10 **Anderes:**
Gefühl von Zusammenschnüren im unteren Drittel der Brust *6G-369*. Dumpf drückender Schmerz unter dem Brustbein, zum Mittellappen der re Lunge hin *13-376*. Gefühl von Zusammenschnüren in der li Brustseite, unter den falschen Rippen *6G-379*. Wie ein Zusammenschnüren in der li Brustseite, hinüber zur anderen Seite *6G-381*.

SCHMERZEN DER BRUSTORGANE   Empfindungen

1 **Gefühl, als werde das Herz von einer Faust gepackt und wieder losgelassen, oder als wäre es in einen Schraubstock eingespannt:**
Gefühl, als würde sie ergriffen (li Mamma → Schulterblatt) *6-391*. Schmerz li, als würde das Herz heftig ergriffen und der Griff allmählich nachgelassen *2-400,407*. Starke Schmerzen in und um das Herz, bis in den Rücken unter das Schulterblatt, der Schmerz ist ein Zusammenschnüren, als wäre das Herz in einem Schraubstock *9-598*. Als würde das Herz mit der Hand kräftig zusammengepreßt und dann plötzlich losgelassen, abwechselnd *23-28*. Gefühl, als wenn das Herz gezwungen würde, sich abwechselnd zusammenzuziehen und zu erweitern *24-5*. Gefühl, als wäre das Herz in einen Schraubstock eingespannt *27-5*. Während der Herzanfälle Gefühl, als ob das Herz gequetscht würde, stöhnt vor Schmerzen *eG*. Gefühl, als würde das Herz von einer Faust gepackt und wieder losgelassen *q-2*.

2 **Zusammenschnüren, Enge, Beklemmung, Krampfschmerz:**
(siehe I-5-A-2: Zusammenschnüren der Brust).
Beklemmung *6-361*. Engegefühl der Brust *6-363*. Beklemmung und Hitze der Brust *13G-371*. Gefühl von Beklemmung und Blutandrang in der Brust *13-372*. Beklemmung der Brust *13-373*. Beklemmungsgefühl im unteren Drittel der Brust *6-374*. Krampfschmerz (li Mamma und Schulter) *6G-394*. Beklemmende Schmerzen in der Brust *17-64*. Gefühl von Herzkrampf mit Stechen nach der li Achselhöhle *i-8*. Herzbeklemmungen. Es wurde mir alles zu eng *hh*. Zusammenkrampfen am Herz *jj*.

3 **Herz wie von Blut überfüllt, das abgelassen werden sollte. Blutandrang zur Brust:**
Empfindung von Hitze und Blutandrang in der Brust *13-1-364,601*. Blutandrang zur Brust *13G-10-365; 13G-5-599*. Gefühl von Blutandrang und Zusammenschnüren der Brust, und als wenn es durch Ablassen von Blut gelindert werden könnte *13-14-366*. Heftiger Blutandrang zur Brust, allmählich nachlassend *13-24-367*. Gefühl von Zusammendrücken in der Brust mit Erstickungsgefühl, das, wie sie glaubte, gelindert werden könnte, wenn das Blut, das in ihrem Herzen eingeschlossen zu sein scheint, abgelassen werden könnte *13GT-8-370*. Beklemmung und Hitze der Brust, eine Art Blutwallung *13G-7m-371*. Gefühl von Beklemmung und Blutandrang in der Brust *13-7a-372*. Blutandrang und Zusammenschnüren in der Brust, könnte durch Ablassen von etwas Blut erleichtert werden *13-2-596*. Das Blut scheint alles zum Herzen geströmt zu sein, dadurch Gefühl, als müßte ich mich zusammenkrümmen, ich kann mich kaum aufrichten *9G-598*. Gefühl, als würde das Herz stehenbleiben, danach Blutandrang zum Herz und heftiges Herzklopfen *eGT*.

4 **Schweregefühl, wie ein Gewicht:**
Dauerndes Gefühl eines Gewichtes oder einer Last (li Brust) *14G-384*. Druck und Ge-

fühl, wie von einem Gewicht, das auf die Brust gepreßt wird 15-385. Heftiger Schmerz und Schweregefühl (li Mamma) 6-391. Dauerndes Schweregefühl (Herzgegend) 3G-399. Schwere und Druck (um das Herz) 14-402. Schweregefühl (des Herzens) 13-403. Dumpfer, schwerer oder drückender Schmerz (Herzgegend) 3AT-405. Schwere (Herzgegend) 3-406. Ein Gefühl von Zusammenschnüren und Schwere (li Mamma → Basis der Scapula) 24-19. Gefühl eines Gewichtes in der li Brustseite eG. Ziehen und Schweregefühl unter der li Mamma cc.

5 **Gefühl von Völle oder Auftreibung der Brust:**
Ungewöhnliches Völlegefühl im Magen nach dem Essen, mit Druck nach oben 6G-202. Ungewöhnliche Auftreibung von Bauch und Brust 6AG-206. Starkes Völlegefühl in Bauch und Brust 6G-362. Schwere und Druck um das Herz nach dem Essen 14-402. Schmerz, dumpfer Druck und Völle um das Herz a-30. Heftige Blähungen im Leib, die Blähungen führten zu Herzstörungen s. Druck auf der Brust, besser durch Aufstoßen oder Erbrechen aa.

6 **Dumpfe, drückende Schmerzen, Wehtun:**
Dumpf drückender Schmerz (unter Brustbein → Mittellappen) 13-376. (Li Seite, um Herz) 2AA-383,407. Dumpfer Schmerz (li Brustseite und Schulter) 6-382. Dumpfer Schmerz und Zusammenschnüren (li Mamma und Brustseite) 6-393. Dumpfes Wehtun (li Mamma und Schulterblatt) 6-395. Unangenehmer Schmerz und Druck. Der Schmerz war nicht scharf, sondern drückend 14GT-409. Drückender Schmerz (li Brustseite) 17-66. Schmerz, dumpfer Druck und Völle, mit Kältegefühl um das Herz a-30. Dumpfer, drückender Herzschmerz, fast konstant a-31. Steifheit unter dem Sternum dd.

7 **Gefühl, als würde das Herz stehenbleiben:**
Erwacht plötzlich durch Schmerzen li, als würde das Herz heftig ergriffen und der Griff allmählich nachgelassen, dadurch wurden Herzschlag und Atmung unterbrochen 2-400. Intermittierende Herzaktion, nach jeder Unterbrechung ein heftiger Schlag, der ihm den Atem versetzte, gleichzeitig Blutandrang durch die Carotiden zum Kopf 3G-422. Häufig ein Gefühl, als wenn das Herz stehenbliebe, danach Blutandrang zum Herz und heftiges Herzklopfen eGT.

8 **Gefühl, als sei der Bauch am Brustkorb aufgehängt, oder als dränge von der Brust her alles zur Scheide heraus:**
(siehe IV-1-A-3: Abwärtsdrängen im Bauch wirkt sich bis zur Brust aus).

9 **Klumpen- oder Kloßgefühl hinter dem Sternum, in der Speiseröhre:**
(siehe: I-5-A-1: Globusgefühl im Oesophagus).
Gefühl eines Klumpens in der Mitte der Brust, der zwar durch Leerschlucken nach unten rutschte, hinterher aber wieder aufstieg 5G-189. Wie ein Klumpen unter dem Brustbein, der beim Schlucken sich auf und ab bewegt 14-375. Gefühl wie eine Kugel in der Mammagegend 24-22.

| SCHMERZEN DER BRUSTORGANE | Empfindungen / Zeit | IV-1-C |

10 Schwäche, Zittern an der Herzspitze:
Schwächegefühl um die Herzspitze, schlechter durch Sprechen *24-4*. Hat auch Gefühl von Zittern an der Herzspitze beim Sprechen *eG*. Herzflattern mit Zittern am Herz *r*. Gefühl von Zittern am Herz *ff*.

11 Scharfe, schneidende, stechende, schnelle Schmerzen:
Scharfe Schmerzen (li Brustseite → Kehle, Schlüsselbein, li Achselhöhle) *6G-381*; (li Brust) *27-7*; (li Brustwarze → Rücken) *b-5*. Scharfe und schnelle Schmerzen (li Brustseite) *5'AAG-386*. Sehr häufig schnelle, scharfe Schmerzen (li Brust) *14G-387*. Scharfe Stiche, danach dumpfes Ziehen (li Brustseite → Schlüsselbein) *6-388*. Scharfe, schneidende Schmerzen (Mammae) *6GT-396*. Heftige, schneidende Schmerzen (li Mamma → Schulterblatt) *6G-397*. Häufige stechende Schmerzen (li Mamma), und ein Gefühl von Ziehen (→ Schulter und Hals) *6G-398*. 2 mal ein scharfer Schmerz (Herzspitze) *7-410*. Ein gelegentlicher schneller Schmerz (um Herz) *16-411*. Schießende Schmerzen (li Brustseite) *17-63*. Heftige lanzinierende Schmerzen (re Achselhöhle) *17-65*. Schneidende Schmerzen (Mammae) *24-14*. Schneidende, feinstechende Schmerzen (li Mamma) *24-19*. Gefühl von Herzkrampf mit Stechen nach der li Achselhöhle *i-8*. Stechen am Herz *dd*; In der Herzgegend *ee*.

12 Kältegefühl am Herz:
Das Herz schüttelt sich richtig vor Kälte *9G-598*. Kältegefühl um das Herz *a-30*. Kältegefühl von der Herzspitze bis unter das li Schulterblatt *e*. Hitze- und Kältegefühl am Herz *dd*.

13 Hitzegefühl in der Brust:
Empfindung von Hitze und Blutandrang in der Brust *13-364,601*. Beklemmung und Hitze der Brust *13G-371*. Hitze- und Kältegefühl am Herz. Wärmegefühl in der Herzgegend *dd*. Hitzegefühl in der Herzgegend *ff*.

14 Ziehen:
Scharfe Stiche, danach dumpfes Ziehen (li Brustseite → Schlüsselbein) *6-388*. Ziehen (li Achselhöhle) *6-390*. Ein Gefühl von Ziehen (li Mamma → Schulter und Hals) *6G-398*. Ziehen und Schweregefühl (unter li Mamma) *cc*.

15 Feine, nagende, zuckende Schmerzen:
Feine, manchmal nagende Schmerzen, mit einem Gefühl, als wenn die Muskeln lahm oder wund wären und Neigung, die Teile zu dehnen (re Brustseite → Schulterblatt) *15-385*. Leichte, kurzdauernde, krampfartige Zuckungen um das Herz *13G-599*. Schneidende, feinstechende Schmerzen (li Mamma) *24-19*.

SCHMERZEN DER BRUSTORGANE Zeit

1 Nachmittags:
Nach 2 Uhr nachmittags (Beklemmung) *6-361*. Nachmittags, 2 Stunden lang, allmäh-

lich nachlassend (Blutandrang) *13-367.* Der Schmerz wurde heftiger um 2 Uhr nachmittags (stechend; li Mamma. Ziehen; → Schulter und Hals) *6G-398.* Den ganzen Nachmittag (Schwere; Herzgegend) *3G-399.* Schmerzen nachmittags und besonders nachts im Liegen, besser morgens und vormittags (Herzgegend) *2-408.*

2 **Abends bis in die Nacht:**
Stärker abends (Beklemmung, Blutandrang) *13-372.* Abends (Enge; li Brustseite) *6-377.* 6 Uhr abends, wird stärker nach dem Hinlegen (Zusammenschnüren; li Brustseite) *6-378.* 10 Uhr abends (Schmerzen und Schwere, wie ergriffen; li Mamma → Schulterblatt) *6-391.* Hält am Abend und in der Nacht an (dumpfes Wehtun; li Mamma und Schulterblatt) *6-395.* Schlechter nachts im Bett (Schwere; Herzgegend) *3-406.* Gegen Abend (Zusammenschnüren, Schraubstock; Herz) *9G-598.* Beginnt 7 Uhr abends und dauert die ganze Nacht (krampfartig, li Mamma und Finger) *22-15.* Abends im Bett (Herzbeklemmungen) *hh.*

3 **Wird nachts dadurch geweckt:**
(siehe: I-2-A-4: Wird durch Herzbeschwerden oder Brustschmerzen geweckt).
Nachts (scharf, schneidend; Mammae, li Mamma → Schulterblatt) *6GT-396;* (schneidend; li Mamma → Schulterblatt) *6G-397;* (drückend; li Brustseite) *17-66;* (Herzklopfen und Herzangst) *ee.*

4 **Frühmorgens:**
Stärker in der Nacht gegen Morgen (Zusammenschnüren; unteres Brustdrittel) *6G-369.* Gegen Morgen (Beklemmungsgefühl; unteres Brustdrittel) *6-374.* 2 Uhr morgens, dauerte bis nach dem Aufstehen morgens (Zusammenschnüren; li → re Brustseite. Scharf; → Kehle, Schlüsselbein, li Achselhöhle) *6G-381.* Besonders nachts um 4 Uhr (Blähungen → Herzstörungen) *s.*

5 **Morgens, vormittags:**
Am Vormittag (Auftreibung) *6-206.* 8 Uhr morgens (Beklemmung, Hitze, Blutwallung) *13G-371.* Morgens (scharfe Stiche, dann dumpfes Ziehen in der li Brustseite → Schlüsselbein) *6-388;* (li Mamma) *6-389.* Vormittags (Zuckungen um Herz) *13G-599.*

SCHMERZEN DER BRUSTORGANE   Modalitäten

1 **Liegen auf der rechten Seite verstärkt Herzbeschwerden:**
Heftiges Schlagen des Herzens und Klopfen der Carotiden, schlechter beim Liegen auf der Seite *8G-416.* Nervöses Herzklopfen oder Erstickungsgefühl, schlimmer beim Liegen auf der re Seite und besser beim Linksliegen *24-10.* Herzklopfen schlimmer bei Seitenlage *27-6.* Kann am besten auf der li Seite liegen, Liegen auf der re Seite macht Herzklopfen und Gefühl eines Gewichtes in der li Brustseite *eGT.* Legt sich am Abend auf die li Seite, weil dann die Herzbeschwerden viel leichter sind *q-2.* Herzklopfen schlechter beim Liegen auf der re Seite *dd; ee.*

2 **Druck bessert:**
Dumpf drückender Schmerz unter dem Brustbein, zum Mittellappen hin, besser durch Druck

SCHMERZEN DER BRUSTORGANE Modalitäten IV-1-D

mit den Händen *13.-376.* Schmerz, als würde das Herz heftig ergriffen, dadurch werden Herzschlag und Atmung unterbrochen, besser durch Reiben und Druck *2-400.*

3 **Liegen auf der schmerzhaften Seite verschlechtert. Kleiderdruck wird nicht ertragen:**

Heftiger Schmerz und Schweregefühl der li Mamma, Gefühl, als würde sie ergriffen, bis zum Schulterblatt und zur li Lumbargegend, nachdem sie eine Weile auf der li Seite gelegen hatte *6-391.* Heftige, schneidende Schmerzen in der li Mamma, bis zum Schulterblatt, schlechter durch Liegen auf der li Seite *6G-397.* Schneidende, feinstechende Schmerzen in der li Mamma, oder Gefühl von Zusammenschnüren und Schwere bis zur Basis der Scapula, schlechter beim Liegen auf der li Seite *24-19.* Herzklopfen, Schmerz in der Gegend der Herzspitze und über der Magengegend, kann die Berührung der Kleider nicht vertragen, ist sehr empfindlich gegen Berührung. Bloße Berührung an einer Stelle unter der li Brustdrüse erzeugt heftigen Schmerz *i-8.* Herzflattern beim Liegen auf der li Seite *p.* Brustschmerzen und Berührungsempfindlichkeit durch Tragen eines Büstenhalters *gg.*

4 **Liegen verschlechtert, Bewegung bessert:**

Zusammenschnüren in der li Brustseite, wird stärker nach dem Hinlegen *6-378.* Zusammenschnüren in der li Brustseite, → re; scharfe Schmerzen → Kehle, Schlüsselbein, li Achselhöhle, besser durch Lagewechsel *6G-381.* Dumpfer Schmerz und Zusammenschnüren in der li Mamma und Brustseite, mit Atembeklemmung, schlechter im Liegen *6-393.* Schmerz in der Herzgegend, stärker durch Liegen *14-404.* Schwere in der Herzgegend und Herzklopfen, schlechter nachts im Bett. Die Herzsymptome wurden so schlimm, daß ich das Mittel absetzen mußte *3-406.* Schmerz in der Herzgegend, stärker besonders nachts im Liegen *2A-408.* Klopfen des Herzens und der Arterien, nur beim Liegen im Bett oder während der Mittagsruhe *13-417.* Gefühl, als ob das Herz gequetscht würde, kann sich nicht hinlegen *eG.*

5 **Im Freien besser:**

Beklemmung und Hitze der Brust, eine Art Blutwallung, muß ins Freie gehen zur Erleichterung *13G-371.* Die meisten Symptome werden durch Gehen im Freien, in der frischen Luft gebessert und in einem engen, warmen Raum verschlechtert *22-41.* Möchte gern einen kühlen Raum, geht gern im Freien spazieren. Die meisten Beschwerden werden durch einen warmen Raum verschlechtert. Die Patientin glaubt zu ersticken in einem überfüllten Raum, im Theater, in der Kirche *25-12.* Gefühl, als würde das Herz stehen bleiben, heftiges Herzklopfen und scharfe Schmerzen von der li Brustwarze zum Rücken, besser im Freien *b-5.*

6 **Seufzen bessert:**

Beim Gehen, als ob alles im Becken nach unten drücken würde, so daß sie heftig einatmen muß, um den Thorax nach oben zu ziehen und das Becken von seinem Gewicht zu entlasten *7-245.* Gefühl von Zusammendrücken in der Brust, mit Erstickungsgefühl, etwas besser durch tiefes Seufzen *13GT-370.* Beklemmung der Brust besser durch Seufzen *13G-373.* Dumpf drückender Schmerz unter dem Brustbein, zum Mittellappen hin, besser durch

Seufzen *13-376*. Feine, manchmal nagende Schmerzen in der re Brustseite, mit Gefühl, alswenn die Muskeln lahm oder wund wären, und Neigung, die Teile zu dehnen *15-385*.

7 **Bücken, vorwärtsbeugen verschlechtert:**
Schmerz in der Herzgegend, stärker durch Bücken oder Vorwärtsbeugen *14-404*. Schmerz in der Herzgegend, stärker beim Bücken oder Vorwärtsbeugen. Der Schmerz dauerte mehr als 2 Wochen, nahm allmählich ab und konnte schließlich nur noch beim Vorwärtsbeugen oder Bücken gespürt werden. Der Schmerz war so unangenehm und anhaltend, daß ich die Prüfung abbrach *2-408*. Starke Schmerzen um das Herz, bis unter das Schulterblatt, Zusammenschnüren, Herz wie im Schraubstock, das Blut scheint alles zum Herzen geströmt zu sein, dadurch Gefühl, als müsse ich mich zusammenkrümmen, ich kann mich kaum aufrichten beim Nachhausegehen *9G-598*. Beim Bücken Stechen in der Herzgegend *ee*.

8 **Bewegung, Sprechen, Husten verschlechtert:**
Die Herzsymptome behinderten sehr stark beim Gehen; kurzatmig, besonders beim Treppensteigen, mußte stehenbleiben und sich ausruhen *7-401*. Plötzliches Herzflattern nach Gehen *7-413*. Ein gehetztes, zwingendes Gefühl um das Herz, mit Gefühl von Mattigkeit und Flattern, als wenn sie nichts tun könnte als ihre Arbeit niederzulegen und still zu sitzen, besser durch Ruhe *7G-415*. Herzflattern, Schwächegefühl um die Herzspitze, schlechter durch Sprechen *24-4*. Gefühl von Zittern an der Herzspitze beim Sprechen *eG*. Stechen am Herz beim Husten. Steifheit unter dem Sternum beim Bewegen des li Armes *dd*. Herzklopfen bis in den Hals, besser, wenn sie flach auf dem Rücken liegt *ee*.

9 **Nach dem Essen:**
Schwere und Druck um das Herz nach dem Essen. Dieses Symptom hat stark zugenommen und ist manchmal fast unerträglich *14-402*. Herzklopfen schlimmer nach Essen *27-6*. Dumpfer, drückender Herzschmerz, fast konstant, aber schlimmer durch jedes Essen, gleichgültig wie wenig *a-31*. Druck auf der Brust, besser durch Aufstoßen oder Erbrechen *aa*.

10 **Ablenkung bessert, Aufregung verschlechtert:**
Plötzliches Herzflattern nach Gehen, dies, wie andere Symptome, wird weniger empfunden, wenn sie sich stark beschäftigen kann *7-413*. Die Herzanfälle werden durch Aufregung verursacht. Aufregung macht Herzklopfen. Besser durch Beschäftigung mit der Arbeit (Herz wie gequetscht, Zittern an der Herzspitze, als würde das Herz stehen bleiben, danach Blutandrang zum Herz und heftiges Herzklopfen) *eG*. Aufregung macht Herzklopfen *gg*.

11 **Im Zusammenhang mit der Periode:**
Vor der Periode: Nervöses Herzklopfen oder Erstickungsgefühl *24-10*. Nach der Periode: Schneidende Schmerzen in der Mamma *24-14*. Mammaschmerzen während der Periode *gg*.

12 **Schlucken beeinflußt Kloßgefühl hinter dem Brustbein:**
(siehe I-5-A-1: Globusgefühl im Oesophagus).

SCHMERZEN DER BRUSTORGANE   Begleitsymptome

1 **Atemnot:**
(vgl. IV-1-D-6: Brustschmerzen besser durch Seufzen).
Kurzer Atem, Beklemmung 6—24—361. Gefühl von Zusammenschnüren im unteren Drittel der Brust, mit Atemnot 6G—9+11—369. Beklemmungsgefühl im unteren Drittel der Brust, mit Schweratmigkeit 6—8—374. Dumpfer Schmerz und Zusammenschnüren in der li Mamma und Brustseite mit Atembeklemmung, schlechter im Liegen 6—17—393. Erwachte plötzlich durch Schmerzen li, als würde das Herz heftig ergriffen und der Griff allmählich nachgelassen, besser durch Reiben und Druck, dadurch werden Herzschlag und Atmung unterbrochen 2A-400. Ein gelegentlicher schneller Schmerz um das Herz, mit angestrengtem Atmen beim schnellen Gehen oder Treppensteigen 16-411. Ein gehetztes, zwingendes Gefühl um das Herz, mit Gefühl von Mattigkeit und Flattern, fühlt sich gehetzt, als wenn sie schnell atmen müßte, tut es aber nicht 7G-415. Intermittierende Herzaktion, nach jeder Unterbrechung ein heftiger Schlag, der ihm den Atem versetzte 3G-422. Vor der Periode: Nervöses Herzklopfen oder Erstickungsgefühl, schlimmer beim Liegen auf der re Seite 24-10. Herzklopfen, das Herz läuft so schnell, daß ich schreien muß. Ich muß schreien, das bessert, sonst könnte ich nicht mehr atmen bb. Herzbeklemmung, Herzjagen, Poltern am Herz, mit Atembeschwerden hh.

Scharfe, schneidende Schmerzen in beiden Brustdrüsen, von der li Mamma zum li Schulterblatt und zum Rückgrat. — Schweres Atmen, häufiges Verlangen nach einem tiefen Atemzug, Seufzen 6—14—396,359. Dumpfes Wehtun in der li Brustdrüse und unter dem li Schulterblatt. — Häufiges Verlangen zu seufzen und kurzatmig 6—19aN—395,358. Li Mamma schmerzhaft, mit Stechen in der li Achselhöhle und Schulter. — Verlangen nach einem tiefen Atemzug, mit häufigem Seufzen, das aus dem Unterleib zu kommen scheint 6—31—390,357. Schweregefühl des Herzens. — Gefühl von Zusammendrücken in der Brust, mit Erstickungsgefühl, das, wie sie glaubte, gelindert werden konnte, wenn das Blut, das in ihrem Herzen eingeschlossen zu sein scheint, abgelassen werden könnte, etwas besser durch tiefes Seufzen 13—8—403.

2 **Herzklopfen und Pulsveränderungen:**
Scharfe und schnelle Schmerzen in der li Brustseite, mit Herzflattern 5'AAG-386. Erwachte plötzlich durch Schmerzen li, als würde das Herz heftig ergriffen und der Griff allmählich nachgelassen, dadurch werden Herzschlag und Atmung unterbrochen 2A-400. Schwere in der Herzgegend und Herzklopfen beim Linksliegen, schlechter nachts im Bett; die Herzsymptome wurden so schlimm, daß ich das Mittel absetzen mußte 3-406. Erwacht nachts durch unangenehmen Schmerz und Druck mit Herzflattern, der Schmerz war nicht scharf, sondern drückend 14GT-409. Blutgeschmack im Munde mit heftigem Blutandrang zur Brust; schwacher Herzschlag 22G-17. Dumpfer, drückender Herzschmerz, fast konstant, häufiges Herzklopfen a-31. Häufi-

ges Gefühl, als wenn das Herz stehenbliebe, danach Blutandrang zum Herzen, heftiges Herzklopfen und scharfe Schmerzen von der li Brustwarze durch die Brust zum Rücken *b-5*. Während der Anfälle Gefühl, als ob das Herz gequetscht würde, mit Atemnot. Hat auch Gefühl von Zittern an der Herzspitze beim Sprechen und häufig ein Gefühl, als ob das Herz stehen bliebe, danach Blutandrang zum Herzen und heftiges Herzklopfen. Kann am besten auf der li Seite liegen, Liegen auf der re Seite macht Herzklopfen und Gefühl eines Gewichtes in der li Brustseite *eGT*. Hat seit einiger Zeit Herzklopfen, Schmerz in der Gegend der Herzspitze und über der Magengegend *i-8*. Hat immer wieder Herzattacken, Gefühl, als würde das Herz von einer Faust gepackt und wieder losgelassen. Dabei Pulsieren in den Arterien des ganzen Körpers *q-2*. Herzflattern mit Zittern am Herzen, Brustschmerzen auf der Höhe der Erregungszustände *r*.

Gefühl von Zusammenschnüren in der li Brustseite, unter den falschen Rippen, von da bis zum Halse und zum li Schulterblatt. – Pulsieren aller Arterien *6—21—379,557*. Gefühl von Zusammendrücken in der Brust. – Schweregefühl des Herzens. – Puls klein und schwach *13—8—370,403,423*. Heftiger Blutandrang zur Brust. – Schwacher Herzschlag *13—24n—367,421*.

3 **Unterleibsschmerzen, Blasen- und Darmbeschwerden:**
(siehe IV-1-A-3: Abwärtsdrängen wirkt sich bis zur Brust aus).
Häufiger Urindrang tagsüber, mit Beißen in der Harnröhre, wenn dem Drang nicht sofort nachgegeben wird, kommt Blutandrang zur Brust *22-20*. Nach der Periode: Ovarialneuralgie, brennende, zuckende, feinstechende Schmerzen, mit schneidenden Schmerzen in den Mammae *24-14*. Die Herzbeschwerden alternieren mit den Uterinbeschwerden *25-6*. Abwärtsdrängen im Unterbauch und Becken, mit Herzklopfen Schwangerschaft: Morgens Übelkeit, häufiges reichliches Urinieren, Herzklopfen *a-27*. Herzbeschwerden, Schmerzen im Ovar, beide Beschwerden treten gemeinsam auf *t*. Blutabgang aus den Haemorrhoiden bessert die Herzbeschwerden *hh*.

Gefühl eines Klumpens in der Mitte der Brust. – Schwäche und Zittern in den Därmen. – Beim Stuhlgang heftiges Abwärtsdrücken in den Därmen und im Anus, mit Gefühl, als ob Durchfall kommen sollte, bei jeder Anstrengung wird nur eine kleine Menge Urin entleert. – Heftiger Stuhldrang, kann nicht warten. – Häufiger, aber spärlicher Urin *5—43—189,215,248,271,295*. Gefühl von Zusammenschnüren im unteren Drittel der Brust mit Atemnot. – Heftige schneidende Schmerzen in der li Mamma, bis zum Schulterblatt. – Häufiger Urindrang, nur wenig auf einmal, danach beißendes Brennen der Harnröhre, Urin milchig, mit dickem, rötlichem Sediment *6—9—369,397, 290*. Scharfe Stiche, danach dumpfes Ziehen in der li Brustseite, bis zum Schlüsselbein, morgens. – Schmerz in der li Mamma. – Flatulenz und ein Gefühl von Aufgeblähtsein der Därme nach Stuhlgang. – Urin dick, milchig, wie schmutzig, wenig, häufiger Drang, Wundheit und brennende Hitze nach dem Urinieren. – Dumpf ziehender Schmerz in der li Ovargegend *6—13m—388,389,211,309,325*. Häufiges Verlangen zu seufzen und kurzatmig. – Dumpfes Wehtun in der li Brustdrüse und unter dem li Schulterblatt. – Scharfe, schneidende Schmerzen in der li Ovargegend *6—19aN—358*,

395,329. Kurzer Atem, Beklemmung. – Häufige, stechende Schmerzen in der li Mamma und ein Gefühl von Ziehen bis zu Schulter und Hals. – Starkes Gefühl eines Gewichtes und Abwärtsdrängen im unteren Teil der Eingeweide. – Ziehen in der re Inguinalgegend. – Urin reichlich, rotes Sediment, beißende Reizung nach jedem Abgang *6–24,14⁰⁰–361,398,256,262,304.* Engegefühl der Brust. – Schießende Schmerzen in der li Ovargegend, Abwärtsdrängen im Stehen. – Die li Ovargegend wird druckempfindlich, der Schmerz wird greifend und geht durch den Unterbauch *6–27–363, 328,331.* Bemerkte einige sehr deutliche Herzsymptome, Herzflattern. – Schmerz im re Ovar *7–29–413,431.* Beklemmung und Hitze der Brust, eine Art Blutwallung. – Brennend heißer Urin *13–7–371,310.* Wenn dem Urindrang nicht nachgegeben wird, Blutandrang zur Brust. – Verstärkter Geschlechtstrieb *13–10–365,349.* Dumpf drückender Schmerz unter dem Brustbein, zum Mittellappen hin, besser durch Seufzen. – Häufiges Urinieren *13–15–376,294.* Schmerzen in der re Brustseite mit Druck und Gefühl von einem Gewicht. – Trockenes Hüsteln abends. – Kneifende Schmerzen im unteren Teil der Eingeweide, als wenn Durchfall kommen sollte, danach 4 lockere Stühle *15–6–385,356,242.*

4 **Übelkeit, Magenbeschwerden, Blutgeschmack im Munde:**
(siehe I-5-E-3: Übelkeit oder Magenschmerzen mit Globusgefühl; IV-1-B-5: Gefühl von Völle oder Auftreibung der Brust).
Brustbeklemmung mit Blutgeschmack im Munde und einem Gefühl wie eine Kugel in der Mammagegend *24-22.* Schwangerschaft: Morgens Übelkeit, Herzklopfen *a-27.* Herzanfälle, Gefühl, als ob das Herz gequetscht würde, nach den Anfällen Trockenheit von Mund und Hals *eG.* 10 bis 11 Uhr abends Beklemmungsgefühl mit Hunger *hh.*

Aufblähung von Magen und Darm, mit Rumpeln, abends. – Schwere in der Herzgegend und Herzklopfen beim Linksliegen, schlimmer nachts im Bett *3–4–195,406.* Appetitlosigkeit. – Abneigung gegen Kaffee, Übelkeit beim Darandenken. – Anhaltende Übelkeit und Gefühl eines Klumpens in der Mitte der Brust. – In den Därmen Gefühl wie aufgetrieben *5–43–168,179,189,225.* Häufige Anfälle von Herzklopfen. – Appetitlosigkeit. – Abneigung gegen Brot und Kaffee *5'–5–418,168,174.* Dumpfer Schmerz und Zusammenschnüren in der li Mamma und Brustseite, mit Atembeklemmung. – Ungewöhnliches Völlegefühl im Magen nach dem Essen, mit Druck nach oben *6–17–393,202.* Krampfhafte Schmerzen in der li Mamma und Schulter. – Appetit sehr gering, schnell satt. – Gefühl von starker Auftreibung der Därme nach der morgendlichen Entleerung und nach dem Essen *6–25–394,167,226.* Gefühl, als würden alle inneren Organe von den Brüsten an durch die Vagina nach außen gezogen. – Verlangen nach einem tiefen Atemzug, mit häufigem Seufzen, das aus dem Unterleib zu kommen schien. – Li Mamma schmerzhaft, mit Stechen in der li Achselhöhle und Schulter. – Hohles, leeres Gefühl im Magen und Darm. – Ungewöhnliche Auftreibung von Bauch und Brust *6–31–337,357,390,200,206.* Starke Schmerzen in und um das Herz, Zusammenschnüren. – Übelkeit *9–3–598,183.* Gefühl von Hitze und Blutandrang in der Brust. – Die gewöhnliche Zigarre ist ihm eklig und macht Wasserzusammenlaufen im Munde *13—1—601,175.* – Heftiger Blutandrang zur Brust. – Blutgeschmack im Munde. – Kein Appetit *13—24n—367,421,161,170.* – Schmerzen in der re Brustseite, mit Druck und Gefühl wie von einem Gewicht. – Trockenes Hüsteln abends. – Heißhunger für das Mittag- und Abendessen *15—6—385,356,164.*

5 **Augensymptome:**
Verschwommensehen, kann die Gegenstände nicht deutlich sehen. – Gefühl eines Klumpens in der Mitte der Brust *5—43—139,189.* Krampfhafte Schmerzen in der li Mamma und Schulter. – Intensive Schmerzen in beiden Augen, nach rückwärts in den Kopf. – Starkes Trübsehen *6—25—394,124,138.* Beklemmung und Hitze der Brust, eine Art Blutwallung. – Gefühl, als wären die Augen voller Tränen. – Wie ein Schleier vor Augen *13—7—371,126,145.* Gefühl von Zusammendrücken der Brust mit Erstickungsgefühl. – Schweregefühl des Herzens. – Graben von der Stirn abwärts in den Augapfel, er mußte blinzeln *13—8—403,96.* Blutandrang zur Brust. – Kopfschmerzen mit Tränen des li Auges *13—10—365,93.* Dumpf drückender Schmerz unter dem Brustbein, zum Mittellappen hin, besser durch Seufzen. – Schweregefühl der Augenlider und Trübsehen *13—15—376,132.* Beklemmung der Brust besser durch Seufzen. – Brennen in den Augen nach Lesen oder Schreiben, die Augen sind sehr schwach *13—23—373,125.* Heftiger Blutandrang zur Brust. – Schwacher Herzschlag. – Unscharf vor Augen *13—24n—367,421,140.* Die Schmerzen in der re Brust waren am Morgen weg. – Verschwommensehen und Trübsehen, Neigung, die Hände auf die Augen zu legen und zu drücken *15—5—385,142.*

6 **Kopfschmerzen:**
(siehe III-1-E-1: Kopfschmerzen mit Brustbeschwerden).

7 **Rückenschmerzen:**
(siehe III-2-E-8: Rückenschmerzen mit Herz- und Brustbeschwerden).

8 **Gliederschmerzen:**
(siehe III-3-B-4: Von der Brust zur Schulter; III-3-G-1: Gliederschmerzen mit Brustschmerzen oder Herzbeschwerden).

9 **Schwindel:**
(siehe I-3-D-6: Schwindel mit Herzklopfen oder Brustschmerzen).

10 **Temperatursymptome:**
(siehe II-4-G-1 und 2: Brustschmerzen, Herzklopfen mit Temperatursymptomen; I-5-E-1 und 2: Fieberschauder oder Hitze mit Brustschmerzen).

11 **Schwäche:**
(siehe I-4-E-6: Schwäche mit Herzstörungen oder Brustschmerzen; I-2-E-2: Müdigkeit mit Schmerzen).

AUGEN Sehen, Augenmuskeln IV-2-A

12 **Angst, Unruhe, Schlaflosigkeit:**
(siehe I-1-H-3: Geistesstörungen mit Brustschmerzen oder Herzbeschwerden; I-1-H-8: Oesophaguskrampf mit Angst; I-2-A-4: Wird durch Herzbeschwerden oder Brustschmerzen geweckt).

13 **Hautsymptome:**
(siehe II-1-C-5: Begleitsymptome der Haut).

AUGEN   Sehen, Augenmuskeln

1 **Verschwommensehen:**
Schwindligkeit und Schwächegefühl überall, Verschwimmen vor Augen, schlimmer in einem engen, heißen Raum *13G–24–55*. Verschwommensehen, kann die Gegenstände nicht deutlich sehen *5-139*. Unscharf vor den Augen, sehr stark 2 Stunden lang, dann allmählich nachlassend, nachmittags *13–24–140*. Verschwommensehen *14GT-141*. Verschwommensehen und Trübsehen, Neigung, die Hände auf die Augen zu legen und zu drücken *15-142*. Verschwommensehen durch Aufregung *bb*. Kann manchmal in der Schule nicht aufpassen, alles verschwimmt vor Augen *gg*.

2 **Trübsehen, Schleiersehen:**
Trübsehen *13–15–132,136; 9–6–143*. Schlechtes Sehen, das Trübsehen hält mehrere Monate an *16-137*. Starkes Trübsehen *6-138*. Verschwommensehen und Trübsehen, Neigung, die Hände auf die Augen zu legen und zu drücken *15-142*. Wie ein Schleier vor Augen *13–7–145*. Schatten oder Schleier vor Augen. Nebel vor Augen *hh*.

3 **Schwarzwerden vor Augen:**
(siehe I-1-E-3: Schwarzwerden vor Augen).

4 **Sehfehler, Astigmatismus, Hyperopie:**
Die Sehfähigkeit der Prüferin ist stark herabgesetzt, sie ist hyperopisch und benutzt eine 14er Brille. Jetzt kann sie sehr viel schlechter sehen. – Kann schlecht sehen. – Trübsehen. – Erst nach 4 Wochen erreichten meine Augen den alten Zustand, mit einer Ausnahme: Während ich früher ein Jahr lang immer meinen Kopf nach links drehte beim Lesen, und dadurch versuchte, mit dem linken Auge durch das rechte Brillenglas zu sehen, weil ich nur auf diese Weise einen ganzen Buchstaben wie b, p oder d sehen konnte, – anders konnte ich nur den senkrechten Teil, nicht den Bogen davon sehen – kann ich nunmehr deutlich sehen ohne den Kopf zu drehen *9–4,5,6,28–143*. Kopyopia hysterica, Brennen und Beißen der Lider, nur nicht in hellem Licht *a-6*. Jeder Versuch, in der Nähe zu arbeiten, macht Röte der Lidränder und heißes Sandgefühl in den Augen *a-7*. Hat einige Zeit immer genäht, bis ein allmählich zunehmender Schmerz in den Augen sie davon abhielt *f-1*. Lidränder rot und schorfig, Verschlechterung durch Gebrauch der Augen. Der Astigmatismus wurde geheilt *f-2*. Gebrauch der Augen macht Brennen und Beißen, dann Tränenfluß *f-3*.

5 Schielen, Augenmuskelschwäche, Augenmuskelkrampf:

Graben abwärts in den Augapfel, ich mußte blinzeln *13–8–96*. Brennen in den Augen nach Lesen und Schreiben, die Augen sind sehr schwach *13G–23–125*. Schweregefühl der Augenlider *13–15–132*. Sehr oft sind mit den Kopfbeschwerden die Augen nach innen gedreht, konvergierender Strabismus *25-14*. Beide recti interni weichen um 2° ab *a-6*. Krampfhaftes Zusammenziehen der Ciliarmuskeln *b-2*. Die Lider sind schwer, neigen zum Herabfallen, besonders morgens und abends *f-3*. Mittags große Schläfrigkeit und Schwere auf den Augen *i-5*.

6 Andere Sehstörungen:

Mouches volantes zu verschiedenen Zeiten *8G-146*. Zickzacklinie in allen Farben im Gesichtsfeld. Sieht nur die Hälfte manchmal *dd*. Kopfschmerzen mit Augenflimmern *ee*.

7 Schwindel wird in den Augen empfunden:

Eingenommenheit des Kopfes, eine Art Schwindligkeit, mehr in den Augen *13T–7–60*. Kopfschmerz mit Schwindel und Augenflimmern. Auf einen Punkt Sehen macht Schwindel *ee*.

AUGEN — Lider, Bindehaut, Tränenapparat

1 Tränenfluß:

Stirnkopfschmerzen, mit Tränen des li Auges *13G–9–93*. Kopfschmerzen, mit etwas Tränenfluß *13–6–100*. Gefühl, als wären die Augen voller Tränen den ganzen Tag *13–7–126*. Augen voll Wasser, nachmittags *13–5–134*. Das li Auge tränt *13–9–135*. Tränenfluß beim nach unten Sehen *aT-6*. Gebrauch der Augen macht Tränenfluß *f-3*.

2 Lidränder:

Lider verklebt *8-133*. Röte der Lidränder *a-7*. Lidränder rot und schorfig, besonders am Ciliarrand *f-2*. Rötung und Brennen der Unterlider, morgens eingetrocknet Schleim auf den Unterlidern *hh*.

3 Rötung, Entzündung:

Mattrötliche Injektion der Augen (morgens) *1-122*. Der äußere re Canthus ist stark entzündet, die Entzündung erstreckt sich bis zum inneren Canthus. Der innere Winkel des re Auges ist immer noch wund, schlechter in der frischen, besonders in der feuchtkalten Luft; die Sehfähigkeit ist nicht beeinträchtigt *8–74,90–123*. Jeder Versuch, in der Nähe zu arbeiten macht Röte der Lider *a-7*. Lidränder rot und schorfig *f-2*. Rötung und Brennen der Unterlider *hh*.

4 Augenausdruck verändert:

Meine Augen haben einen wilden Ausdruck und mein Mann fürchtet, daß ich wahnsinnig werden könnte *12-121*. Die Augen haben ihren Glanz und ihre Lebhaftigkeit verloren und sind ausdruckslos *17-16*. Das Gesicht ist kränklich, mit blauen Augenringen *17-22*. Überaus erregt, wild um sich blickend *r*.

AUGEN   Empfindungen

1 **Dumpfer, schwerer, drückender Schmerz über den Augen:**
(siehe III-1-A-3: Schmerz über den Augen).

2 **Kopfschmerz bis in die Augen:**
(siehe III-1-A-2: Kopfschmerz bis in die Augen).

3 **Herausdrängen, Völle, Druck:**
Eingenommenheit des Kopfes, mehr in den Augen *13T-60*. Völlegefühl im Kopf, besonders über den Augen *13T-73*. Völlegefühl im Kopf und Drücken von innen nach außen, als wenn der Inhalt durch jede Öffnung (Augen, Ohren usw.) herauskäme *10GT-74*. Heftiger Druck im re Auge, 2 Stunden lang *9-127*. Straffes, schmerzhaftes Ziehen durch Stirn und Augen *6-266*. Der früher periodische Schmerz in den Augen ist jetzt konstant, sie ist sich dauernd ihrer Augen schmerzhaft bewußt *f-1*.

4 **Beißen, Brennen, Wundheit:**
Der innere Winkel des re Auges ist immer noch wie wund *8—90—123*. Brennen in den Augen nach Lesen oder Schreiben *13G-125*. Die Augen sind sehr schmerzhaft, beißen, muß sie oft schließen, Licht ist schmerzhaft. — Die Augen tun sehr weh, muß die Prüfung abbrechen *9—5,6—143*. Augen sehr empfindlich gegen künstliches Licht, unerträglich brennende Schmerzen dadurch, das li Auge ist später in gleicher Weise betroffen *8G-144*. Brennen und Beißen der Lider *a-6*. Jeder Versuch, in der Nähe zu arbeiten, macht heißes Sandgefühl in der Bindehaut *a-7*. Vielfach Gefühl in den Lidern wie roh und wund, die Bindehaut brennt und beißt *f-2*. Gebrauch der Augen macht Brennen und Beißen *f-3*. Stechen in den Augen *i-5*. Rötung und Brennen der Unterlider *hh*.

5 **Wärme- oder Kältegefühl:**
Hitze und Schmerz in der Stirn über den Augenbrauen, bis zu den Augen *6-83*. Heißer Schmerz um Stirn und Augen *6-84*. Hitze in den Lidern und Augen, anhaltend und sehr unangenehm *14AGT-141*. Kältegefühl der Augen im Freien *17-60*.

6 **Andere Schmerzen:**
Drückende Schmerzen im Winkel zwischen Stirn und li Schläfe, mit Graben abwärts in den Augapfel *13-96*. Wundheitsschmerz durch die Stirn und die Augen, ein Gefühl, als wären die Teile geschlagen worden *6-103*.

AUGEN   Zeit

1 **Nachmittags und abends:**
Begann nachmittags und nahm am Abend noch zu (Kopfschmerz mit Tränen des li Auges) *13G-93.* Abends (Kopfschmerz mit Tränenfluß) *13-100.* Nachmittags (Augen voll Wasser) *13-134;* (Unscharf vor Augen) *13-140.* Besonders morgens und abends (Herabfallen der Lider) *f-3.*

2 **Morgens:**
8 Uhr morgens (Schwindligkeit mehr in den Augen) *13T-60;* (Schleier vor Augen) *13-145.* Morgens (Injektion) *1-122.* Besonders morgens und abends (Herabfallen der Lider) *f-3.*

3 **Andere Zeiten:**
Schlimmer nachts (intensive Schmerzen in beiden Augen → Kopf) *6G-124.* Mittags (Schläfrigkeit und Schwere auf den Augen) *i-5.*

AUGEN   Modalitäten

1 **Muß die Hände auf die Augen legen, blinzeln:**
Ich mußte blinzeln (Graben abwärts in den Augapfel) *13-96.* Verschwommensehen und Trübsehen, Neigung, die Hände auf die Augen zu legen und zu drücken *15-142.* (Schmerzen in den Augen). Während einer Unterhaltung muß sie häufig die Augen schliessen und mit den Fingern auf die Augäpfel drücken, diese Bewegung wird jetzt schon automatisch ausgeführt *f-1.*

2 **Augenanstrengung, Lesen verschlechtert:**
Nach Lesen oder Schreiben (Brennen in den Augen) *13G-125.* Jeder Versuch, in der Nähe zu arbeiten macht Röte der Lidränder und heißes Sandgefühl in der Bindehaut *a-7.* Hat einige Zeit immer genäht, bis ein allmählich zunehmender Schmerz in den Augen sie davon abhielt. Jede Anstrengung, etwas zu sehen, macht Schmerzen *f-1.* Lidränder rot und schorfig, Verschlechterung durch Gebrauch der Augen *f-2.* Gebrauch der Augen macht Brennen und Beißen, dann Tränenfluß und schließlich Photophobie *f-3.*

3 **Licht verschlechtert, besonders künstliches; muß die Augen schließen:**
Die Augen sind sehr schmerzhaft, beißen, muß sie oft schließen, Licht ist schmerzhaft, Dunkelheit angenehm *9-143.* Augen sehr empfindlich gegen künstliches Licht, unerträglich brennende Schmerzen dadurch *8G-144.* Brennen und Beißen der Lider, nur nicht in hellem Licht *a-6.* Jedes Licht ist schmerzhaft, besonders künstliches *f-1.* Das Licht, besonders künstliches Licht, ist häufig unangenehm *f-2.* Gebrauch der Augen macht schließlich Photophobie *f-3.*

| AUGEN | Modalitäten / Begleitsymptome | IV-2-F |

4 **Besser im Freien:**
Schlechter in einem engen, heißen Raum und besser, wenn die frische Luft auf den unbedeckten Kopf und Gesicht bläst (Verschwimmen vor Augen) *13G-55*. Abends im warmen Raum (Kopfschmerz mit etwas Tränenfluß) *13-100*. Augen immer besser im Freien *aT-6*. Lidränder rot und schorfig, Verschlechterung durch Hitze *f-2*.

5 **Schlechter im Freien, durch Wind:**
Schlimmer in der frischen, besonders in der kalt-feuchten Luft (re innerer Canthus wie wund) *8-123*. Kältegefühl der Augen im Freien *17-16*. Lidränder rot und schorfig, Verschlechterung durch Wind *f-2*.

6 **Andere Modalitäten:**
Brennen und Beißen der Lider, nur nicht in hellem Licht. Tränenfluß beim nach unten Sehen *a-6*. Lidränder rot und schorfig, Verschlechterung durch Schlafmangel *f-2*. Verschwommensehen durch Aufregung *bb*. Schwarzwerden vor Augen beim Aufrichten vom Bücken, durch Schmerzen *gg*.

AUGEN Begleitsymptome

1 **Geistessymptome:**
(siehe I-1-H-4: Schwindel, Sehstörungen, Kreislaufstörungen bei Geistessymptomen).

2 **Schwäche, Müdigkeit:**
(siehe I-2-E-5: Müdigkeit, Schwere der Augenlider und andere Augensymptome; I-4-E-4: Schwäche und Augensymptome).

3 **Schwindel:**
(siehe I-3-D-3,8: Schwindel mit Sehstörungen und Tränenfluß).

4 **Temperatursymptome:**
(siehe II-4-G-9: Temperatursymptome mit Augensymptomen).

5 **Kopfschmerzen:**
(siehe III-1-E-9: Kopfschmerzen und Augensymptome).

6 **Rückenschmerzen:**
(siehe III-2-E-11: Rückenschmerzen und Augensymptome).

7 **Gliederschmerzen:**
(siehe III-3-G-10: Gliederschmerzen und Augensymptome).

8 **Brustschmerzen:**
(siehe IV-1-E-5: Brustschmerzen und Augensymptome).

9 **Übelkeit, Appetitlosigkeit, Magenschmerzen:**
Mattrötliche Injektion der Augen. − Erbrechen *1−2−122,194*. Verschwommensehen, kann die Gegenstände nicht deutlich sehen. − Appetitlosigkeit. − Abneigung gegen Kaffee, Übelkeit beim Darandenken. − Anhaltende Übelkeit und Gefühl eines Klumpens in der Mitte der Brust, der zwar durch Leerschlucken nach unten rutschte, hinterher aber wieder aufstieg *5−43−139,168,179,189*. Kann schlechter sehen, die Augen sind sehr schmerzhaft, beißen, muß sie oft schließen. − Plötzlich entstehende Übelkeit. − Dumpfes Schweregefühl im Magen *9−4,5−143,181,187,201*. Schwindligkeit, Verschwimmen vor Augen. − Unscharf vor Augen. − Blutgeschmack im Munde. − Kein Appetit *13−24n−55,140,161,170*.

10 **Unterbauchschmerzen, Darm- und Blasensymptome:**
Verschwommensehen, kann die Gegenstände nicht deutlich sehen. − Schwäche und Zittern in den Därmen. − In den Därmen Gefühl wie aufgetrieben. − Gefühl wie Zittern im Bauch. − Beim Stuhlgang heftiges Abwärtsdrücken. − Heftiger Stuhldrang, kann nicht warten. − Häufiger, aber spärlicher Urin *5−43−139,215,225,238,248,271,295*. Kann schlechter sehen, die Augen sind sehr schmerzhaft, beißen, muß sie oft schliessen. − Schmerz in der re Ovargegend, schlechter beim Gehen *9−4,5−143,326*. Gefühl, als wären die Augen voller Tränen. − Wie ein Schleier vor Augen. − Brennend heißer Urin *13−7−126,145,310*. Kopfschmerz mit Tränen des li Auges. − Verstärkter Geschlechtstrieb. − Wenn dem Urindrange nicht nachgegeben wird, Blutandrang zur Brust *13−10−93,349,365*. Schweregefühl der Augenlider und Trübsehen. − Häufiges Urinieren *13−15−132,294*.

OHREN

1 **Gefühl von Herausdrängen aus den Ohren:**
Völle im Kopf und Drücken von innen nach außen, als wenn der Inhalt durch jede Öffnung (Augen, Ohren usw.) herauskäme *10GT-74*. Drückendes Völlegefühl in der Schläfen- und Stirnregion des Gehirns, wie ein Bersten, das durch Druck gebessert wird, Gefühl in den Ohren und in der Umgebung der Ohren, als würde etwas herausgedrückt *12-106*. Schießender Schmerz von unten her in die Ohren hinein, mehrere Wochen lang *17-17*.

2 **Ohrgeräusche:**
Rauschen wie von einer Flüssigkeit durch den Kopf, gewöhnlich von re nach li *14GT-77*. Leichtes Rauschen in beiden Ohren, nach dem Zubettgehen *4G-147*. Singen unter der Schädeldecke. Nebel vor den Augen und Sausen in den Ohren *hh*.

3 **Anderes:**
Brennen der Ohren und Schmerz im li Ohr *17-18*.

NASE

1 Kopfschmerzen besser durch Niesen:
Heftiger, heißer Schmerz durch den ganzen Kopf, hielt ungefähr 2 Stunden an, verschwand fast vollkommen durch häufiges Niesen, das ungefähr um 10 Uhr abends begann, der Kopf wurde plötzlich ganz klar *6G-66*.

2 Nasenbluten:
Kopfschmerz, Schwere, als wenn zu viel Blut im Kopf wäre, Blutandrang, Blut läuft heraus, wenn man die Nase putzt *8GT-75*. Nasenbluten, dumpfes Schweregefühl im Kopf *17-20*. Nasenbluten den ganzen Tag in kurzen Abständen *17-21*.

3 Gelbgefärbter Nasenschleim:
Profuse Absonderung von gelbem Schleim aus der Nase *1-150*. Das Erbrochene ist von der gleichen gelben Farbe wie die Nasenabsonderung *1-194*. Dicker, gelber Nasenausfluß *ff*.

4 Wässrige Nasenabsonderung:
Etwas Absonderung von dünnem, klarem Nasenschleim *1-149*. Manchmal wässrige Absonderung aus dem li Nasenloch, wie klares Wasser, jedesmal nur ein Tropfen *a-26*.

5 Verstopfung der Nase:
Das re Nasenloch ist fast verstopft, die Schleimhaut beider Nasenlöcher sehr blaß *1-151*. Das re Nasenloch trocken und verstopft *14GT-152*. Schmerz in der re Gesichtsseite, scheinbar im Jochbein, mit Verstopfung des re Nasenloches und einem Gefühl im Kopf, wie von einem heftigen Schnupfen *5G-156*. Schläft mit offenem Mund. Wenn ich Fisch esse, ist es mir im Gaumen, als wenn ich einen Schnupfen kriegen würde *dd*. Nase immer verstopft und wund *gg*.

6 Reibt die Nase oder zupft an der Nase:
Sie rieb heftig ihre Nase *1-148*. Dauerndes Verlangen, an der Nase zu zupfen *14GT-152*.

7 Schmerzen in der Nase:
Stirnkopfschmerzen und schießender Schmerz die Nase hinunter *17-11*. Schmerzen vom Kopf in die Nase *17-19*. Zusammenkrampfen in der Nasenwurzel *jj*.

8 Ausschlag in der Nase und gleichzeitig in der Vulva:
Trockene, mehlige Stellen auf der Schleimhaut zwischen großen und kleinen Schamlippen, jucken unerträglich. Eine Stelle auf der li Seite des Nasenseptums, die ähnlich wie der Ausschlag in der Vulva aussieht *a-26*.

9 Begleitsymptome:
Kopfschmerz, Schwere, als wenn zu viel Blut im Kopf wäre, Blutandrang, Blut läuft

heraus, wenn man die Nase putzt *8GT-75*. Nasenbluten, dumpfes Schweregefühl im Kopf *17-20*.

Heftiger, heißer Schmerz durch den ganzen Kopf, hielt ungefähr 2 Stunden an, verschwand fast vollkommen durch häufiges Niesen, das ungefähr um 10 Uhr abends begann, der Kopf wurde plötzlich ganz klar. — Anus steif und schmerzhaft, mit schmerzhaftem Ziehen durch Stirn und Augen. — Häufiger und starker Urindrang, geringe Menge, Urin milchig, rotes Sediment beim Stehenlassen, mit Beißen und Reizung nach jedem Abgang *6—26—66,266,292*.

MUND

1 **Trockener Mund und Hals:**
Dysenterie: Mund trocken, Durst nach großen Mengen von Wasser *aT-8*. Nach den Herzanfällen Trockenheit von Mund und Hals *eG*.

2 **Speichelfluß:**
Übermäßig viel Speichel *6GT-160*. Die gewöhnliche Zigarre ist ihm eklig und macht Wasserzusammenlaufen im Munde *13-175*.

3 **Bitterer oder süßer Geschmack auf der Zungenwurzel:**
Bitterer Geschmack im Munde *17-27*. Auf der Zungenwurzel zuerst süßer, dann bitterer Geschmack *17-28*. Bitterer Mundgeschmack, wenn sie Hunger hat *ee*.

4 **Blutgeschmack im Munde:**
Blutgeschmack im Munde, nachmittags, 2 Stunden lang, dann allmählich nachlassend *13-161*.

5 **Gefühl, wie ein Belag in Mund und Hals. Zunge weiß belegt:**
Nachts beim Erwachen Gefühl in Mund und Hals, wie von einem Belag *4-159*. Zunge weiß belegt *17-29*. Zunge morgens weiß belegt *ee*.

6 **Zahnschmerzen:**
Schmerzhaftes Grimmen in der re Kopfseite und in den re Zähnen *7-113*. Dumpfer Schmerz in der re Gesichtsseite (Kiefer) mit Gefühl von Verlängerung der Zähne *6-157*. Grimmen in einem hohlen Zahn *6-158*. Schmerz in einem hohlen Backenzahn, mit großer Empfindlichkeit gegen kalte Sachen *17-26*. Hat viel Magenschmerzen, heftig ausstrahlend nach Brust und Rücken, oft sogar bis in die Zähne fahrend *i-5*.

7 **Begleitsymptome:**
Die gewöhnliche Zigarre ist ihm eklig, und macht Wasserzusammenlaufen im Munde *13-175*. Stühle häufig, blutig, schleimig. Immer fortgesetzter Drang und viel Rückenschmerzen. Erwacht 3 Uhr nachts; Mund trocken, Durst nach großen Mengen Wasser *aT-8*. Herzanfälle, Gefühl, als wenn das Herz gequetscht würde, nach den Anfällen

Schwäche, Taubheit des re Unterschenkels von den Zehen bis über das Knie, Kälteschauder mit Zähneklappern, Trockenheit von Mund und Hals, und Gefühl, als würde der Rücken nach hinten gezogen *eG*. Ohnmachtsgefühl, besser durch Essen. Bitterer Mundgeschmack, wenn sie Hunger hat. Zunge morgens weiß belegt *ee*.

Nachts beim Erwachen Gefühl in Mund und Hals wie von einem Belag. – Nach dem Zubettgehen nahm die Eingenommenheit des Kopfes zu. – Fortgesetztes Schweregefühl im Kopf, nachts. – Leichtes Rauschen in beiden Ohren, nach dem Zubettgehen. – Die Blase wurde in 10 Stunden 4 mal entleert in der Nacht. – Ständiger, nicht sehr heftiger Schmerz in der Lumbargegend nachts. – Schlief fest, ohne viel zu träumen. Um Mitternacht erwachte er plötzlich und entleerte die Blase 4–1–*159,50,62,147,300,435, 574*. Übermäßig viel Speichel. – Schweregefühl im Kopf. – Drückender Schmerz und Hitze in der Stirn. – Übelkeit. – Kneifende Schmerzen nach jedem Durchfall. – Schmerz in der re Hüfte und den Oberschenkel hinunter. – Große Hinfälligkeit. – Heiße Hände 6–23–*160,61,95,183,229,479,548,623*. Blutgeschmack im Munde. – Große Schwierigkeit, mich auf meine Lektion zu konzentrieren. – Schwindligkeit. – Schwindligkeit und Schwächegefühl überall, Verschwimmen vor Augen, Angst zu fallen. – Heftiger, li-seitiger Kopfschmerz. – Unscharf vor den Augen. – Kein Appetit. – Heftiger Blutandrang zur Brust. – Schwacher Herzschlag. – Ohnmachtsgefühl 13–24n–*161,41, 54,55,115,140,170,367,421,550*.

HALS, KEHLKOPF, SPEISERÖHRE

1 **Übelkeit und Gefühl eines Kloßes in der Speiseröhre, der durch Schlucken herunterrutscht, dann aber wieder aufsteigt:**
Anhaltende Übelkeit und Gefühl eines Klumpens in der Mitte der Brust, der zwar durch Leerschlucken nach unten rutschte, hinterher aber wieder aufstieg *5G-189*. Wie ein Klumpen unter dem Brustbein, der beim Schlucken sich auf und abbewegt *14-375*. Aufsteigen einer Kugel bis in den Hals, die zum Schlingen nötigt, wodurch sie hinuntergeht, um gleich wieder aufzusteigen *i-5*. Gefühl von Zusammenschnüren im Oesophagus, zum Schlingen nötigend und Angst verursachend *i-6*. Vormittags leidet sie an Übelkeit, Gefühl eines Strangs im Halse, zum Schlingen nötigend *i-9*. Kloßgefühl im Halse, muß schlucken *bb*. Muß immer schlucken. Da hängt etwas hinten im Hals, das geht nicht rauf und nicht runter. Das Aufstoßen bleibt in der Speiseröhre stecken. Gefühl, als wären zwei Stränge im Hals zu kurz *dd* Gefühl, wie ein Kloß im Hals, dann Hunger *gg*. Gefühl eines Kloßes im Hals und Zusammenziehen vor öffentlichem Auftreten *hh*. Kloßgefühl im Hals bei Angstgefühlen, bringt dann kein Essen herunter *jj*.

2 **Kann einen engen Kragen nicht vertragen:**
Enger Kragen wird nicht vertragen *r*. Ein enger Kragen wird nicht vertragen *bb*. Enger Kragen wird nicht vertragen *dd*. Das Nachthemd muß offen sein *ff*. Trägt den Kragen immer offen *gg*.

3 **Trockenheit im Halse; muß immer schlucken:**
Stechende Schmerzen und Trockenheit im Schlunde, muß fast dauernd schlucken *17-31*. Nach den Herzanfällen Trockenheit von Mund und Hals *eG*. Schläft mit offenem Mund, nachts Aufwachen mit dem Gefühl, als wenn der Rachen ganz steif und trocken wäre. Muß immer schlucken *dd*   Immer trockener Hals und Rachen *ee*.

4 **Kratzen, Brennen, Wundheit, Stechen:**
Kratzende und beißende Schmerzen im Schlunde *17-30*.   Stechende Schmerzen und Trockenheit im Schlunde *17-31*   Brennen und Wundheit im Schlunde *17-32*.   Nach Behandlung: Magenschmerz steigt hinauf in den Hals und sticht daselbst *i-5*.

5 **Schleimräuspern:**
Dauernder Brechreiz, mit häufigem Schleimräuspern aus dem Halse *3GT-193*. Zäher Schleim im Halse *17-34*.   Schleimräuspern, mit anhaltender Übelkeit *cG-2*.

6 **Heiserkeit:**
Die Stimme ist in Mitleidenschaft gezogen, beim Versuch zu singen kann sie sie nicht kontrollieren *15-354*.

7 **Ziehende Schmerzen von der Brust bis zum Hals:**
Gefühl von Zusammenschnüren in der li Brustseite, unter den falschen Rippen, von da bis zum Hals und zur li Schulter *6G–21–379*.   2 Uhr morgens wie ein Zusammenschnüren in der li Brustseite, hinüber zur anderen Seite und scharfe Schmerzen zur Kehle hinauf, zum Schlüsselbein und zur li Achselhöhle, besser durch Lagewechsel, dauerte aber bis nach dem Aufstehen morgens *6G–16–381*.   Häufige stechende Schmerzen in der li Mamma, und ein Gefühl von Ziehen bis zu Schulter und Hals, der Schmerz wurde heftiger um 2 Uhr nachmittags und ging bis zum Hals *6–24–398*.

8 **Herzklopfen bis in den Hals:**
Herzklopfen bis in den Hals *ee; hh*.

9 **Sodbrennen:**
Brennen in der gesamten Speiseröhre, durch Aufstoßen einer brennenden Flüssigkeit *17-33*.   Sodbrennen *dd*.   Sodbrennen nach Genuß von Gurken oder nach Rauchen *hh*.

10 **Befunde:**
Fauces rot *17-35*.   Drüsen an der li Halsseite geschwollen *23-29*. Schilddrüse auf der re mehr als auf der li Seite, deutlich tast- und sichtbar, von weicher Beschaffenheit und pulsierend *r*.

11 **Begleitsymptome:**
Schleimräuspern, mit anhaltender Übelkeit *cG-2*. Hat besonders viel Magenschmerzen, heftig ausstrahlend nach Brust und Rücken, oft sogar bis in die Zähne fahrend, sich im Bauch festsetzend. Aufsteigen einer Kugel bis in den Hals, die zum Schlingen nötigt, wodurch sie hinuntergeht, um gleich wieder aufzusteigen. — Nach Behandlung: Schmer-

zen nur mehr an einem Punkt und besonders abends, steigen dann hinauf in den Hals und stechen daselbst *i-5*. Vormittags leidet sie an Übelkeit, Gefühl eines Strangs im Halse, zum Schlingen nötigend, dann geht der Schmerz nach dem Magen, fährt durch den Unterleib und strahlt in die Extremitäten, besonders die Finger, aus, mit Prickeln *i-9*. Aufstoßen nach dem Essen. Das Aufstoßen bleibt in der Speiseröhre stecken. Sodbrennen *dd*. Gefühl wie ein Kloß im Hals, dann Hunger *gg*. Kloßgefühl im Hals bei Angstgefühlen, bringt dann kein Essen herunter *jj*.

Dauernder Brechreiz, mit häufigem Schleimräuspern aus dem Halse. – Übelkeit, Brechreiz. – Starke Auftreibung des Magens, mit häufigem Aufstoßen und Blähungsabgang. – Sehr unangenehmes Gefühl in den Därmen. – Hitze und Druck im Hypogastrium. – Darmentleerung, dunkel und hart, danach starke Hitze in Rectum und Anus, mit leichten Bauchschmerzen. – Schnelle Schmerzen in den Beinen. – Eine kleine Stelle auf der Innenseite des li Oberschenkels ist manchmal sehr schmerzhaft. – Schwäche und Schmerzen in den Knien beim Gehen. – Dumpfer, bohrender Schmerz auf dem li Fußrücken *3–2,11³⁰–193,185,196,217,240,281,478,488,493,508*.

LUNGEN, LUFTRÖHRE

1 **Verlangen nach einem tiefen Atemzug, muß seufzen, Seufzen bessert Brustbeklemmung:** (siehe IV-1-D-6: Seufzen bessert Brustschmerzen).
Verlangen nach einem tiefen Atemzug, mit häufigem Seufzen, das aus dem Unterleib zu kommen schien *6G-357*. Häufiges Verlangen zu seufzen und kurzatmig, abends und nachts *6G-358*. Schweres Atmen, häufiges Verlangen nach einem tiefen Atemzug, Seufzen *6-359*. Fühlt sich gehetzt, als wenn sie schnell atmen müßte, tut es aber nicht *7-415*. Tief Durchatmen bessert den Schwindel. Ich kriege keine Luft, ich kann nicht richtig atmen, wenn ich aufgeregt bin. Ich muß schreien, das bessert, sonst könnte ich nicht mehr atmen *bb*.

2 **Kurzatmigkeit, Atemnot:**
(vgl. IV-1-B-2: Zusammenschnüren, Enge, Beklemmung der Brust).
Kurzatmig, abends und nachts *6G-358*. Schweres Atmen *6-359*. Kurzer Atem *6-360*. Kurzer Atem, Beklemmung (nach 2 Uhr nachmittags) *6-361*. Gefühl von Zusammenschnüren im unteren Drittel der Brust, mit Atemnot, stärker in der Nacht gegen Morgen *6G-369*. Beklemmungsgefühl im unteren Drittel der Brust, mit Schweratmigkeit gegen Morgen *6-374*. Herzschmerzen, dadurch werden Herzschlag und Atmung unterbrochen *2A-400*. Kurzatmig, besonders beim Treppensteigen *7-401*. Herzanfälle mit Atemnot *eG*. Vor der Periode: Dyspnoe *i-4*.

3 **Erstickungsgefühl:**
Vor der Periode: Nervöses Herzklopfen oder Erstickungsgefühl, schlimmer beim Liegen auf der re Seite *24-10*. Die Patientin glaubt zu ersticken in einem überfüllten Raum, im Theater, in der Kirche *25-12*.

4 **Husten:**
Ein einzelner, trockener Hustenstoß 7-355. Trockenes Hüsteln abends, besser im Freien 15-356. Stechen am Herz beim Husten dd.

5 **Zeit:**
Häufiges Verlangen zu seufzen und kurzatmig, abends und nachts 6G-358. Gefühl von Zusammenschnüren im unteren Drittel der Brust, mit Atemnot, stärker in der Nacht gegen Morgen 6G-369. Beklemmungsgefühl im unteren Drittel der Brust, mit Schweratmigkeit gegen Morgen 6-374. Trockenes Hüsteln abends 15-356.

6 **Modalitäten:**
Trockenes Hüsteln abends, besser im Freien 15-356. Die Herzsymptome behinderten sie stark beim Gehen, kurzatmig, besonders beim Treppensteigen, mußte stehenbleiben und sich ausruhen 7-401. Vor der Periode: Nervöses Herzklopfen oder Erstickungsgefühl, schlimmer beim Liegen auf der re Seite und besser beim links Liegen 24-10. Die Patientin glaubt zu ersticken in einem überfüllten Raum, im Theater, in der Kirche 25-12. Vor der Periode: Dyspnoe i-4. Ich kriege keine Luft, ich kann nicht richtig atmen, wenn ich aufgeregt bin. Ich muß schreien, das bessert, sonst könnte ich nicht mehr atmen bb. Herzbeklemmungen, Herzjagen, mit Atembeschwerden, abends im Bett. Allgemein besser durch frische Luft hh. Verträgt schlechte Luft nicht gut jj.

7 **Begleitsymptome:**
(siehe IV-1-E-1: Brustschmerzen und Herzbeschwerden mit Atemnot).
Schweres Atmen, häufiges Verlangen nach einem tiefen Atemzug, Seufzen. – Heftiger, heißer Schmerz in der Stirn, mit Hinfälligkeit. – Schläft nicht mehr nach 2 Uhr morgens. – Unruhiger Schlaf. – Schreckliche und qualvolle Träume. – Große Hitze in den Armen und Beinen, mit Klopfen der Adern. – Feuchtigkeit in den Handflächen 6–14–359,85,582,585,592,621,629. Häufiges Verlangen zu seufzen und kurzatmig. – Scharfe, schneidende Schmerzen in der li Ovargegend, durch den Unterbauch hindurch 6–19aN–358,329. Kurzer Atem, Beklemmung. – Starkes Gefühl eines Gewichtes und Abwärtsdrängen im unteren Teil der Eingeweide. – Ziehen in der re Inguinalgegend. – Sehr heiße Hände 6–24n–361,256,262,625. Verlangen nach einem tiefen Atemzug, mit häufigem Seufzen, das aus dem Unterleib zu kommen schien. – Dauernd voller Kummer. – Kopf sehr heiß. – Dumpfer Schmerz in der re Gesichtsseite mit Gefühl von Verlängerung der Zähne. – Grimmen in einem hohlen Zahn. – Hohles, leeres Gefühl im Magen und Darm. – Ungewöhnliche Auftreibung von Bauch und Brust. – Heftiges Abwärtsdrücken in den Geschlechtsteilen. – Hände und Unterarme steif und heiß wie ausgedörrt. – Unruhig. – Wachsein in der Nacht, der Schlaf gestört durch qualvolle Träume 6–31–357,18,65,157,158,200,206,337,463,536,579. Ein einzelner, trockener Hustenstoß. – Die Herzsymptome behinderten sehr stark beim Gehen, kurzatmig, besonders beim Treppensteigen. – Gedanken und Gefühle stumpf. – Sexuelles Verlangen jetzt stark 7–32–355,401,33,348. Trockenes Hüsteln abends,

LUNGEN / HERZ   IV-8

besser im Freien. – Heißhunger für das Abendessen. – Kneifende Schmerzen im unteren Teil der Eingeweide, mit Unruhe und Müdigkeit, danach 4 lockere Stühle. – Schmerz im unteren Rücken. – Kummervolle und unangenehme Träume *15–6–356, 164,242,440,591.*

HERZAKTION
(Herzschmerzen, Modalitäten und Begleitsymptome siehe IV-1)

1 **Zittern oder Schwäche an der Herzspitze durch Sprechen:**
Ein gehetztes, zwingendes Gefühl um das Herz, mit Gefühl von Mattigkeit und Flattern, als wenn sie nichts tun könnte, als ihre Arbeit niederzulegen und still zu sitzen, besser durch Ruhe *7G-415.* Schwächegefühl um die Herzspitze, schlechter durch Sprechen *24-4.* Hat auch Gefühl von Zittern an der Herzspitze beim Sprechen *eGT.* Zittern am Herz *r.* Schwächegefühl in der Brust nachts. Schwächegefühl am Herz *dd.* Gefühl von Zittern am Herz *ff.*

2 **Gefühl, als wolle das Herz stehen bleiben; Extrasystolen:**
Erwachte plötzlich durch Schmerzen, als würde das Herz heftig ergriffen, dadurch wurden Herzschlag und Atmung unterbrochen *2A-400.* Intermittierende Herzaktion, nach jeder Unterbrechung ein heftiger Schlag, der ihm den Atem versetzte *3G-422.* Häufig ein Gefühl, als ob das Herz stehen bliebe, danach Blutandrang zum Herzen und heftiges Herzklopfen *eGT.* Poltern am Herz *hh.*

3 **Herzflattern:**
Brustschmerzen, mit Herzflattern *5'AAG-386,420; 14GT-409.* Plötzliches Herzflattern nach Gehen, dies wird weniger empfunden, wenn sie sich stark beschäftigen kann *7-413.* Sehr heftiges Herzflattern, erwachte häufig in der Nacht dadurch, durch Lagewechsel nicht gebessert *14-414.* Ein gehetztes, zwingendes Gefühl um das Herz, mit Gefühl von Mattigkeit und Flattern *7G-415.* Kalte Hände und Füße beim Herzflattern *14G-605.* Herzflattern beim Liegen auf der li Seite *p.* Herzflattern *r.*

4 **Schwacher Herzschlag, schwacher Puls:**
Schwacher Herzschlag *13-421.* Puls klein und schwach, als wenn nicht genügend Blut in der Radialarterie wäre *13-423.* Ameisenlaufen im re Arm, verbunden mit Herzschwäche *25-1.* Fühlt, daß sie herzkrank ist und sich nicht erholen kann *a-5.* Puls sehr schwach *i-6.*

5 **Herzklopfen bis in den Hals. Klopfen aller Arterien:**
Heftiges Schlagen des Herzens und Klopfen der Carotiden, kann deshalb nicht einschlafen, schlimmer beim Liegen auf der Seite *8G-416.* Klopfen des Herzens und der Arterien, nur beim Liegen im Bett oder während der Mittagsruhe *13-417.* Nach jeder Unterbrechung der Herzaktion ein heftiger Schlag, gleichzeitig Blutandrang durch die Carotiden zum Kopf *3G-422.* Schmerz im Zeigefinger mit Klopfen des Pulses *6-469.*

Pulsieren aller Arterien *6-557*.   Klopfen und Pulsieren überall *6GT-558*.   Große Hitze in Armen und Beinen, mit Klopfen der Adern *6-621*.   Hitze im Kopf mit Klopfen der Arterien *17-12*.   Pulsieren aller Arterien des ganzen Körpers *q-2*.   Schilddrüse geschwollen, pulsierend *r*.   Herzklopfen bis in den Hals *aa; ee; hh*.

6 **Herzklopfen:**
Schwere in der Herzgegend und Herzklopfen beim links Liegen *3-406*.   Häufige Anfälle von Herzklopfen *5'-418*.   Heftiges Herzklopfen sehr häufig *14-419*.   Vor der Periode: Nervöses Herzklopfen, schlimmer beim Liegen auf der re Seite *24-10*.   Herzklopfen schlimmer nach Essen und bei Seitenlage *27-6*.   Schwangerschaft: Herzklopfen *a-27*.   Herzschmerzen, schlimmer durch jedes Essen, häufiges Herzklopfen *a-31*. Blutandrang zum Herzen und heftiges Herzklopfen. Liegen auf der re Seite macht Herzklopfen. Aufregung macht Herzklopfen *eGT*.   Kongestionen, Herzklopfen *is*. Heftige Blähungen im Leib, die Blähungen führten wiederum zu Herzstörungen mit Herzklopfen *s*.   Herzklopfen, das Herz läuft so schnell, daß ich schreien muß *bb*. Herzklopfen schlechter beim Liegen auf der re Seite *dd*.   Aufregung macht Herzklopfen *gg*.

7 **Beschleunigter Puls:**
Puls vor der Einnahme 76, nach 4 Stunden 88, nach einer weiteren Viertelstunde 72 *3-424*.   Puls stark beschleunigt *17-69*.   Puls beschleunigt *17-94*.   Um 11^{00} war Herz und Puls in erhöhtem Maße tätig *19-7*. 10^{10} Puls im Liegen 66, im Sitzen 72, im Stehen 80 *20-1*.   Schneller Herzschlag, 150 - 170 / min *27-8*.   Herzjagen *hh*.

SCHMERZEN DER BAUCHORGANE Orte — Oberbauch

1 **Nach oben und hinten ausstrahlende Magenschmerzen:**
(siehe III-2-A-3: In den Rücken ausstrahlende Oberbauchschmerzen. Vgl. IV-6-1: Kloßgefühl in der Speiseröhre; IV-6-9: Sodbrennen).
Starkes Völlegefühl in Brust und Bauch 6G-362. Hat besonders viel Magenschmerzen, heftig ausstrahlend nach Brust und Rücken, oder sogar bis in die Zähne fahrend, sich im Bauch festsetzend. Magenschmerz steigt hinauf in den Hals und sticht daselbst i-5. Schmerz in der Gegend der Herzspitze und über der Magengegend i-8. Gefühl eines Strangs im Halse, zum Schlingen nötigend, dann geht der Schmerz nach dem Magen, fährt hierauf in den Unterleib und strahlt in die Extremitäten, besonders in die Finger aus i-9.

2 **Flanke, Darmbein:**
Vom li Hypochondrium zum Darmbein (scharf, lanzinierend) 8-234. Schmerz in der re Darmbeingegend 7G-261. Vom vorderen Ende des Darmbeinkammes (auf beiden Seiten) ein kräftiges Ziehen nach unten und hinten 7-264. Stechende Schmerzen von einem Darmbein zum anderen 23-33.

3 **Bauchdecken:**
Wehtun der Bauchmuskeln kurz vor einem Stuhl 7G—44—236. In Intervallen Gefühl in der Bauchhaut wie straff und gespannt 7GT—5+6—562.

4 **Nabel:**
In der re Seite, nach vorwärts und aufwärts bis zum Nabel (intensiv, scharf, wie Kolik) 4-205. In der re Seite, die zum Bauchmittelpunkt hin laufen (scharf, schneidend) 14-233. Schmerz in der Nabelgegend 17-55. Etwas Schmerz in der Nabelgegend (ziehend, drehend i-3. Schmerzen um den Nabel aa. Am Nabel (Druck) hh.

5 **Rechter oder linker Oberbauch:**
Im re Oberbauch (Glucksen) 3-204. Im re und li Oberbauch (Zusammenschnüren) 17-44. Im re Oberbauch (dauernd) 17-45. Im unteren Teil der Leber (Stechen) 17-46. In der Milzgegend (anhaltend stechend) 17-47; (dumpf) 17-48; (Schmerzen) 17-51. Schmerzen im li Oberbauch 17-49. Schmerz erst in der re, dann in der li Seite, direkt unter den Rippen 17-50. Im re Hypochondrium oft Schmerz i-9. Schmerz in der li Bauchseite. Stechen im Magen, zog nach beiden Seiten; im li Oberbauch hh.

6 **Magen, Epigastrium:**
Magen und Darm (unangenehmes Gefühl) 6—24—199; (hohles, leeres Gefühl) 6GT—31—200. Magen (dumpfe Schwere) 9-201; (Völle) 6G-202; (harter Gegenstand) 15-203; (heftig, schnei-

dend) *17-42;* (Krankheitsempfindung) *20-13;* (heftig ausstrahlend) *i-5;* (heftig, brennend) *i-6;* (Schmerz) *i-9;* (Zusammenziehung, Druckgefühl, Schwächegefühl, Stechen) *hh;* (Schmerzen, Zusammenziehen) *jj.* Magengrube (Schmerz) *17-38; 17-43.* An der Cardia (Schmerz) *17-41.* Epigastrium (deprimierendes Gefühl) *20-10;* (berührungsempfindlich) *i-6;* (komisches Gefühl) *cc.* Über der Magengegend (berührungsempfindlich) *i-8.*

SCHMERZEN DER BAUCHORGANE Orte — Unterbauch

1 **Abwärtsdrängen des gesamten Bauchinhaltes von weit oben her trichterartig durch die Scheide heraus, muß deshalb den Bauch von unten her mit den Händen festhalten, wenn sie steht:**
Gefühl eines Gewichtes und Abwärtsdrängen im Unterbauch, das recht heftig 6 Tage lang anhielt, schlechter im Stehen *5AT–18–450.* Das Abwärtsdrängen im unteren Teil des Abdomens geht weiter, jetzt den 20. Tag *5A–43–250.*

Abwärtsdrängen wie ein schweres Gewicht und Druck in der Gebärmuttergegend, als wenn der gesamte Bauchinhalt durch die Vagina herausdrückte *6AA–18–317.* Das Abwärtsdrängen war so stark, daß sie mit der Hand auf der Vulva aufwärts drücken mußte *6–27–331.* Starkes Abwärtsdrängen in der Uterusgegend, beim Stehen ein Gefühl, als ob der gesamte Beckeninhalt durch die Vagina herauskommen würde, wenn man nicht mit der Hand auf der Vulva nach oben drückt oder sich hinsetzt *6AA–29–318.* Gefühl von Abwärtszerren des gesamten Bauchinhaltes, bis zu den Brustorganen, muß den Bauch dringend festhalten *6G–30–231.* Heftiges Abwärtsdrücken oder -drängen in den Geschlechtsorganen, mit dem Gefühl, als würden alle inneren Organe von den Brüsten und dem Nabel an durch die Vagina nach außen gezogen, mit einem unwiderstehlichen Verlangen, die Hand gegen die Vulva zu drücken, damit die Teile nicht herauskommen. – Häufiges Seufzen, das aus dem Unterleib zu kommen schien *6–31–337,357.* Die Empfindung wie ein Gewicht und das Druckgefühl in der Gegend des Unterbauches kamen in Abständen bis vor einigen Tagen immer wieder *6–60–255.*

Das Gefühl eines abwärtsdrängenden Gewichtes über der Schamgegend ist verstärkt *7–10–257.* Ein Gefühl im Becken, als wenn alles durch die Vagina zu Tage treten wollte, sehr unangenehm und nicht besser durch Lagewechsel. Das Abwärtszerren gegen das Becken hin wird bis zum Magen herauf gefühlt, und sogar bis zu den Schultern; nicht besser im Liegen, aber stärker im Stehen. Sie will mit den Händen den Unterleib nach oben drücken, um dieses Zerrgefühl los zu werden. – Beim Gehen, als ob alles im Becken nach unten drücken würde, so daß sie heftig einatmen muß, um den Thorax nach oben zu ziehen und das Becken von seinem Gewicht zu entlasten *7–20, 22–245.* Der gesamte Beckeninhalt zerrt abwärts und zwar vom Magen aus *7–22–322.* Im Becken, Gefühl von Herauszerren, als wenn der ganze Inhalt in einen Trichter hineingedrückt würde, dessen unteres Ende mit der Vagina zusammenfällt *7AG–23–246.* Abwärtsdrängen im Becken, alles scheint aus der Vagina herauszudrücken *7A–38–252.*

Abwärtsdrängende Schmerzen, als ob die Periode kommen wollte *14A-253; a-22*. Starker Schmerz und Abwärtsdrängen in der Uterusgegend, dauernde Beschwerden, als wenn die Periode kommen wollte *16A-315*. Muß die Beine kreuzen, weil sie Angst hat, das alles nach unten herausgedrückt wird *23-13*. Zerren, als ob alle inneren Organe an der Brust aufgehängt wären *23-27*.

Abwärtsdrängen, als ob alles aus der Vulva herauskommen wollte, und Gefühl, als ob sie die Vulva festhalten müßte während des Stuhlganges *a-8; a-9*. Abwärtsdrängen im Stehen *a-10*. Abwärtsdrängen in der Uterusgegend, schlechter durch Gehen und besser durch Festhalten des Bauches mit den Händen *a-14*. Kann sich nicht bewegen vor Angst, der Uterus würde herausfallen *a-17; a-19*. Trichterartiger Druck, der im Hals beginnt und zum Uterus hinzieht *a-18*. Starkes Abwärtsdrängen und Beschwerden in der Beckengegend, trägt eine T-Binde um sich zusammenzuhalten, Gefühl, als würde sie auseinanderfallen *a-21*. Teilweise Prolaps des Uterus, es scheint, als ob alles herauskommen wollte, starkes Verlangen, die Hände auf die Vulva zu legen um die Teile hochzuhalten, besser durch Druck mit den Händen *a-26*.

Abwärtsdrängen und Zerren von hoch oben her, bei aufrechter Haltung, als wenn alle Beckenorgane durch die Vagina austreten wollten, wenn sie nicht fest mit der Hand gegen die Vulva drückt *cG-3*. Abwärtsdrängen im Becken, als wenn der Uterus hervortreten wollte. Sie muß auf die Vulva drücken, damit die Teile nicht heraustreten *d-1*. Als sie nach Hause gehen wollte, stellte sich ein so heftiges Abwärtsdrängen ein, daß sie ihren Leib mit beiden Händen halten mußte, mit Erleichterung durch Druck auf die Vulva und Hinlegen mit einem großen Buch unter den Hüften *d-3*. Sie klagte besonders über das Gefühl des Herabdrängens, sie konnte nicht stehen oder gehen, ohne dieses lästige Gefühl hervorzurufen. Sie hielt ihren Leib mit den Händen oder preßte die Hand gegen die Vulva. Dieses herabdrängende Gefühl war so stark, daß der Mann in der Nacht diesen Druck ausüben mußte *d-4*. Bekam von Zeit zu Zeit heftige Unterleibskrämpfe, mit Gefühl, als ob alles zur Scheide herausfallen wollte *i-1*. Gefühl, als ob alles nach dem Scheideneingang zu dränge *i-4*. Früher oft Gefühl von Herabdrängen im Unterleib. Im Unterleib beim Stehen immer Schmerzen *i-6*. Gefühl, als ob etwas zur Vagina herausdrängen wollte *i-7*. Wenn die Krämpfe in den Unterleib gehen, hat die Patientin das Gefühl von Herausdrängen in der Scheide *i-9*. Herabdrängende Uterusschmerzen beim Armaufheben oder wenn sie etwas Schweres hebt *j*. Ein Gefühl, als wenn die Genitalien herausgedrückt würden *k*. Plötzliches Vorfallgefühl der Gebärmutter, nur erleichtert durch Gegenhalten der Hand *l*. Schwere und Herabziehen im Hypogastrium, herabdrängende Schmerzen mit blutigen Entleerungen aus der Vagina *m-1*. Gefühl, als hinge der Magen herunter und als sei alles schlaff *n*.

Gefühl, als ob alles nach unten zur Scheide herauswollte *aa*. Gefühl im Bauch wie ein nach unten ziehendes Gewicht *bb*. Der Magen hängt herunter. Die Magenschmerzen strahlen in die Geschlechtsteile aus *dd*. Senkungsgefühl, alles will unten heraus, mußte den Leib mit den Händen halten *ff*. Ziehen nach unten im Unterleib, wie Muskelkater, in der Leistengegend *jj*.

2 **Abwärtsdrängen in den Därmen mit Druck auf Rectum und Anus, besonders beim Gehen. Dauernder Stuhldrang:**
Gefühl in den Därmen, als sollte Durchfall kommen, es kam aber keiner *3-220*.

Beim Stuhlgang heftiges Abwärtsdrängen in den Därmen und am Anus, mit Gefühl, als ob Durchfall folgen wollte (von 2 Prüfern beobachtet). — Das Abwärtsdrängen im unteren Teil des Abdomens geht weiter, mit heftigem Druck im Rectum und im Anus und dauerndem Stuhldrang, Gefühl, als wenn ein harter Gegenstand rückwärts und abwärts gegen Rectum und Anus drücken würde *5—43—248,250*. Rückenschmerz mit Abwärtsdrängen gegen den Anus bis zum 10. Tag, nicht viel besser im Liegen. — Druck in Rectum und Anus *5'—6,12—442,267*.

Gefühl von Schwäche und Zittern in den Därmen und am After. — Starkes Gefühl eines Gewichtes und Abwärtsdrängen im unteren Teil der Eingeweide *6—17,24—216,256*.

Druck durch die Lumbosacralgegend und etwas Druck auf das Rectum *7—20—453*. Dauerndes Gefühl, als müßte Stuhlgang kommen, dies kam von einem Gefühl, als drücke etwas gegen die Vorderwand des Rectum am Anus und etwa 2-3 Zoll darüber. — Dauernder Stuhldrang durch Druck auf das Rectum, Stuhlgang jede halbe Stunde, dauernder Tenesmus, sie mußte auf der Toilette sitzen bleiben *7—22,23—278*. Ziehen nach oben und vorn von der Steißbeinspitze aus *7—25—454*. Druck auf Rectum und Anus. — Druck auf Blase und Rectum *7—42—268,283*. Dauernder Druck auf das Rectum *7—69—270*.

Immerwährendes Abwärtsdrängen im unteren Teil der Eingeweide. — Druck im Rectum mit fast dauerndem Stuhldrang *14-247,269*. Kneifende Schmerzen im unteren Teil der Eingeweide, als wenn Durchfall kommen sollte *15-242*.

Unangenehmes Gefühl im Unterbauch, als wenn Durchfall kommen sollte. — Dauerndes Gefühl, als sollte Durchfall kommen. — Tenesmus beim Stuhlgang *17-52,57,58*. Schmerzen im Unterleib, sehr heftig für einige Augenblicke, Gefühl, als ob Blähungen die Veranlassung wären, konnte aber keine Blähung lassen *18-7*. Bei Lilium handelt es sich um einen wirklichen Druck eines vergrößerten Uterus auf die Blase und ein Gefühl von Schwere. Dieser Druck bringt auch im Mastdarm jenen fast beständigen Drang zum Stuhl und den herabziehenden Schmerz während des Stuhlganges hervor *26-2*.

Gefühl, als ob sie die Vulva festhalten müßte während des Stuhlganges. Die kleinste Bewegung verschlimmert *a-8*. Während des Stuhlganges Abwärtsdrängen, als wolle alles durch die Vagina heraustreten *a-9*. Muttermund am Sacrum eingeklemmt. Quälender Schmerz und Druck am Rectum. Dauernder Stuhl- und Urindrang. Hat Angst, sich zu bewegen, weil alles nach unten durchfallen könnte *a-19*. Starkes Abwärtsdrängen und Beschwerden in der Beckengegend, Druck auf Blase und Rectum *a-21*. Abwärtsdrängende Schmerzen besonders beim Gehen, als ob Stuhlgang kommen wollte *a-22*. Stühle sehr eilig, vor den Stühlen starker Drang, mit Druck auf das Rectum *a-33*. Tenesmus der Blase und des Rectum während des Stuhlgangs, vorher anhaltendes Zerren und Abwärtsdrängen mit dauerndem Stuhldrang im Rectum *b-3*.

Abwärtsdrängen bei Stuhlgang, schlimmer durch Bewegung *cG-3*. Klagte über Gefühl des Herabdrängens, konnte nicht gehen, ohne dieses lästige Gefühl hervorzurufen, sie war verstopft und der Stuhl war geformt wie ein Band mit beständigem Stuhldrang *d-4*. Ein Pressen im Darm mit einem fast ununterbrochenen Stuhldrang *d-5*. Ein Gefühl von Abwärtsdrängen beim Gehen *j*. Seit Wochen wird sie von oft heftigen Schmerzen im Leib heimgesucht, hat mehr oder minder heftigen Drang zum Stuhl und zum Urinieren, und ein Gefühl, als ob die Genitalien herausgedrückt würden *k*. Der Mittelschmerz endigt mit heftigen, nach beiden Seiten in den Darm ausstrahlenden Leibkrämpfen *n*.

Vergeblicher Stuhldrang durch die Haemorrhoiden. Aufregung macht Stuhldrang. Schmerzen in der li Bauchseite bis zum Rücken; mußte dauernd versuchen, Stuhlgang zu haben und brachte nichts zustande *hh*.

3 Stuhlentleerung gefolgt von Beißen und Reizung im Anus und das Rectum hinauf:

Diarrhoe, Gefühl von Wundwerden im Anus *24-23*. Die Stuhlentleerung besteht oft nur aus einem einzigen Tropfen Schleim, der Afterkrampf und das Brennen im After sind deutlich *25-22*.

Darmentleerung, dunkel und hart, danach starke Hitze in Rectum und Anus, mit leichten Bauchkrämpfen *3-281*. Die erste Wirkung war Durchfall, der am dritten Tag begann und während der ganzen Prüfung täglich auftrat. Er war plötzlich, mit Brennen des Rectum und Anus und heftigem Tenesmus *16AG-273*.

Entleerung, gefolgt von einem Gefühl von Beißen und Reizung im Anus und das Rectum hinauf. — Reichliche Darmentleerung, danach scharfes Beißen im Anus und das Rectum hinauf. — Der Durchfall hinterließ das gleiche scharfe Reizgefühl im Anus und das Rectum hinauf, diese Reizung schien durch einen heißen, reizenden Spray auf die Teile verursacht zu sein, hielt gewöhnlich etwa 2 Stunden an und ließ allmählich nach *6—1,3,8—228*. Darmentleerung mit der gleichen scharfen Wundheit am After, aufwärts bis in die Mitte der Därme, die mehrere Stunden anhielt *6—12—280*. Anus steif und schmerzhaft *6—26—266*. Stuhlgang mit scharfem Beißen im gesamten Verdauungskanal *6—32—275*. Kratzen und Reiben im Anus und im Rectum nach dem Stuhlgang *6—60—274*.

Beißender Schmerz überall in den Därmen *17-54*. Schmerz im Rectum während des Stuhlganges *17-60*. Morgendiarrhoe, hinterher Beißen und Brennen des Anus *a-33*. Jucken im After bis zur Wundheit *hh*.

4 Brennen in der Harnröhre, Druck auf die Blase:

(siehe: V-3-A-1: Druck auf Rectum und Blase gleichzeitig; V-4-1: Brennen nach Urinieren; V-4-3: Dauernder Druck auf die Blase).

5 **Druck in der Vagina, Jucken und Brennen in der Vulva:**
Druck und wie ein Gewicht tief unten in der Vagina *8A-251*. Gefühl von Völle und wollüstigem Jucken in der Vagina *6GT-265*. Beißen und Reizung der Labien, Hitze, als wären die Teile entzündet *6-336*. Druckgefühl in der Vagina *7G-338*. Abwärtsdrängen in der Vagina oder vielmehr die Angst davor *7-339*. Jucken und Beißen der Labien, mit starken Beschwerden in den Teilen, scharfe Schmerzen die Vagina aufwärts *6-340*. Wenn die Krämpfe in den Unterleib gehen, so hat die Patientin das Gefühl von Herausdrängen in der Scheide und Brennen darin *i-9*.

6 **Quer durch den Unterleib:**
Durch das Hypogastrium von einer Leiste zur anderen (anhaltend, brennend) *7GT-241*. Durch den Unterbauch, scheinbar nahe der Blase (intermittierend, scharf) *4G-258*. Manchmal zuckende Schmerzen in der li Ovargegend, bis zur Leiste und Schamgegend vorn *6-260*. Schmerzhaftes Ziehen in der Umgebung der li Leiste, bis zum Schambein *6-263*. Vom vorderen Rand des Darmbeinkammes (auf beiden Seiten) ein kräftiges Ziehen nach unten und hinten *7-264*. Wehtun im Becken zwischen Promontorium und Schambein *7-316*. In der li Ovargegend, durch den Unterbauch hindurch (scharf, schneidend) *6-329*. Der Schmerz wird greifend und geht durch den Unterbauch *6-331*. Von einem Darmbein zum anderen oder von der Schamgegend zum Sacrum (stechend) *23-33*. Den charakteristischen Eierstockschmerz finden wir im li Eierstock. Er schießt von da querüber zur re Leiste *25-2*. Schießende Schmerzen vom li Ovar durch die Schamgegend *a-14*. Einige fliegende Schmerzen durch das Becken *d-1*. Unbehagen in der re Ovargegend mit zerrendem Schmerz mitten durch das Becken *g*.

7 **Ovarien, einseitige Unterleibsschmerzen:**
Linke Ovargegend (dumpfes Schweregefühl – dumpf, ziehend – scharf – berührungsempfindlich, zuckend – feinstechend, zuckend – dumpfes Schweregefühl – scharf, schneidend – greifend – feinstechend – schießend – druckempfindlich, greifend – Wehtun bei Druck – Druckgefühl) *6–13,15,16,18,18,19,20,26,27,27,29,60–325,327,260,330,219,329,324,265,328,331,237,255*. Sie fühlt dauernd die Stelle der Ovarien auf beiden Seiten (abwärtsreißend – wie glühende Kohlen – Brennen – Reizung) *7–7,23,62,75–259,316,222,333*. In beiden Ovarien, besonders links *7–21,22–322*. In der Ovargegend, besonders rechts (schlechtes Gefühl – Druckempfindlichkeit – Schmerz – drückend, brennend) *7–17,22,28,65–218,332,323,352*. In der rechten Ovargegend (wie mit Messer) *7–26–316;* (Nagen, Zerren, wie gelockert) *9-326;* (Unbehagen) *g;* (Schmerzen) *m-2*. Im linken Eierstock (schießt zur re Leiste) *25-2;* (Empfindlichkeit – Empfindlichkeit, feinstechend, brennend – dumpf) *a-8,14,15;* (Schmerz mit Schweregefühl) *hG-2;* (Schmerz) *hG-3; i-2; i-3; i-9; m-1; jj;* (stechend, heftig, Druck) *i-4;* (heftig) *i-7*. In der Ovargegend, das Ovar ist geschwollen (scharf, brennend, feinstechend, schneidend, greifend) *a-10*. Im rechten und linken Ovar (heftig) *aT-16;* (dumpf) *hG-1*. Gefühl, als sei sie rechts gesund und links krank *n*. Schmerzen im Ovar *t*. Schmerzen in der linken Bauchseite bis zum Rücken *hh*.

SCHMERZEN DER BAUCHORGANE Orte / Empfindungen V-1-C

8 **Vom Ovar bis in den Oberschenkel oder Rücken:**
(siehe III-3-C-3: Von oben her zu Hüfte und Oberschenkel; III-2-A-2: Kreuzschmerzen bis in den Unterleib, Hüfte, Oberschenkel).

9 **Leisten:**
Durch das Hypogastrium von einer Leiste zur anderen (anhaltend brennend) *7GT-241.* Li Ovargegend bis zur Leiste und Schamgegend vorn (zuckend) *6-16-260.* In der re Inguinalgegend *6-24-262.* In der Umgebung der li Leiste, bis zum Schambein (schmerzhaftes Ziehen) *6-33-263.* In der li Leiste oder Ovargegend (Feinstechen) *6G-26-265.* Im li Ovar und Leiste (greifend) *6—20—324.* In der Ovargegend, der Schmerz geht durch den Unterbauch zur Leiste und das Bein hinunter *a-10.* Heftiger Schmerz über der li Leiste *i-7.* Klagte über Schmerzen in beiden Leisten (heftig, stechend) *o.* Schmerzen im Kreuz und in den Leisten. In der Leistengegend (wie Muskelkater) *jj.*

10 **Becken, Unterleib. Nicht im Uterus, sondern darum herum:**
Unterleib (etwas nicht in Ordnung) *7-24;* (Völle, Auftreibung) *7-192;* (Inhalt in Knoten geschürzt) *21-1;* (Auftreibung, Schmerzen) *b-6;* (etwas in Unordnung) *d-3.* Uterus (Schmerzen) *7-25;* (Neuralgie) *12-319;* (Reizung) *7-320,321;* (fällt nach re und li) *a-16.* Hypogastrium (Hitze und Druck) *3-240.* Becken (wie drohende Fehlgeburt) *7-254.* Durch den Unterbauch, scheinbar nahe der Blase (intermittierend, scharf) *4-258.* Nicht im Uterus, sondern darum herum *7-316.* Die inneren Geschlechtsorgane (wie geschwollen) *6-336.* Früher bei der Regel Schmerzen im Abdomen re, nun andere Schmerzen und mehr in der Mitte *i-5.* In der Gegend der Blase (Verkrampfungen) *s.*

11 **Därme, Eingeweide:**
Magen und Darm (unangenehm) *6-199.* (hohl, leer) *6-200.* Därme (Schwäche und Zittern) *5-215;* (unangenehm) *3-217;* (Völle, Schwäche, Zittern) *14-223;* (wie aufgetrieben) *5-225; 6-226;* (kneifend) *6-228; 6-274;* (schneidend) *10-232; aT-24.* Därme, mehr auf der re Seite (Schmerzen mit Rumpeln) *3-221.* Im unteren Teil der Eingeweide, mehr re (Rumpeln) *3-239.* Im Unterbauch (unangenehmes Gefühl mit Rumpeln) *17-53.* Eingeweide (Schmerzen) *18-9.*

SCHMERZEN DER BAUCHORGANE Empfindungen

1 **Abwärtsdrängen:**
(siehe V-1-B-1: Abwärtsdrängen des gesamten Bauchinhaltes von weit oben her trichterartig durch die Scheide heraus; V-1-B-2: Abwärtsdrängen in den Därmen).

2 **Gefühl eines Gewichtes, Schwere, Druck, dumpfe Schmerzen:**
Abwärtsdrängen, wie ein schweres Gewicht und Druck in der Gebärmuttergegend *6AA—18—317.* Starkes Gefühl eines Gewichtes und Abwärtsdrängen im unteren Teil der Eingeweide. — Die Empfindung wie ein Gewicht und das Druckgefühl in der Gegend des

Unterbauches und des li Ovars kamen in Abständen bis vor einigen Tagen immer wieder. *6—24,60—256,255.*

Druckgefühl (Vagina) *7G—7—338;* (li Ovargegend) *i-4;* (Magen → Rücken) *hh.* Das Gefühl eines abwärtsdrängenden Gewichtes über der Schamgegend ist verstärkt *7—10—257.* Drückende und brennende Schmerzen in den Ovarien, die sie deutlich fühlen kann *7—65—352; a-20.* Gefühl eines Gewichtes und Abwärtsdrängen im Unterbauch, das recht heftig 6 Tage lang anhielt *5AT-450.* Dumpfes Schweregefühl im Magen *9-201;* (li Unterbauchseite) *6—18—219;* (Kreuz und Lenden) *5-535.* Hitze und Druck (Hypogastrium) *3-240.* Druck und wie ein Gewicht (tief unten in der Vagina) *8A-251.* Dumpfer Schmerz (Milzgegend) *17-48;* (re und li Ovar) *h-1.* Bei Lilium handelt es sich um einen wirklichen Druck eines vergrößerten Uterus auf die Blase und um ein Gefühl von Schwere *26-2.* Sehr unangenehme, dumpfe Schmerzen (li Ovar) *a-15.* Schmerzen mit Schweregefühl (li Ovar) *h-2.* Schwere und Herabziehen (Hypogastrium) *m-1.* Gefühl im Bauch wie ein nach unten ziehendes Gewicht *bb.* Drückende Magenschmerzen, Magen voll und schwer *ee.* Schweregefühl im Magen *jj.*

3 **Wie ein harter Gegenstand, der auf den Mastdarm drückt. Druck auf Mastdarm und Blase:**
Gefühl, als wenn ein harter Gegenstand rückwärts und abwärts gegen Rectum und Anus drücken würde *5AG-250.* Dauerndes Gefühl, als müßte Stuhlgang kommen, dies kam von einem Gefühl, als drücke etwas gegen die Vorderwand des Rectum am Anus und etwa 2 bis 3 Zoll darüber *7-278.* Bei Lilium handelt es sich um einen wirklichen Druck eines vergrößerten Uterus auf die Blase *26-2.*

4 **Gefühl von Völle oder Schwellung im Unterleib:**
Ungewöhnliches Völlegefühl im Magen nach dem Essen, mit Druck nach oben *6G—17—202.* Gefühl von starker Auftreibung der Därme *6—25—226.* Gefühl von Völle in der Vagina *6GT—26—265.* Gefühl, als wären die inneren Geschlechtsorgane geschwollen *6—33—336.* Starkes Völlegefühl in Brust und Bauch *6G—33—362.*

Übelkeit, mit Völlegefühl im Unterleib. — Übelkeit mit dem gleichen Gefühl von Aufblähung des Unterleibes besonders an den Hüften und in der Uterusgegend *7—4,7—192.* Unbegründetes Gefühl von Aufgeblähtsein *7—22—227.* Ein wenig Völle und Wehtun im Bauch *7—28—224.*

In den Därmen meistens ein Gefühl von Völle und Auftreibung *14-223.* In den Därmen Gefühl wie geschwollen *5-225.* Schmerzen im Unterleib, Gefühl, als ob Blähungen die Veranlassung wären, konnte aber keine Blähungen lassen *18-7.* Bauch wie aufgetrieben *a-22.* Auftreibung des Unterbauches mit den Schmerzen nach der Entbindung *b-6.* Gefühl von Schwellung im Magen *bb.* Gefühl von Aufgeblähtsein und Stechen. Magen voll und schwer, dauernd Aufstoßen *ee.* Völlegefühl im Magen, kann nicht aufstoßen *ff.* Völlegefühl im Unterbauch. Völle und schmerzhaftes Ziehen um den Bauch herum, Aufstoßen bessert, kann aber nicht aufstoßen *hh.* Während der Periode Schmerzen, als ob das Blut nicht riechtig abfließen würde *jj.*

5 **Gefühl von Lockerung im Unterbauch:**
Schmerzen in der re Ovargegend, ein Nagen und Zerren, schlechter beim Gehen, ein Gefühl, als würde etwas locker werden in der Gegend, jedesmal wenn sie den re Fuß fest aufsetzte 9-326. Zwischen den Perioden ein Gefühl von Schwäche und Zerren, dadruch Gefühl einer Bewegung, als ob der Uterus von re nach li fiele aT-16. Trägt eine T-Binde, um sich zusammenzuhalten, Gefühl, als würde sie auseinanderfallen a-21.

6 **Ein harter Gegenstand kollert im Magen herum:**
Gefühl, als würde ein harter Gegenstand im Magen herumkollern, welches mehrere Stunden anhielt, aber während der Nacht verging 15-203. Nach dem Abendessen Gefühl, wie ein Stein im Magen, schlechter durch Hinlegen ff.

7 **Empfindlichkeit gegen Berührung, Kleiderdruck, Erschütterung. Wehtun, Wundheit:**
Die li Seite des Unterbauches ist berührungsempfindlich 6—16—260. Die li Ovargegend wird druckempfindlich 6—27—331. Große Empfindlichkeit der gesamten Geschlechtsorgane 6—33—336.

Leichte Druckempfindlichkeit in der Ovargegend, besonders re 7—22—332. Wehtun der Bauchmuskeln, ein unerträgliches Wehtun, sie möchte schreien 7G—44—236.

Bauch druckempfindlich 3G-235. Heftiger, wohl neuralgischer Schmerz im Uterus, so daß ich es nicht ertragen konnte, berührt oder bewegt zu werden, sogar wenn jemand nur an mein Bett stößt, leide ich Qualen; ich kann das Gewicht der Kleidung auf meinem Becken nicht ertragen; dies dauerte nie länger als 1½ Stunden und ging vorüber, ohne eine Lahmheit zu hinterlassen 12G-319. Der ganze Körper wund und zerschlagen, kann den Druck der Kleider nicht ertragen, dauerte fast 4 Wochen 10G-555. Alle Muskeln sind wund und zerschlagen, so daß hartes Auftreten, die Bewegungen eines Wagens und sogar der Druck der Kleider sehr schmerzhaft sind 22-40. Wundheit und Auftreibung im Bauch 23-17. Wehtun über der Schamgegend 23T-25.

Empfindlichkeit über dem li Ovar aT-8; a-14; i-4; o. Haemorrhoiden berührungsempfindlich a-9. Druckempfindlich (Ovarialgegend) a-10. Os berührungsempfindlich a-17. Große Empfindlichkeit, Wehtun (Muttermund) a-20. Kann nicht einmal das Gewicht der Bettdecke vertragen, weil die schmerzhaften Teile so berührungsempfindlich sind b-6. Schmerz in der li Ovargegend, auch bei Druck i-2. Fürchtet sich schon, wenn jemand an das Bett herankommt. Epigastrium schon bei leiser Berührung empfindlich. Uterusgegend ebenfalls sehr empfindlich i-6. Kann die Berührung der Kleider nicht ertragen, ist sehr empfindlich gegen Berührung i-8. Empfindlicher Uterus j. Das li Ovarium sehr empfindlich o. Unverträglichkeit von engen Kleidern r. Ein Gürtel wird nicht vertragen bb. Wundheitsgefühl im Bauch dd. Empfindlich gegen leisen Druck am Bauch ff..

8 **Greifender, kneifender Kolikschmerz, Zusammenschnüren, Gefühl, als sei der Bauchinhalt verknotet:**
(vgl. IV-6-1: Gefühl eines Kloßes in der Speiseröhre).

Intensiver, scharfer Schmerz, ähnlich wie ein Kolikanfall, er hörte plötzlich auf (in der re Seite, → Nabel) *4-205*. Kneifende Schmerzen, als ob Durchfall kommen wollte (unterer Teil der Eingeweide) *15-242*.

Kneifender Schmerz (allmählich zunehmend im Darm) *6—1,2—228*; (Därme) *6—23—229*; *6-274*; *a-33*. Greifender Schmerz im li Ovar und Leiste *6—20—324*; (Ovargegend) *a-10*. Der Schmerz wird greifend (li Ovargegend → durch den Unterbauch) *6—27—331*.

Zusammenschnüren, als wenn eine Hand um den Körper gelegt würde (re und li Oberbauch) *17-44*. Verursachte eine Empfindung im Unterbauch, als sei der Inhalt in Knoten geschürzt *21-1*. Dysmenorrhoe, Gefühl von Zusammenschnüren vom Rücken um die Hüften herum bis zur Schamgegend *aT-25*. Milch verursacht Kolik *i-6*. Heftige Leibkrämpfe (Uterus, nach beiden Seiten in den Darm ausstrahlend) *n*. Verkrampfungen (Blasengegend) *s*. Gefühl von Zusammenziehung im Magen, kann dann nichts essen *hh*. Zusammenziehen im Magen *jj*.

9 **Schneidender, reißender, stechender, scharfer Schmerz:**
Schneidender Schmerz in den Därmen *10-232*; *a-24*; (heftig im Magen) *17-42*. Scharfe, schneidende Schmerzen (re Seite → Bauchmittelpunkt) *14-233*; (li Ovargegend) *6-329*; (Ovargegend) *a-10*. Scharfe, lanzinierende Schmerzen (li Hypochondrium → li Darmbeinkamm) *8-234*. Intermittierende, scharfe Schmerzen durch den Unterbauch, scheinbar nahe der Blase *4G-258*. Reißender Schmerz (Von der Ovargegend beiderseits abwärts) *7-259*. Der Schmerz im re Ovar nahm zu bis zu einem Gefühl, als würde mit einem Messer in das Ovar gestochen und nach unten in die Leiste und die Vorderseite des Oberschenkels geschnitten *7-316*. Scharfe Schmerzen (Ovargegend) *6AA-327*; (Die Vagina aufwärts) *6-340*. Schießende Schmerzen (li Ovargegend) *6-328*. Stechen (unterer Teil der Leber) *17-46*; (li Nierengegend) *18-2*; (Darmbein → Darmbein; Schamgegend → Sacrum) *23-33*; (li Nierengegend → Schoß) *i-2*; (li Ovargegend) *i-4*; (heftig, beide Leisten) *o*. (Magen → beide Seiten und Schulterblatt; li Oberbauch → re Rückenseite) *hh*. Anhaltender, stechender Schmerz (Milzgegend) *17-47*. Schmerz, der schießt (li Oberbauch → Rücken) *17-49*; (li Eierstock → re Leiste) *25-2*.

10 **Gefühl von Leere oder Schwäche:**
(siehe I-4-A-6: Schwäche im Bauch; I-4-B-1: Lokalisiertes Schwächegefühl in inneren Organen).

11 **Gefühl, daß etwas nicht in Ordnung ist, unbestimmtes Unwohlsein im Unterleib oder Magen:**
Ein schlechtes Gefühl durch den Unterbauch, besonders auf der re Seite *7—17—218*. Möchte weinen wegen etwas, das in ihrem Unterleib nicht in Ordnung ist *7—22—24*. Wehtun im Becken zwischen Promontorium und Schambein, sie fühlt den Schmerz nicht im Uterus, sondern darum herum *7—23—316*. Starkes Gefühl von Reizung im Uterus. Gefühl von Reizung innerhalb des Uterus *7—42,43—320,321*.

Unangenehmes Gefühl in Magen und Darm *6-199*. Sehr unangenehmes Gefühl in den Därmen *3-217*. Unangenehmes und ungutes Gefühl im Unterbauch, als wenn Durchfall kommen wollte *17-52,53*. Krankhafte Empfindung im Magen *20-13*. Die Kranke fühlt eine Schwäche im Unterleib, sie hat das Gefühl, daß etwas in Unordnung ist *d-3*. Unbehagen in der re Ovarialgegend *g*. Komisches Gefühl im Epigastrium auf beiden Seiten *cc*. Nervöses Gefühl im Bauch *ff*.

12 **Brennen innerlich, Beißen und Reizung äußerlich:**
Hitze und Druck (Hypogastrium) *3-240*. Die wehtun wie glühende Kohlen (Ovarien) *7–23–316*. Anhaltender, brennender Schmerz (Durch Hypogastrium von einer Leiste zur anderen) *7–42–241*. Brennen (durch den Unterbauch und in beiden Ovarien) *7–62–222*; (überall in der Scham- und Genitalgegend) *7–65–249*. Drückende und brennende Schmerzen (Ovarien, < re) *7–65–352*.

Brennende, feinstechende Schmerzen (durch Unterbauch → Leiste → Bein) *a-10*; (li Ovar → Bauch → Schenkel) *a-14*. Wehtun, brennende und drückende Schmerzen (Uterus) *a-20*. Brennen im Magen *i-6*.

13 **Feinstechende, zuckende Schmerzen im linken Ovar:**
Manchmal zuckende Schmerzen in der li Seite des Unterbauches, bis zur Leiste und Schamgegend vorn *6–16–260*. Feinstechende, zuckende Schmerzen in der Ovargegend den ganzen Tag *6–18–330*. In letzter Zeit meistens feinstechende Gefühle in der li Leiste oder Ovargegend *6G–26–265*. Feinstechende Schmerzen in der Ovargegend *a-10*. Feinstechende, brennende Schmerzen vom li Ovar in den Bauch hinauf und in den Schenkel hinunter *a-14*. Einige fliegende Schmerzen durch das Becken und die Oberschenkel hinunter *d-1*.

14 **Ziehen, Steifheit:**
Dumpf ziehender Schmerz (li Ovargegend) *6–13–325*. Ziehender Schmerz (li Lende nahe der Hüfte) *6–15–439*. Ziehen (re Inguinalgegend) *6–24–262*. Anus steif und schmerzhaft *6–26–266*. Schmerzhaftes Ziehen (Umgebung der li Leiste, bis zum Schambein) *6–33–263*.

Mit Intervallen Gefühl in der Bauchhaut wie straff und gespannt *7GT–5+6–562*. Heftiges Ziehen nach unten und hinten (Vom vorderen Ende des Darmbeinkammes auf beiden Seiten) *7–25–264*. Unbehagen in der re Ovarialgegend mit zerrendem Schmerz mitten durch das Becken. Zerrende, ziehende Schmerzen *g*. Ziehender und drehender Schmerz (Nabelgegend → Hüften, Kreuz und Beine) *i-3*. Wie Muskelkater (Leistengegend) *jj*.

15 **Kriebeln, Klopfen im Magen:**

Kriebeln und Krabbeln im Magen. Kriebeln im Magen, als wenn etwas dort herumkriechen würde *dd*. Klopfen im Epigastrium bei Rückenlage, besser bei Seitenlage *ee*. Krabbeln im Magen, besser im Liegen. Nervöses Gefühl im Bauch *ff*.

SCHMERZEN DER BAUCHORGANE   Zeit

1 **Nachmittags, abends:**
3 Uhr nachmittags, der bis zum Abend zunahm (Kneifender Schmerz in den Därmen). — Um 8 Uhr abends kam der Schmerz wieder, der abends und nachts allmählich zunahm wie vorher *6—1,3—228*. Abends und nachts (scharfe, schneidende Schmerzen in der li Ovargegend, durch den Unterbauch hindurch) *6—19—329*. Nach 2 Uhr nachmittags (starkes Gefühl eines Gewichtes und Abwärtsdrängen im unteren Teil der Eingeweide. — Ziehen in der re Inguinalgegend) *6—24—256,262*.

Bis Mitternacht, stärker nachmittags und abends (Abwärtsdrängen im Becken) *7—39—252*. Schlechter von 3 bis 5 Uhr nachmittags, läßt vor 8 Uhr wieder nach (Abwärtsdrängen und Brennen überall in der Scham- und Genitalgegend) *7—65—249*.

8 Uhr abends (Schneidender Schmerz in den Därmen) *10-232*. Schlechter von Nachmittag bis Mitternacht (intermittierender, wehenartiger Rückenschmerz) *a-23*. Die sich gegen Abend ganz besonders steigerten (heftige, neuralgische Schmerzen in der re Eierstocksgegend) *m-2*. Nach dem Abendessen (Gefühl wie ein Stein im Magen) *ff*.

2 **Nachts:**
Um 8 Uhr abends kam der Schmerz wieder, der abends und nachts allmählich zunahm wie vorher, und der etwa 8 Uhr morgens nachließ (Kneifender Schmerz in den Därmen) *6—3—228*. Abends und nachts (scharfe, schneidende Schmerzen in der li Ovargegend, durch den Unterbauch hindurch) *6—19—329*.

Nachts (Gefühl in den Därmen, als sollte Durchfall kommen) *3-220*. Die ganze Nacht (Leichter Schmerz in den Därmen, mit Rumpeln) *3-221*. Bis Mitternacht, stärker nachmittags und abends (Abwärtsdrängen im Becken) *7—39—252*. Gegen 1 Uhr 30 erwachte ich mit Krankheitsempfindung im Magen *20-13*. Schlimmer von Mittag bis Mitternacht (Intermittierender, wehenartiger Rückenschmerz) *a-23*.

3 **Morgens, vormittags:**
In der Mitte des Vormittags. Der Schmerz dauerte bis etwas nach Mittag, er hörte plötzlich auf (intensiver, scharfer Schmerz in der re Seite, zwischen Hüften und falschen Rippen, → Nabel, ähnlich wie ein Kolikanfall) *4-205*. Morgens (Brennen durch den Unterbauch und in beiden Ovarien) *7-222*; (Bauch druckempfindlich) *3G-235*; (erwachte mit Magenschmerzen) *jj*. Ging gegen 10 Uhr morgens vorüber (dumpf ziehender Schmerz in der li Ovargegend) *6-325*. Besonders 11 Uhr vormittags (Schwäche im Magen) *ff*.

4 **Den ganzen Tag:**
Den ganzen Tag lang (greifender Schmerz im li Ovar und Leiste, mit Schmerz in der re Hüfte). — (feinstechende, zuckende Schmerzen in der Ovargegend) *6—18,20—324,330*.

SCHMERZEN DER BAUCHORGANE   Modalitäten

1 **Schlechter im Stehen, bei aufrechter Körperhaltung, besser im Liegen mit angehobenem Becken:**
Abwärtsdrängen im Stehen, gemildert durch Hinsetzen *6—27—328*. Beim Stehen Gefühl, als ob der gesamte Beckeninhalt durch die Vagina herauskommen wollte, wenn man sich nicht hinsetzt *6AA—29—318*.

Schlechter im Stehen (Gefühl eines Gewichtes und Abwärtsdrücken im Unterbauch) *5T—18—450*. Im Stehen ist der Stuhldrang stärker und heftiger *5AG—43—250*. Nicht viel besser im Liegen (Rückenschmerz, mit Abwärtsdrücken gegen den Anus) *5'—6—442*.

Nicht besser durch Lagewechsel, nicht besser durch Liegen, aber stärker im Stehen (Abwärtszerren gegen das Becken hin, wird bis zum Magen und Schultern hinauf gefühlt) *7-245*. Abwärtsdrängen in der Uterusgegend, besser im Sitzen oder Liegen *24-7*.

Abwärtsdrängen im Stehen *a-10*. Abwärtsdrängen und Zerren von hoch oben her bei aufrechter Haltung *cG-3*. Heftiges Abwärtsdrängen, Erleichterung durch Hinlegen mit einem großen Buch unter den Hüften *d-3*. Gefühl des Herabdrängens, sie konnte nicht stehen *d-4*. Ovarschmerzen, zerrender Schmerz durch das Becken. Die einzige Lage, in welcher die Kranke weniger litt, war die Knie-Ellbogenlage *g*. Im Unterterleib beim Stehen immer Schmerzen *i-6*. Heftiger Schmerz über der li Leiste, im Liegen besser *i-7*. Krabbeln im Magen, besser im Liegen *ff*.

2 **Gehen, Bewegung verschlechtert:**
Schmerz, der einen tiefen Atemzug unmöglich macht, mußte fast mit der Arbeit (Schriftsetzer) aufhören (intensiver scharfer Schmerz zwischen Hüften und falschen Rippen re, → Nabel, ähnlich wie ein Kolikanfall) *4-205*. Beim Gehen (als ob alles im Becken nach unten drücken würde) *7-245*; (abwärtsdrängende Schmerzen) *8A-251*; (beide Ovarien, besonders li → Oberschenkel) *7-322; 22-22*; (re Ovargegend, Nagen und Zerren) *9-326*. Bei Lagewechsel im Bett, wird stärker nach Aufstehen (ziehend; li Lende) *6-439*. Dauernde Schmerzen im re Oberbauch, schlechter durch Anstrengung oder tief einatmen *17-45*. Schmerz im li Oberbauch, der beim Hinlegen zum Rücken schießt *17-49*.

Abwärtsdrängen in der Uterusgegend, schlechter durch Gehen *a-14*. Schmerz im Kreuz, in den Ovarien, muß deshalb im Bett bleiben *a-16*. Kann sich nicht bewegen vor Angst, der Uterus würde herausfallen, starke Beschwerden beim Aufsitzen *a-17*. Hat Angst, sich zu bewegen, weil alles nach unten durchfallen könnte *a-19*. Abwärtsdrängende Schmerzen besonders beim Gehen *a-22*. Als wenn alle Beckenorgane durch die Vagina austreten wollten, schlechter durch Bewegung *cG-3*. Gefühl des Herabdrängens, sie konnte nicht gehen *d-4*. Bauch empfindlich, bei Bewegung schmerzend *g*. Herabdrängende Uterusschmerzen beim Gehen, Armaufheben oder wenn sie etwas Schweres hebt *j*. Aufblähung des Bauches besser im Liegen, schlechter durch Herumgehen *dd*.

3 **Bewegung bessert:**
Diese Symptome sind beim Gehen im Freien und beim Fahren etwas besser (Abwärtsdrängen, Druck auf Rectum, Stuhldrang) *5-250*. Schmerzen in der re Darmbeingegend, besser durch Bewegung *7G-261*. Schmerzen im Kreuz und im li Mittelbauch, besser beim Aufsein, schlechter im Bett *ee*. Gefühl wie ein Stein im Magen, schlechter durch Hinlegen *ff*.

4 **Druck, Berührung verschlechtert:**
(siehe: V-1-C-7: Empfindlichkeit gegen Berührung und Kleiderdruck).
Die li Ovargegend wird druckempfindlich *6—27—331*. Die li Bauchseite tut immer noch weh bei Druck *6—29—237*.

Leichte Druckempfindlichkeit in der Ovargegend, besonders re *7-332*. Heftige schneidende Schmerzen im Magen, verstärkt durch Druck *17-42*. Anhaltender, stechender Schmerz in der Milzgegend, schlechter bei Seitenlage *17-47*.

Ovarialgegend druckempfindlich *a-10*. Schmerzen nach der Entbindung, kann nicht einmal das Gewicht der Bettdecke vertragen, weil die schmerzhaften Teile so berührungsempfindlich sind *b-6*. Schmerzen in der li Ovargegend, auch bei Druck *i-2*. Druck in der li Ovargegend sehr empfindlich *i-4*. Epigastrium schon bei leiser Berührung empfindlich, Uterusgegend ebenfalls sehr empfindlich. Konnte die Kleider der Schmerzen wegen nicht festmachen *i-6*. Das li Ovarium sehr empfindlich *o*. Ein Gürtel wird nicht vertragen *bb*. Empfindlich gegen leisen Druck am Bauch *ff*.

5 **Erschütterung verschlechtert:**
Beim Fahren nahm es ständig zu (Abwärtszerren im Becken) *7-245*. Heftiger, neuralgischer Schmerz im Uterus, so daß ich es nicht ertragen konnte, berührt oder bewegt zu werden, sogar wenn jemand nur an mein Bett stößt, leide ich Qualen *12G-319*. Ein Gefühl, als ob etwas locker werde in der re Ovarialgegend, jedesmal, wenn sie den re Fuß fest aufsetzte *9-326*. Alle Muskeln sind wund und zerschlagen, so daß hartes Auftreten und die Bewegungen eines Wagens sehr schmerzhaft sind *22-40*. Bauch empfindlich gegen Erschütterung *23-15*.

6 **Reiben, Massieren, Druck erleichtert:**
Der Schmerz wurde etwas besser durch Druck auf das Ovar (re Ovar → Leiste, Oberschenkel; stechend, schneidend) *7-316*. Etwas besser durch leichtes Reiben mit der warmen Hand (scharf, schneidend, li Ovargegend, durch den Unterbauch hindurch) *6—19—329*. Der Schmerz wurde besser durch Reiben und leichten Druck (li Ovargegend; druckempfindlich. Greifend; durch den Unterbauch) *6—27—331*. Stechen im li Oberbauch bis zur re Rückenseite, besser durch Massieren und Druck *hh*.

7 **Im Zusammenhang mit Essen und bestimmten Nahrungsmitteln:**
Nahm mein Frühstück und 5 Minuten später hatte ich ein deprimierendes Gefühl im Epigastrium *20-10*. Milch verursacht Schmerzen im Magen und Kolik *i-6*. Magenschmerzen nach Essen besser. Die Schmerzen im Abdomen kommen besonders nach Tee- oder Weingenuß *i-9*. Magenschmerzen besser durch Essen *dd*. Schmerzen im Kreuz und im li Mittelbauch,

SCHMERZEN DER BAUCHORGANE Modalitäten V-1-E

besser nach dem Frühstück und durch Teetrinken *ee*. Milch macht Bauchschmerzen. Nach dem Abendessen Gefühl wie Stein im Magen *ff*. Gefühl von Zusammenziehung im Magen nach kalten Getränken, kann dann nichts essen. Sodbrennen nach Genuß von Gurken oder nach Rauchen. Druckgefühl im Magen bis zum Rücken, besser durch Essen. Stechen im li Oberbauch bis zur re Rückenseite nach dem Essen *hh*. Magenbeschwerden durch Schweinefleisch, Fett, Alkohol. Magenschmerzen besser durch Essen *jj*.

8 **Im Zusammenhang mit der Periode:**

Absonderung hellroten Blutes aus der Vagina mit dumpfem, schwerem Schmerz und großer Schwäche in Kreuz und Lenden *5-335*. Wundheit und Auftreibung im Bauch nach Aufhören der Menses *23-17*. Während der Periode: Druck und Gewichtsgefühl tief unten in der Vagina *24-13*. Nach der Periode: Ovarialneuralgie *24-14*. Ovarschmerzen, zerrender Schmerz mitten durch das Becken. Diese Symptome waren beträchtlich durch das Eintreten der neuen Regel vermehrt *g*. Dumpfer Ovarschmerz während der Menstruation *hGT-1*. Schmerzen und Stiche in der li Nierengegend, die nach dem Schoße zu ausstrahlen und auch außerhalb der Menses, besonders aber einige Tage vorher eintreten *i-2*. Immer Beschwerden bei den Menses: Gefühl, als ob alles nach dem Scheidenausgang zu dränge, stechende Schmerzen im li Ovar *i-4*. Die Menses mit heftigen Schmerzen. Besonders während der Menses Magenschmerzen *i-5*. Heftiger Schmerz über der li Leiste, besonders bei den Menses *i-7*. Menses alle 14 Tage mit Schmerzen *m-2*. 14 Tage nach jeder Periode ein heftiger Mittelschmerz *n*. Während der Periode Schmerzen, als ob das Blut nicht richtig abfließen würde *jj*.

9 **Stuhlgang, Blähungsabgang erleichtert:**

Die Symptome gingen mit einer reichlichen Darmentleerung vorüber. — Der wie vorher 8 Uhr morgens nachließ, zusammen mit einem reichlichen und lockeren Stuhl (Kneifender Schmerz in den Därmen) *6—2,3—228*. Kneifende Schmerzen nach jedem Durchfall *6GT—23—229*.

Rumpeln, Bauchschmerzen mit wenig Stuhldrang (die gewöhnlichen Bauchschmerzen werden durch Stuhlgang gemindert) *13-230*. Wehtun der Bauchmuskeln, ein unerträgliches Wehtun kurz vor einem Stuhl, aber nicht sehr während des Stuhlganges *7G-236*. Kneifende Schmerzen im unteren Teil der Eingeweide als wenn Durchfall kommen sollte, danach 4 lockere Stühle *15-242*. Darmentleerung, danach Hitze im Rectum mit leichten Bauchschmerzen *3-281*. Beim Stuhlgang heftiges Abwärtsdrängen in den Därmen und im Anus, mit Gefühl, als ob Durchfall folgen wollte, aber ohne Stuhlentleerung *5A-248*.

Einige Schmerzen im Unterleib, die erleichtert werden durch Abgang stinkender Blähungen *18—1—1*. Blähungen, die Leibschmerzen verursachen, erleichtert durch Abgang stark stinkender Flatus *18—4—4*. Stuhlgang leicht und die Schmerzen in den Eingeweiden erleichternd *18—6—9*.

Während des Stuhlganges Abwärtsdrücken, als wolle alles durch die Vagina austreten *a-9*. Vor den Stühlen kneifende Schmerzen oder starker Stuhldrang, mit Druck auf das Rectum *a-33*. Halbflüssige Stühle, mit Tenesmus während des Stuhlganges, vorher Zerren und Abwärtsdrängen mit dauerndem Stuhldrang im Rectum *b-3*.   Abwärtsdrängen und Zerren von hoch oben her bei Stuhlgang *cG-3*.

10 Aufregung verursacht Bauchschmerzen:
Gefühl im Bauch, wie ein nach unten ziehendes Gewicht, besonders bei Aufregung *bb*.   Magenschmerzen durch Aufregung *ff*.   Aufregung macht Magenbeschwerden *hh*.

11 Rückenlage verschlechtert, Seitenlage bessert:
Drückende Magenschmerzen, Klopfen im Epigastrium beim Liegen auf dem Rücken, besser in Seitenlage *ee*.   Rückenlage verschlechtert Bauchschmerzen *ff*.

12 Andere Modalitäten:
Als ob alles im Becken nach unten drücken würde, so daß sie heftig einatmen muß, um den Thorax nach oben zu ziehen und das Becken von seinem Gewicht zu entlasten *7-245*. Dauernde Schmerzen im re Oberbauch, schlechter durch tief einatmen *17-45*.   Völle und schmerzhaftes Ziehen um den Bauch herum, Aufstoßen bessert, kann aber nicht aufstoßen *hh*.

SCHMERZEN DER BAUCHORGANE — Begleitsymptome

1 Geistessymptome:
(siehe I-1-H-2: *7G-25, a-22, d-1, m-1, t. 6—31, 7—20, 7—23, 7—25, 7—28, 7—32, 7—40, 7—42, 7—65*.   I-1-H-10: *5—43, 5'—6, 5'—12, 7—23, 7—42*.   I-3-H-10: *23-7*.)

2 Schwäche:
(vgl. I-4-A-6: Schwäche im Bauch; I-4-B-1: Lokalisiertes Schwächegefühl in inneren Organen;   siehe I-4-E-9: *5-335, i-3. 6—16, 6—29, 7—26, 7—39*.)

3 Temperatursymptome:
(siehe II-4-G-10: *5—43, 5'—12, 6—9, 6—15, 6—23, 6—24*.)

4 Kopfschmerzen:
(siehe III-1-E-2: *6-228, 6-266. 4—1, 6—1-8, 6—13, 6—15, 6—23, 6—24, 6—30, 7—7, 7—25, 7—42, 7—61, 8—90*.   III-1-E-3: *7G-163, 20-13. 9—4*.)

5 Rückenschmerzen:
(siehe III-2-E-1: *7G-163*.   III-2-E-2: *9—4*.   III-2-E-3: *5-335, a-8, a-15, aT-16, a-22.   4—1, 6—13, 7—7, 7—20, 7—25, 7—28, 8—90, 9—4-5*.)

6 Gliederschmerzen:
(siehe I-5-E-4: *6-30*.   III-3-G-2: *23-25.   3—2(11³⁰), 6—1-8, 6—27, 6—29, 7—10*.)

7 Brustschmerzen:
(vgl. IV-1-A-3: Abwärtsdrängen wirkt sich bis zur Brust aus;   siehe V-1-E-3: *24-14, a-27, t. 6—13m, 6—19aN, 6—24(14⁰⁰), 6—27, 7—29, 15—6*.)

| SCHMERZEN DER BAUCHORGANE | Begleitsymptome | V-1-F |

8 **Sehstörungen:**
(siehe IV-2-F-9: *9—4,5.* IV-2-F-10: *5—43, 9—4,5.*)

9 **Halssymptome:**
(siehe IV-6-11: *i-9. 3—2(11³⁰).*)

10 **Atemstörungen, Husten:**
(siehe IV-7-7: *6—19aN, 6—24n, 6—31, 15—6.*)

11 **Hunger, Durst:**
Als ob alles im Becken nach unten drücken würde. — Gefühl, als drücke etwas gegen die Vorderwand des Rectum. — Der gesamte Beckeninhalt zerrt abwärts und vorwärts. — Leichte Druckempfindlichkeit in der Ovargegend, besonders re. — Viel Durst, trinkt oft und viel *7—22—278,245,322,332,177.* Vom vorderen Rand des Darmbeinkammes auf beiden Seiten ein kräftiges Ziehen nach unten und hinten. — Abwärtsdrängen in der Vagina. — Kräftiges Ziehen nach oben und vorn von der Steißbeinspitze aus. — Vermehrtes Verlangen nach Fleisch, und sie hat sehr viel gegessen *7—25—264,339,454, .165.* Anhaltender, brennender Schmerz durch das Hypogastrium von einer Leiste zur anderen. — Druck auf Rectum und Anus. — Druck auf Blase und Rectum. — Starkes Gefühl von Reizung im Uterus. — Verlangen nach Fleisch. Durst *7—42—241,268,283, 321,162,176.* Kneifende Schmerzen im unteren Teil der Eingeweide, als wenn Durchfall kommen wollte. — Heißhunger für das Mittag- und Abendessen *15—6—242,164.*

12 **Übelkeit, Speichelfluß:**
Leichter Schmerz in den Därmen, die ganze Nacht. — Übelkeit mit starkem Brechreiz, aber Unfähigkeit zu erbrechen (21³⁰) *3—1N—221,184.* Sehr unangenehmes Gefühl in den Därmen. — Hitze und Druck im Hypogastrium. — Übelkeit, Brechreiz. — Dauernder Brechreiz *3—2(11³⁰)—217,240,185,193.* Kneifende Schmerzen nach jedem Durchfall. — Übermäßig viel Speichel. — Übelkeit *6—23—229,183.* Reißender Schmerz im Unterbauch von der Gegend der Ovarien an nach abwärts auf beiden Seiten. — Druckgefühl in der Vagina. — Hatte keinen Appetit. — Übelkeit erheblich vermehrt *7—7—259, 338,172,192.* Dumpfes Schweregefühl im Magen. — Schmerzen in der re Ovargegend, ein Nagen und Zerren. — Aufstoßen. — Plötzlich entstehende Übelkeit *9—4—201,326, 181,187.*

13 **Flatulenz:**
(vgl. V-1-E-9: Blähungsabgang erleichtert Bauchschmerzen).
Starke Auftreibung des Bauches. Sehr unangenehme, dumpfe Schmerzen im li Ovar *a-15.* Abwärtsdrängende Schmerzen. Bauch wie aufgetrieben *a-22.* Auftreibung des Unterbauches mit den Schmerzen ein paar Tage vor der Entbindung *b-6.*

Rumpeln, Bauchschmerzen *13-230.* Leichter Schmerz in den Därmen, die ganze Nacht, mit Rumpeln. — Glucksen im re Oberbauch. — Blähungen bewegen sich in den Därmen, mit Völlegefühl. — Rumpeln im unteren Teil der Eingeweide, mehr auf der re Seite *3—1N—221,204,212,239.* Sehr unangenehmes Gefühl in den Därmen. — Hitze und

Druck im Hypogastrium. – Starke Auftreibung des Magens, mit häufigem Aufstoßen und Blähungsabgang *3–2(11³⁰)–217,240,196*. Dumpf ziehender Schmerz in der li Ovargegend. – Flatulenz und ein Gefühl von Aufgeblähtsein der Därme nach Stuhlgang *6–13m–325,211*. Scharfe Schmerzen in der Ovargegend. – Jucken und Beißen der Labien, scharfe Schmerzen die Vagina aufwärts. – Ziehender Schmerz in der li Lande, nahe der Hüfte. – Flatulenz und ein Gefühl von Aufgeblähtsein der Därme nach Stuhlgang *6–15–327,340,439,211*. Gefühl von Abwärtszerren des gesamten Bauchinhaltes. – Viel Rumpeln in der li Seite des Unterbauches *6–30–231,209*. Schmerzhaftes Ziehen in der Umgebung der li Leiste, bis zum Schambein. – Gefühl, als wären die inneren Geschlechtsorgane geschwollen, sehr unangenehmes Drücken nach unten. – Viel Blähungen und Bewegungen in den Därmen. – Starkes Völlegefühl in Brust und Bauch *6–33–263,336,213,362*. Reißender Schmerz im Unterbauch von der Gegend der Ovarien aus nach abwärts auf beiden Seiten. – Druckgefühl in der Vagina. – Das gleiche Gefühl von Aufblähung des Unterbauches, besonders an den Hüften und in der Uterusgegend *7–7–259,338,192*.

14 Diarrhoe, Stuhldrang:

(vgl. V-1-B-2: Abwärtsdrängen in den Därmen mit Druck auf Rectum und Anus, dauernder Stuhldrang; V-1-B-3: Stuhlentleerung gefolgt von Beißen und Reizung im Anus und das Rectum hinauf; V-1-E-9: Stuhlgang, Blähungsabgang erleichtert Bauchschmerzen).

Stühle häufig, blutig, schleimig. Empfindlichkeit über dem li Ovar, mit Abwärtsdrängen und Gefühl, als ob sie die Vulva festhalten müßte während des Stuhlganges *aT-8*. Quälender Schmerz und Druck im Rectum. Dauernder Stuhldrang. Hat Angst, sich zu bewegen, weil alles nach unten durchfallen könnte *a-19*. Schmerzen im Leib, mehr oder minder heftiger Stuhldrang, Gefühl, als ob die Genitalien herausgedrängt würden *k*. Schmerzen um den Nabel. Übelriechender, brauner Durchfall *aa*.

Die li Seite des Unterbauches (Ovargegend) ist berührungsempfindlich, manchmal zuckende Schmerzen in dieser Gegend, bis zur Leiste und Schamgegend vorn. – Der gewöhnliche Durchfall am Morgen, danach die gleiche Empfindung von scharfem Beißen *6–16–260,276*. Die Empfindung wie ein Gewicht und das Druckgefühl in der Gegend des Unterbauches und des li Ovars kamen in Abständen bis vor einigen Tagen immer wieder. – Morgens Durchfall, mit vermehrtem Beißen und Reizung im Mastdarm und Anus und mit Kneifen in den Därmen, ungefähr 2 Monate lang *6–60–225,274*. Als ob alles im Becken nach unten drücken würde. – Der gesamte Beckeninhalt zerrt abwärts und vorwärts. – Leichte Druckempfindlichkeit in der Ovargegend, besonders re. – Hat abwechselnd einen festen und einen lockeren Stuhl, und ein dauerndes Gefühl, als müßte Stuhlgang kommen, dies kam von einem Gefühl, als drücke etwas gegen die Vorderwand des Rectum *7–22–245,322,332,278*. Gefühl von Herauszerren aus der Vagina, trichterartig. – Wehtun im Becken zwischen Promontorium und Schambein, Ovarien tun weh wie glühende Kohlen. – Dauernder Stuhldrang durch Druck auf das Rectum, dauernder Tenesmus *7–23–246,316,278*.

Brennen durch den Unterbauch und in beiden Ovarien. — Durchfall, sie mußte sich beeilen 7—*62m*—*222,272.*

15 **Harnwegssymptome:**
Empfindlichkeit über dem li Ovar, mit Abwärtsdrängen. Häufiger Urindrang *aT-8*. Abwärtsdrängen in der Uterusgegend. Empfindlichkeit des geschwollenen li Ovars. Der Urin macht Beißen *a-14*. Dauernder Urindrang. Urin manchmal spärlich. Hat Angst, sich zu bewegen, weil alles unten durchfallen könnte *a-19*. Abwärtsdrängende Schmerzen. Häufiger, spärlicher, brennender Urin *a-22*. Stühle mit Tenesmus der Blase und des Rectum während des Stuhlganges, vorher anhaltendes Zerren und Abwärtsdrängen *b-3*. Abwärtsdrängen und Zerren von hoch oben her. Schmerzhaftes Beißen in der Urethra nach dem Wasserlassen *cGT-3*. Menses mit Schmerzen im Abdomen eintretend, der Harn zeigt in dieser Zeit, und besonders während der Menses ein oft sehr starkes ziegelmehlartiges Sediment *i-2*. Schmerzen im Leib, mehr oder minder heftiger Drang zum Urinieren, Gefühl, als ob die Genitalien herausgedrängt würden *k*. Schwere und Herabziehen im Hypogastrium. Schmerzen im li Eierstock, häufiger Urindrang *m-1*.

Kneifender Schmerz in den Därmen, ging mit einer reichlichen Darmentleerung vorüber, danach scharfes Beißen im Anus und das Rectum hinauf. — Häufiger Urindrang mit spärlichem Abgang und Reizung und Beißen in den Harnwegen nach jedem Abgang 6—*2-8*—*228,291.* Dumpf ziehender Schmerz in der li Ovargegend. — Urin dick, milchig, wenig, häufiger Drang, Wundheit und brennende Hitze nach dem Urinieren 6—*13m*—*325,309.* Scharfe Schmerzen in der Ovargegend. — Jucken und Beißen der Labien, scharfe Schmerzen die Vagina aufwärts. — Ziehender Schmerz in der li Lende, nahe der Hüfte. — Brennen und Beißen in den Harnwegen nach jeder Absonderung 6—*15*—*327,340,439,288.* Unangenehmes Gefühl in Magen und Darm. — Starkes Gefühl eines Gewichtes und Abwärtsdrängen im unteren Teil der Eingeweide. — Ziehen in der re Inguinalgegend. — Urin reichlich, rotes Sediment, beißende Reizung nach jedem Abgang 6—*24*—*199,256,262,304.* Gefühl von Herauszerren aus der Vagina, trichterartig. — Wehtun im Becken zwischen Promontorium und Schambein, Ovarien tun weh wie glühende Kohlen. — Dauernder Urindrang, hinterher Beißen und Tenesmus. — Brennen in der Harnröhre 7—*23*—*246,316,285,287.* Vom vorderen Rande des Darmbeinkammes auf beiden Seiten ein kräftiges Ziehen nach unten und hinten. — Abwärtsdrängen in der Vagina. — Kräftiges Ziehen nach oben und vorn von der Steißbeinspitze aus. — Dauernder Druck auf die Blase, dauernder Urindrang, hinterher Beißen und Tenesmus 7—*25*—*264,339,454,285.* Abwärtsdrängen und Brennen überall in der Scham- und Genitalgegend, begleitet von Druck auf die Blase, der Urin ist hochgestellt und spärlich, sie mußte alle Viertelstunde Wasser lassen. — Leidenschaftliche Erregung, brennende und drückende Schmerzen in den Ovarien, mehr re, die sie deutlich fühlen kann 7—*65*—*249,352.*

16 **Fluor albus:**
Große Empfindlichkeit des Muttermundes. Wehtun, brennende und drückende Schmer-

zen. Anhaltender Weißfluß, mild, profus, grünlich gelb *a-20*.   Starkes Abwärtsdrängen. Druck auf Blase und Rectum. Weißfluß scharf, von schmutzig gelblich brauner Farbe *a-21*.   Dumpfer Schmerz im re und oft auch im li Ovar mit stinkendem Weißfluß *hG-1*.   Schmerzen im li Ovar mit eiweißartigem Weißfluß und Herabziehen in der li Seite *hG-3*.   Ziemlich starker Fluor albus. Schmerzen in der li Ovarialgegend *i-2*.   Gefühl, als ob die Genitalien herausgedrängt würden, dazu Fluor albus *k*.   Schwere und Herabziehen im Hypogastrium. Schmerzen im li Eierstock. Reichliche, gelbliche Leukorrhoe *m-1*.   Der Mittelschmerz beginnt mit Ausfluß *n*.   Heftige Schmerzen in beiden Leisten, dazu dicker, gelber Ausfluß *o*.

Abwärtsdrängen, wie leichte Wehen. − Weißfluß, eine dünne, scharfe Absonderung *7−39n,a-M−252,334*.   Anhaltende Beckenschmerzen, die denen bei drohender Fehlgeburt ähnelten. − Fluor, wundmachend wie vorher *7−40−254,334*.   Anhaltender, brennender Schmerz durch das Hypogastrium von einer Leiste zur anderen. − Druck auf Rectum und Anus. − Druck auf Blase und Rectum. − Starkes Gefühl von Reizung im Uterus. − Scharfer Fluor wie vorher *7−42−241,268,283,321,334*.

MAGEN   Appetit, Durst

1 **Hunger wird im Rücken und Hinterkopf empfunden:**
Starker Hunger, der im Rücken empfunden wird und von da über Hinterkopf und Scheitel *7G−61−163*.

2 **Starker Hunger, Schwächegefühl vor dem Essen:**
Enormer Appetit, besonders auf Fleisch *7−32−162*.   Starker Hunger, der im Rücken empfunden wird. Sie aß enorm viel, fühlte sich aber, als würde sie verhungern *7G−61−163*.   Heißhunger für das Mittag- und Abendessen *15-164*.   Vermehrter Appetit während der ganzen Prüfung *17-36*.   Riesenhunger. Kann immer essen, und zwar alles, was es gibt. Hat dabei in einem Jahr 8 kg abgenommen. Ohnmachtsgefühl vor dem Essen, essen bessert aber nicht *r*.   Der Appetit war gut, sie konnte auch so ziemlich alles vertragen, hauptsächlich, was gut schmeckte und alkoholisch war *s*.   Schwächegefühl im Epigastrium bei Hunger *dd*.   Einige Zeit vor dem Essen Schwäche- und Leeregefühl im Magen. Ohnmachtsgefühl, besser durch Essen. Bitterer Mundgeschmack, wenn sie Hunger hat. Viel Hunger *ee*.   Immer Hunger, schnell satt *ff*.   Schwächegefühl im Magen, hat einen Bärenhunger, ist aber schnell satt. 10-11 Uhr abends Beklemmungsgefühl mit Hunger. Wacht nachts auf und muß etwas essen *hh*.   Hunger vor der Periode *jj*.

3 **Launischer Appetit. Wechsel zwischen Hunger und Appetitlosigkeit. Trotz Hunger schnell gesättigt:**
Ich weiß nicht, ob ich Hunger habe oder nicht. Wenn der Magen leer ist, habe ich keinen Hunger, wenn er voll ist, habe ich Hunger. Schneller Wechsel zwischen Hunger

und Appetitlosigkeit *bb*.   Hunger trotz Völlegefühl im Magen *dd*.   Immer Hunger, schnell satt. Aufgebläht nach dem Essen, der Magen schafft nicht, Völlegefühl im Magen *ff*.   Gefühl wie ein Kloß im Hals, dann Hunger *gg*.   Rumoren wie von Hunger im Leib. Magenknurren bald nach einer Mahlzeit. Schwächegefühl im Magen, hat einen Bärenhunger, ist aber schnell satt. Hunger, sofort nach den ersten Bissen aufgeblähter Magen. Magen schon während des Essens wie zugeschnürt, muß aufhören zu essen, hat dann plötzlich wieder Hunger *hh*.

4 **Verlangen nach Fleisch, Abneigung gegen Brot und Kaffee. Verschlechterung durch bestimmte Nahrungs- und Genußmittel:**
Abneigung gegen Kaffee, Übelkeit beim Darandenken, obwohl er ihr dauerndes Lieblingsgetränk am Morgen ist *5G–43–179*.   Abneigung gegen Brot und Kaffee *5'–5,6–174*.   Das Essen schmeckt nicht, besonders Brot, und Widerwille gegen Kaffee *5'–11–173*.   Die besondere Abneigung gegen Brot setzt sich fort *5'–12–171*.

Vermehrtes Verlangen nach Fleisch, und sie hat sehr viel gegessen *7–25–165*. Enormer Appetit, besonders nach Fleisch. – Wieder Verlangen nach Fleisch *7–32,42–162*.   Die gewöhnliche Zigarre ist ihm eklig und macht Wasserzusammenlaufen im Munde *13-175*.   Große Abneigung gegen Kaffee noch lange Zeit nach der Prüfung *16-180*.

Die Schmerzen im Abdomen kommen besonders nach Tee- oder Weingenuß *i-9*. Sie entwickelte eine Sucht nach Zucker, aß ihn teelöffelweise *p*.   Durchfall nach Milchgenuß. Brot macht Aufstoßen *dd*.   Verlangen nach Sauer und Süß. Linsen, Brei, Steinobst und Schokolade bekommen nicht gut. Schmerzen im Kreuz und im li Mittelbauch, besser durch Teetrinken. Durchfall nach fetten Speisen *ee*.   Milch macht Bauchschmerzen und Durchfall *ff*.   Gefühl von Zusammenziehung im Magen nach kalten Getränken, kann dann nicht essen. Sodbrennen nach Genuß von Gurken oder nach Rauchen. Abneigung gegen Fett *hh*.   Magenbeschwerden nach Schweinefleisch. Verschlimmerung der Magenbeschwerden durch Fett und Alkohol. Seit der Kindheit Abneigung gegen Milch *jj*.

5 **Appetitlosigkeit:**
Der Appetit verging ihr *10-166*.   Appetit sehr gering, schnell satt *6–25–167*.   Appetitlosigkeit *14,5,5'-168; a-22,32; c-1*.   Völlige Appetitlosigkeit *16-169*.   Kein Appetit *5',13-170*.   Möchte nicht essen *5'-171; a-3*.   Sie aß so viel wie sonst, hatte aber keinen Appetit *7–7–172*.   Wenig Appetit *a-21*.   Appetitmangel *i-3*.   Ißt wenig und trinkt viel *jj*.

6 **Durst:**
Viel Durst, trinkt oft und viel *7–22–177*.   Durst *7–42–176*.   Mund trocken, Durst nach großen Mengen Wasser *aT-8*.   Muß immer trinken, etwa 3 l Bier am Tag *r*.   Sie konnte so ziemlich alles vertragen, hauptsächlich, was gut schmeckte und alkoholisch war *s*.   Ißt wenig und trinkt viel *jj*.

7 **Begleitsymptome. Verschlimmerung anderer Symptome zusammen mit Anfällen von Durst oder Hunger:**
Anfälle von Durst gehen jedesmal einem Anfall von Benommenheit, Abgestumpftheit und Niedergeschlagenheit voraus, danach folgen jedesmal die heftigen Symptome während der Prüfung *7G-178*. Wehtun der Hals- und Nackenmuskeln, immer dann schlimmer, wenn sie „Durst"-Anfälle hat während der ganzen Prüfung *7-426*. Wehtun des re Hüftgelenkes, schlimmer, wenn sie „Durst"-Anfälle hat, während der ganzen Prüfung *7-485*. 10-11 Uhr abends Beklemmungsgefühl mit Hunger *hh*.

Hohles, leeres Gefühl in Magen und Darm. — Kopf sehr heiß. — Dumpfer Schmerz in der re Gesichtsseite mit Gefühl von Verlängerung der Zähne. — Heftiges Abwärtsdrängen in den Geschlechtsteilen. — Verlangen nach einem tiefen Atemzug. — Li Mamma schmerzhaft. — Hände und Unterarme steif und heiß. — Unruhe *6—31—200, 65,157,337,357,390,463,536*. Viel Durst, trinkt oft und viel. — Schmerzhaftes Grimmen in der re Kopfseite und in den re Zähnen. — Gefühl von Aufgeblähtsein. — Als ob alles im Becken nach unten drücken würde. — Dauerndes Gefühl, als müßte Stuhlgang kommen *7—22—177,113,227,245,278*. Vermehrtes Verlangen nach Fleisch, und sie hat sehr viel gegessen. — Aufnahmefähigkeit und Denkfähigkeit herabgesetzt. — Neigung zum Tagträumen. — Schmerz im Hinterkopf und über den Augen. — Vom vorderen Ende des Darmbeinkammes auf beiden Seiten ein kräftiges Ziehen nach unten und hinten. — Dauernder Druck auf die Blase. — Abwärtsdrängen in der Vagina. — Kräftiges Ziehen nach oben und vorn von der Steißbeinspitze aus *7—25—165,32,36,118, 264,285,339,454*. Enormer Appetit auf Fleisch, je größer der Appetit, desto ausgeprägter die Symptome. — Gedanken und Gefühle stumpf. — Ein einzelner, trockener Hustenstoß. — Kurzatmig *7—32—162,33,355,401*. Verlangen nach Fleisch. — Durst. — Schießen in der re Kopfseite. — Brennender Schmerz durch das Hypogastrium. — Druck auf Blase und Rectum. — Fluor *7—42—162,176,117,241,283,334*. Starker Hunger. — Gefühl, als sollte die Periode kommen. — Fühlt sich gehetzt *7—61—163,244,540*.

MAGEN — Übelkeit, Erbrechen, Aufstoßen, Sodbrennen

1 **Aufstoßen, Aufblähung des Magens:**
Sehr bald Aufstoßen vom Magen her. — Starke Auftreibung des Magens mit häufigem Aufstoßen und Blähungsabgang. — Aufblähung von Magen und Darm, mit Rumpeln, abends. — Der Abgang von Winden nach oben und unten ist ein sehr konstantes Begleitsymptom während der Prüfung *3—1,2,4,—182,196,195,198*.

Aufstoßen *9-181*. Sehr starke Aufblähung von Magen und Darm, besser durch Abgang von Winden nach oben und unten *14G-197*. Ungewöhnliches Völlegefühl im Magen nach dem Essen, mit Druck nach oben *6G-202*. Häufiges, leeres Aufstoßen *17-40*.

„Furchtbares" Aufstoßen, muß 8-10 mal hintereinander aufstoßen. Druck auf der

Brust, besser durch Aufstoßen oder Erbrechen *aa.* Aufstoßen nach dem Essen. Brot macht Aufstoßen. Das Aufstoßen bleibt in der Speiseröhre stecken *dd.* Morgens und nach dem Essen reichlich Luftaufstoßen, das wie Salmiak riecht. Magen voll und schwer, dauernd Aufstoßen *ee.* Aufgebläht nach dem Essen. Der Magen schafft nicht. Völlegefühl im Magen. Kann nicht aufstoßen *ff.* Vorgewölbter Magen nach dem Essen. Hunger, sofort nach den ersten Bissen aufgeblähter Magen. Völle und schmerzhaftes Ziehen um den Bauch herum, Aufstoßen bessert, kann aber nicht aufstoßen *hh.*

2 Übelkeit:

Übelkeit mit starkem Brechreiz, aber Unfähigkeit zu erbrechen. – Leichte Übelkeit. – Übelkeit mit Brechreiz. – Dauernder Brechreiz, mit häufigem Schleimräuspern aus dem Halse *3–1,1,2,2–184,190,185,193.*

Abneigung gegen Kaffee, Übelkeit beim Darandenken. – Anhaltende Übelkeit und Gefühl eines Klumpens in der Mitte der Brust. – Übelkeit und Rückenschmerzen *5G,5G,5'–43,43,10–179,189,186.*

Süßliche Übelkeit, mit Völlegefühl im Unterleib, besonders nach Essen, auch nach wenig Essen, aber das Essen verstärkt die Übelkeit nicht, kein Brechreiz. – Übelkeit erheblich vermehrt, mit dem gleichen Gefühl von Aufblähung des Unterleibes. – Anhaltende Übelkeit *7–4,7,8–192,192,188.*

Die gewöhnliche Zigarre ist ihm eklig und macht Wasserzusammenlaufen im Munde *13-175.* Übelkeit *6GT,9-183, 1-194, a-3, i-8.* Plötzlich entstehende Übelkeit, die nur ein paar Augenblicke dauert und ebenso plötzlich wieder vergeht *9-187.* Manchmal erhebliche Übelkeit nach dem Essen *14-191.* Übelkeit mit Heraufkommen einer scharfen, brennenden Flüssigkeit *17-37.* Gefühl wie Seekrankheit im Epigastrium *17-39.* Übelkeit, Gefühl, als wenn sie brechen müßte, sobald sie das Epigastrium berührt *23-12.*

Schwangerschaft: morgens Übelkeit *a-27.* Vormittags leidet sie an Übelkeit *i-9.* Ab und zu Übelkeit *ii.*

3 Erbrechen:

Zuerst natürliche Darmentleerung, dann gelbgefärbt, ebenso wie das Erbrechen und die Nasenabsonderung *1–9Std–279.* Erbrechen zuerst von wie unverdaut aussehendem Speisebrei, dann von gelbgefärbtem Schleim, von derselben Farbe wie die Nasenabsonderung, die gelbe Farbe schien nicht durch Galle verursacht zu sein, das Erbrechen geschah gelegentlich und wurde schließlich blutig *1–2–194.* Zittrig und schwach, wie von einem Anfall von Erbrechen, beim Erwachen morgens *10-517.* Peritonitis: Erbrechen *i-4.* Magenschmerzen und Erbrechen *i-6.* Muß nach den Oesophagusbeschwerden oft erbrechen, wobei mitunter schwarze Blutstücke kommen *i-9.* Druck auf der Brust, besser durch Aufstoßen oder Erbrechen *aa.* Manchmal Erbrechen, Schwächegefühl hinterher *ii.*

4 **Sodbrennen:**
Übelkeit mit Heraufkommen einer scharfen, brennenden Flüssigkeit *17-37*. Sodbrennen *n, dd*. Sodbrennen nach Genuß von Gurken oder nach Rauchen *hh*.

5 **Begleitsymptome:**
Neigung zum Weinen, mit Übelkeit und Rückenschmerzen, möchte nicht essen *a-3*. Schwangerschaft: Morgens Übelkeit, häufiges, reichliches Urinieren, Herzklopfen *a-27*. Schleimräuspern, mit anhaltender Übelkeit *cG-2*. Beginn der Krankheit mit Frösteln und folgendem Fieber, heftigen Magenschmerzen und Erbrechen *i-6*. Hat seit einiger Zeit Übelkeit, Kongestionen, Herzklopfen *i-8*. Vormittags leidet sie an Übelkeit, Gefühl eines Strangs im Halse. Muß bei den Oesophagusbeschwerden oft erbrechen *i-9*.

Aufstoßen vom Magen her. — Scharfe Schmerzen in beiden Knien $3-1(15^{30})-182,499$. Aufstoßen vom Magen her. — Leichte Übelkeit. — Dumpfer und gelegentlich schießender Schmerz durch das Kreuz. — Schmerzen in den Beinen unterhalb der Knie. — Pulsieren in beiden Füßen. — Schmerzen in kleinen Stellen, wie vom Druck einer Fingerspitze. — Ameisenlaufen unterhalb der Knie $3-1(19^{30})-182,190,447,501,509,559, 564$. Übelkeit mit starkem Brechreiz, aber Unfähigkeit zu erbrechen. — Glucksen im re Oberbauch. — Blähungen bewegen sich in den Därmen, mit Völlegefühl. — Rumpeln im unteren Teil der Eingeweide, mehr re. — Schneller Schmerz im Ringfinger beider Hände und den entsprechenden Zehen gleichzeitig $3-1(21^{30})-184,204,212,239, 457$. Übelkeit, Brechreiz. — Dauernder Brechreiz, mit häufigem Schleimräuspern aus dem Halse. — Starke Auftreibung des Magens, mit häufigem Aufstoßen und Blähungsabgang. — Sehr unangenehmes Gefühl in den Därmen. — Hitze und Druck im Hypogastrium. — Darmentleerung, danach Hitze in Rectum und Anus. — Schnelle Schmerzen in den Beinen. — Eine kleine Stelle auf der Innenseite des li Oberschenkels ist manchmal sehr schmerzhaft. — Schwäche und Schmerzen in den Knien beim Gehen $3-2(11^{30})-185,193,196,217,240,281,478,488,493$. Appetitlosigkeit. — Abneigung gegen Kaffee, Übelkeit beim Darandenken. — Anhaltende Übelkeit und Gefühl eines Klumpens in der Mitte der Brust. — Niedergedrückte Gemütsstimmung, Neigung zum Weinen, Angst, eine schreckliche Krankheit zu haben. — Verschwommensehen. — In den Därmen Gefühl wie aufgetrieben. — Zittern im Bauch, mit Frösteln. — Abwärtsdrängen in den Därmen. — Häufiger, aber spärlicher Urin. — Ohnmachtsanwandlungen. — Kalte Hände und Füße $5-43-168,179,189,9,139,225,238,248,295,535,604$. Übelkeit und Rückenschmerzen. — Kein Appetit. — Dumpfer Schmerz in der Stirn $5'-10-186, 170,89$. Übelkeit. — Übermäßig viel Speichel. — Schweregefühl im Kopf. — Drückende Schmerzen und Hitze in der Stirn. — Kneifende Schmerzen nach jedem Durchfall. — Morgendurchfall. — Schmerz in der re Hüfte und den Oberschenkel hinunter. — Große Hinfälligkeit. — Heiße Hände $6-23-183,160,61,95,229,274,479,548,623$. Sie aß so viel wie sonst, hatte aber keinen Appetit. — Übelkeit erheblich vermehrt, mit dem gleichen Gefühl von Aufblähung des Unterbauches. — Zuckende Schmerzen in verschiedenen Teilen des Kopfes. — Reißender Schmerz von den Ovarien nach abwärts. —

| MAGEN / DARM | Stuhldrang, Diarrhoe | V-3-A |

Druckgefühl in der Vagina und Schmerz an der Spitze des Kreuzbeines bis zu den Hüften. – Unruhe 7–7–172,192,79,259,338,537. Übelkeit. – Dumpfer Kopfschmerz, in der Stirn. – Gähnen und Strecken. – Frost, Zusammenschnüren um das Herz 9–3–183,71,567,598. Aufstoßen. – Plötzlich entstehende Übelkeit. – Gefühl wie betäubt. – Dumpfes Schweregefühl im Magen. – Schmerz in der re Ovargegend. – Nagender Rückenschmerz, in der Lumbalgegend 9–4–181,187,31,201,326,438.

DARM   Stuhldrang, Diarrhoe

1 **Stuhldrang, beim Versuch kommt nur Urin. Druck auf Rectum und Blase gleichzeitig:**
Gefühl, als ob Durchfall folgen sollte, aber ohne Stuhlentleerung (von zwei Prüfern beobachtet); bei jeder Anstrengung wird nur eine kleine Menge Urin entleert. – Abwärtsdrängen mit dauerndem Stuhldrang, aber bei jeder Anstrengung zum Stuhlgang wird nur Urin entleert 5A,5AAG–43–248,250.

Stuhlgang jede halbe Stunde, dauernder Tenesmus und Brennen in der Harnröhre. – Druck auf Blase und Rectum. – Schmerz in der li Kopfseite, gefolgt von Durchfall und Druck auf die Blase 7–23,42,61–278,283,114.

Gefühl, als sollte Durchfall kommen, das aber beim Wasserlassen vergeht, jeden Tag, und manchmal mehrmals am Tage 14G-243. Bei Lilium handelt es sich um einen wirklichen Druck eines vergrößerten Uterus auf die Blase. Dieser Druck bringt auch im Mastdarm jenen fast beständigen Stuhldrang hervor 26-2.

Dauernder Stuhl- und Urindrang a-19. Große Empfindlichkeit des Muttermundes, Schwieriges und schmerzhaftes Wasserlassen und Stuhlgang a-20. Starkes Abwärtsdrängen, Druck auf Blase und Rectum a-21. Halbflüssige Stühle mit Tenesmus der Blase und des Rectum während des Stuhlganges b-3. Hat mehr oder minder heftigen Drang zum Stuhl und zum Urinieren k.

Etwas durchfälliger Stuhlgang, mit scharfem Beißen im gesamten Verdauungskanal. – Häufiger, aber spärlicher Urin, mit scharfem Beißen der Urethra 6–32–275,295. Dauernder Druck auf das Rectum. – Dauernder Urindrang 7–69–270,293.

2 **Abwärtsdrängen und Druck zum Rectum und Anus hin, dauernder Stuhldrang, besonders im Stehen, vergeblicher Stuhldrang, Gefühl, als sollte Durchfall kommen:**
(siehe V-1-B-2).
Vergeblicher Stuhldrang. Beim Gehen ist der Stuhl im Darm heruntergerutscht dd. Vergeblicher Stuhldrang gg. Völlegefühl im Unterbauch; Viel Stuhldrang, wenig Stuhl hh.

3 **Plötzlicher, eiliger Stuhldrang:**
Heftiger Stuhldrang, kann nicht warten 5–43–271. Durchfall, sie mußte sich be-

eilen, kann nicht eine Minute warten *7—62—272*. Der Durchfall war plötzlich und zwingend, mit heftigem Tenesmus *16G-273*. Stuhl dünn, morgens Diarrhoe, die sie aus dem Bett treibt *24-23*. Morgens Diarrhoe, Stühle sehr eilig, kann nicht einen Moment warten *a-33*. Morgens plötzlicher, heftiger Stuhldrang *jj*.

4 **Reizung, Beißen und Brennen im Anus und das Rectum hinauf nach dem Stuhlgang; scharfer Stuhl:**
(siehe V-1-B-3).

5 **Bauchschmerzen vor Durchfall. Stuhlgang bessert Bauchschmerzen:**
(siehe V-1-E-9: Stuhlgang, Blähungsabgang erleichtert Bauchschmerzen).

6 **Morgens Durchfall oder mehrmals Stuhlgang:**
Kneifender Schmerz in den Därmen, der etwa 8 Uhr morgens nachließ, zusammen mit einem reichlichen und lockeren Stuhl. — Jeden Morgen nach dem Aufstehen Durchfall. — Kräftige Darmentleerung heute morgen beim Aufstehen. — Der gewöhnliche Durchfall am Morgen. — Etwas durchfälliger Stuhlgang morgens beim Aufstehen. — Morgens Durchfall. Der Durchfall kam jeden Morgen beim Aufstehen wieder *6—3,8,12,16,32,60—228,228,280,276,275,274*.

Durchfall, hatte 4 mal Stuhlgang, von 7 Uhr bis 11 Uhr vormittags, dieser Anfall ist wie die zwei vorhergehenden. — Durchfall am Morgen *7—62,65—272,12*.

Mehrere Entleerungen (morgens) *1—3—277*. 8 Uhr morgens tritt eine Bewegung in den Eingeweiden ein: Stuhlgang zuerst hart, dann weich. — 8 Uhr morgens Drang und leichter Stuhl. 9 Uhr morgens wieder Drang *18-6,9*. Stuhldrang, morgens Diarrhoe, die sie aus dem Bett treibt *24-23*.

Morgendiarrhoe *a-33; cG-3*. Halbflüssige Stühle, schlimmer morgens und vormittags *b-3*. Morgens 2-3 mal Stuhlgang *dd*. Morgens während der ersten Unterrichtsstunde heftiger Stuhldrang *jj*.

7 **Andere Modalitäten:**
Nachts Gefühl, als sollte Durchfall kommen *3—1—220*. Die erste Wirkung war Durchfall, der am 3. Tag begann und während der ganzen Prüfung täglich auftrat, er kam direkt nach dem Mittagessen *16G-273*. 11^{30} abends leichter Stuhlgang *18-8*. Durchfall nach Milchgenuß *dd*. Durchfall durch fette Speisen *ee*. Milch macht Bauchschmerzen und Durchfall *ff*. Aufregung, Erwartung verursacht häufig Durchfall *hh*.

8 **Andere Eigenschaften des Stuhles:**
Zuerst natürliche Darmentleerung, dann gelbgefärbt, ebenso wie das Erbrechen und die Nasenabsonderung, und schließlich blutig. — Mehrere Entleerungen, dunkelfarbig, sehr stinkend. — Große, dunkelfarbige, sehr stinkende Entleerung *1—9Std,3,56Std—279, 277,277*.

Reichlicher und lockerer Stuhl. — Kräftige Darmentleerung, dunkelfarbig und sehr stinkend *6—3,12—228,280*.

Jetzt hat sie abwechselnd einen festen und einen lockeren Stuhl, mehrere am Tag. — Stuhlgang jede halbe Stunde, klumpig, klein, durchfällig, mit Winden. — Durchfall, hatte 4 mal Stuhlgang, Stuhl locker, aber nicht wässrig und dunkelbraun 7—22,23,62—278,278,272.

4 lockere Stühle 15—6—242.   Stühle reichlich und biliös 16G-273.   Gelblich grüne, durchfallartige Stühle. — Gelbe, breiige Stühle 17-58,59.   Stuhl gelb, breiig 24-23. Die Stuhlentleerung besteht oft aus einem einzigen Tropfen Schleim mit etwas Blut gemischt 25-22.

Dysenterie: Stühle häufig, blutig, schleimig. — Die Stühle werden blutiger und kommen alle halbe Stunde a-8.   Stühle locker, biliös, dunkel, stinkend a-33.   Dunkelbraune, halbflüssige, biliöse, stinkende Stühle b-3.   Übelriechender, brauner Durchfall aa. Haemorrhoiden, Blut im Stuhl dd.   Weicher Stuhl von wechselnder Farbe ii.

DARM   Flatulenz, Obstipation, Anus

1 Aufblähung des Unterleibes:
(vgl. V-2-B-1: Aufblähung des Magens)
Übelkeit, mit Völlegefühl im Unterleib. — Übelkeit mit dem gleichen Gefühl von Aufblähung des Unterleibes, besonders an den Hüften und in der Uterusgegend. — Unbegründetes Gefühl von Aufgeblähtsein. — Ein wenig Völle und Wehtun im Bauch. — Weiterhin Aufblähung des Bauches 7—4,7,22,28,31—192,192,227,224,207.

Blähungen bewegen sich in den Därmen, mit Völlegefühl 3—1—212.   In den Därmen meistens ein Gefühl von Völle und Auftreibung 14-223.   In den Därmen Gefühl wie geschwollen [aufgebläht?] 5—43—225.   Am Nachmittag einige Schmerzen im Unterleib, von Gas verursacht. — Einige Ansammlung von Blähungen, die leichte Schmerzen verursachen. — 10 Uhr 30 hatte ich Schmerzen im Unterleib, Gefühl als ob Blähungen die Veranlassung wären, konnte aber keine Blähungen lassen 18-1,4,7.   Auftreibung des Unterbauches nach einer Mahlzeit, hielt nach einem Durchfall an 23-14.

Starke Auftreibung des Bauches, sieht aus wie vor der Entbindung a-15.   Auftreibung des Unterbauches mit den Schmerzen ein paar Tage nach der Entbindung b-6.   Hat etwas aufgetriebenen Leib i-6.   Heftige Blähungen im Leib, die Blähungen führten wiederum zu Herzstörungen mit Herzklopfen, Zittern, Schweißausbruch s.   Völlegefühl im Unterleib dd.   Gefühl von Aufgeblähtsein und Stechen ee.   Völlegefühl im Unterbauch hh.

2 Rumpeln im Bauch:
Viel Rumpeln im Bauch (nachts). — Blähungen bewegen sich in den Därmen. — Leichter Schmerz in den Därmen die ganze Nacht, mit Rumpeln, mehr auf der re Seite. — Rumpeln im unteren Teil der Eingeweide, mehr auf der re Seite. — Die Flatulenz

nimmt allmählich ab. — Aufblähung von Magen und Darm mit Rumpeln, abends *3—1,1,1,1,3,4—208,212,221,239,487,195*.

Rumpeln, Bauchschmerzen, mit wenig Stuhldrang. — Viel Rumpeln in der li Seite des Unterbauches. — Viel Blähungen und Bewegungen in den Därmen *13,6,6—7,30,33—230,209,213*.

Unangenehmes Gefühl im Unterbauch, mit Rumpeln von Flatus *17-33*. Rumpeln im Darm abends im Liegen *hh*.

3 Blähungsabgang:
Heftiger Blähungsabgang (nachts). — Auftreibung des Magens mit Aufstoßen und Blähungsabgang. — Flatulenz. — Der Abgang von Winden nach oben und unten ist ein sehr konstantes Symptom während der Prüfung *3,3G,3,3,—1,2,3,-—214,196,210,198*.

Sehr starke Aufblähung von Magen und Darm, besser durch Abgang von Winden nach oben und unten *14G-197*. Flatulenz *6—13+15—211*. Schmerzen im Unterleib, die erleichtert werden durch Abgang stinkender Blähungen. — Leibschmerzen erleichtert durch Abgang stark stinkender Flatus *18-1,4*.

4 Liegen verschlechtert Flatulenz:
Viel Rumpeln im Bauch (nachts). — Leichter Schmerz in den Därmen die ganze Nacht, mit Rumpeln, mehr auf der re Seite. — Heftiger Blähungsabgang (nachts) *3—1—208,221,214*.

Aufblähung des Bauches besser im Liegen, schlechter durch Herumgehen *dd*. Nachts im Liegen aufgeblähter Bauch *ee*. Rumpeln im Darm abends im Liegen *hh*.

5 Aufgeblähtsein nach Stuhlgang:
Flatulenz und ein Gefühl von Aufgeblähtsein der Därme nach Stuhlgang, morgens. — Gefühl von starker Auftreibung der Därme nach der morgendlichen Entleerung und nach Essen *6—13+15,25—211,226*. Auftreibung des Unterbauches, hielt nach einem Durchfall an *23-14*.

6 Aufblähung des Unterleibes nach Essen:
Übelkeit, mit Völlegefühl im Unterleib, besonders nach Essen, auch nach wenig Bissen *7—4—192*. Gefühl von starker Auftreibung der Därme nach Essen *6—25—226*. Auftreibung des Unterbauches nach einer Mahlzeit *23-14*.

7 Flatulenz im Zusammenhang mit der Periode:
Wundheit und Auftreibung im Bauch nach Aufhören der Menses *23-17*. Auftreibung des Unterbauches mit den Schmerzen ein paar Tage nach der Entbindung *b-6*. Aufgeblähter Bauch. Flatulenz während der Periode *jj*.

8 Obstipation:
Darmentleerung, dunkel und hart, danach starke Hitze in Rectum und Anus, mit leichten Bauchschmerzen *3—2—281*. Verstopfung. — Immer noch Verstopfung

| DARM | Obstipation / Begleitsymptome | V-3-C |

15AG—3,5—282. Verstopfung in den ersten Tagen, dann Neigung zu Durchfall *17-56.* Kein Stuhlgang. — 8 Uhr morgens tritt leichte Bewegung in den Eingeweiden ein: Stuhlgang zuerst hart, dann weich *18-3,5;6.* Lageveränderungen des Uterus fast immer mit Verstopfung durch Inaktivität des Rectum *27-9.* Träger Darm *a-20.* Verstopfung mit Haemorrhoiden *cG-3.* Sie war verstopft und der Stuhl war geformt wie ein Band mit beständigem Stuhldrang *d-4.* Rectum mit harten Fäkalmassen ausgefüllt *g.* Stuhl verstopft. Litt viel an hartnäckiger Verstopfung *i-6.* Stuhlverstopfung *i-8.* Stuhl wird oft nur mit Schwierigkeit entleert *ee.* Schwergehender Stuhl. Weicher Stuhl geht schwer. Harter Stuhl. Die Därme arbeiten nicht *ff.* Spärlicher Stuhl. Stuhl aus kleinen Kügelchen zusammengesetzt. Knotiger, trockener Stuhl. Weicher Stuhl geht schwer *hh.* Meist nur alle 2 Tage Stuhl *ii.*

9 **Haemorrhoiden:**
Anus steif und schmerzhaft *6—26—266.* Haemorrhoiden *24-20.* Haemorrhoiden nach Entbindung, berührungsempfindlich, jucken *a-9.* Verstopfung mit juckenden und schmerzhaften Haemorrhoiden *cG-3.* Ein Pressen im Darm mit einem fast ununterbrochenen Stuhldrang. Auf dieses Symptom allein hin hat Lilium alte, hervorgetretene Haemorrhoidalknoten mit Brennen geheilt *d-5.* Haemorrhoiden, Blut im Stuhl, Jucken am After *dd.* Vergeblicher Stuhldrang durch die Haemorrhoiden. Blutabgang aus den Haemorrhoiden bessert die Herzbeschwerden *hh.*

DARM Begleitsymptome

1 **Geistesstörungen:**
(siehe I-1-H-10: Reizung von Blase und Darm mit Geistesstörungen).

2 **Schwäche:**
(siehe I-4-E-8: Magen- und Darmstörungen bei Schwäche).

3 **Temperatursymptome:**
(siehe II-4-G-10: Symptome der Bauch-, Harn- und Sexualorgane mit Temperatursymptomen).

4 **Kopfschmerzen:**
(siehe III-1-E-2: Unterleibs-, Blasen- und Darmbeschwerden mit Kopfschmerzen).

5 **Rückenschmerzen:**
(siehe III-2-E-3: Unterleibs-, Blasen- und Darmbeschwerden mit Rückenschmerzen).

6 **Gliederschmerzen:**
(siehe III-3-G-2: Unterleibs-, Blasen- und Darmbeschwerden mit Gliederschmerzen).

7 **Brustschmerzen:**
(siehe IV-1-E-3: Unterleibs-, Blasen- und Darmbeschwerden mit Brustschmerzen).

8 **Sehstörungen:**
(siehe IV-2-F-10: Darm- und Blasensymptome mit Sehstörungen).

9 **Atemnot, Husten:**
Ungewöhnliche Auftreibung von Bauch und Brust. – Verlangen nach einem tiefen Atemzug, mit häufigem Seufzen, das aus dem Unterleib zu kommen schien *6–31–206, 357*. Schmerzen, als wenn Durchfall kommen sollte, danach 4 lockere Stühle. – Trockenes Hüsteln *15–6–242,356*.

10 **Bauchschmerzen:**
(siehe V-1-F-13: Flatulenz mit Bauchschmerzen; V-1-F-14: Diarrhoe, Stuhldrang mit Bauchschmerzen).

11 **Durst:**
Stühle häufig, blutig, schleimig, immer fortgesetzter Drang; Mund trocken, Durst nach großen Mengen von Wasser *aT-8*. Gefühl von Aufgeblähtsein. – Dauerndes Gefühl, als müßte Stuhlgang kommen. – Viel Durst, trinkt oft und viel *7–22–227,278,177*. Druck auf Rectum und Anus. – Druck auf Blase und Rectum. – Durst *7–42–268,283, 176*.

12 **Übelkeit, Speichelfluß:**
Blähungen bewegen sich in den Därmen, mit Völlegefühl. – Glucksen im re Oberbauch. – Rumpeln im unteren Teil der Eingeweide, mehr auf der re Seite. – Übelkeit mit starkem Brechreiz, aber Unfähigkeit zu erbrechen $3–1(21^{30})–212,204,239,184$. Starke Auftreibung des Magens, mit häufigem Aufstoßen und Blähungsabgang. – Sehr unangenehmes Gefühl in den Därmen. – Darmentleerung, dunkel und hart, danach starke Hitze in Rectum und Anus. – Übelkeit, Brechreiz. – Dauernder Brechreiz, mit häufigem Schleimräuspern aus dem Halse $3–2(11^{30})–196,217,281,185,193$. Kneifende Schmerzen nach jedem Durchfall. – Morgendiarrhoe. – Übermäßig viel Speichel. – Übelkeit *6–23–229,274,160,183*. Übelkeit erheblich vermehrt, mit dem gleichen Gefühl von Aufblähung des Unterbauches, besonders an den Hüften und in der Uterusgegend. – Sie aß so viel wie sonst, hatte aber keinen Appetit *7–7–192,172*.

13 **Harnwegssymptome:**
(siehe V-3-A-1: Stuhldrang, beim Versuch kommt nur Urin. Druck auf Rectum und Blase gleichzeitig).

HARNORGANE

1 **Brennen nach dem Urinieren. Scharfer Urin:**
Gefühl von Reizung und Beißen in der Harnröhre nach jedem Abgang (für die Prüferin ein vollkommen neues Symptom). – Häufiger Urindrang, danach beißendes Brennen der Harnröhre. – Wundheit und brennende Hitze durch die Harnwege nach dem

HARNORGANE V-4

Urinieren, die allmählich abnahm, morgens. – Brennen und Beißen in den Harnwegen nach jeder Urinabsonderung. – Scharfes Beißen nach jeder Urinabsonderung. – Starke Reizung der Harnwege nach jedem Abgang. – Beißen und Reizung nach jedem Abgang. – – Urin mit scharfem Beißen der Urethra. – Urinabgang, danach scharfes Beißen um die Harnwege, 2 Monate lang 6–2-26,9-11,13,15,20,22,24,26,32,-–291AA,290, 309,288A,289A,298,304,292,295,297.

Brennen in der Harnröhre 7–23–278,287. Läßt nur wenig Urin, hinterher Beißen und Tenesmus 7–23-25–285. Brennend heißer Urin, schien eher kochendes Öl als Wasser zu sein 13GT–7–310. Beißen in der Harnröhre beim Abgang 13AA-296.

Der Urin macht Beißen a-14. Schwieriges und schmerzhaftes Wasserlassen und Stuhlgang a-20. Brennender Urin a-22. Schmerzhaftes Beißen in der Urethra nach dem Wasserlassen cGT-3. Brennen nach dem Urinieren. Nachtröpfeln von Urin hh.

2 **Stuhldrang und Harndrang gleichzeitig. Druck auf Rectum und Blase:** (siehe V-3-A-1).

3 **Häufiger Drang, geringe Urinmenge. Dauernder Druck auf die Blase. Nachts häufiges Urinieren:**
Häufiger Drang tagsüber, mit spärlichem Abgang (für die Prüferin ein vollkommen neues Symptom). – Häufiger Urindrang, nur wenig auf einmal, im ersten Teil der Nacht und am frühen Morgen. – Urin wenig, häufiger Drang. – Urin häufiger. – Häufiger und starker Urindrang, geringe Menge. – Häufiger Urinabgang nachts, 2 Monate lang. – Spärlicher Urin 6–2-26,9-11,13,22,26,-,-–291AA,290AGT,3o9,298,292A,297,309.

Dauernder Druck auf die Blase, dauernder Urindrang, läßt nur wenig Urin, hinterher Beißen und Tenesmus. – Abwärtsdrängen und Brennen überall in der Scham- und Genitalgegend, begleitet von Druck auf die Blase, der Urin ist hochgestellt und spärlich, sie konnte alle Viertelstunde Wasser lassen. – Dauernder Urindrang, mußte mehrere Nächte lang 20 mal in der Nacht zum Wasserlassen aufstehen 7–23-25,65,69–285, 249AAG,293A+299.

Kein Urin während der letzten 24 Stunden. – Kein Urin war abgegangen 1–2,3–301. Die Blase wurde in 10 Stunden 4 mal entleert, das ist in der Nacht für ihn sehr ungewöhnlich. Mehrere Blasenentleerungen am Tag 4–1,2–300. Bei jeder Anstrengung zum Stuhl wird nur eine kleine Menge Urin entleert 5A-43–248. Häufiges Urinieren. – Häufiger Urindrang tagsüber 13–15,-–294,296AA. Häufiger, aber spärlicher Urin 14,5-295. Ich habe seit 2 Uhr 30 nachmittags öfter Urin gelassen als gewöhnlich, der Urin sieht normal aus 20-5. Kopfschmerzen mit häufigem Urinieren 22-9.

Dysenterie, häufiger Urindrang a-8. Dauernder Stuhl- und Urindrang, Urin manchmal spärlich a-19. Häufiger, spärlicher Urin a-22. Schwangerschaft, häufiges, reichliches Urinieren a-27. Sie hat häufigen Urindrang m-1. Muß wegen der Blasenkrämpfe und Schmerzen einschließlich des Juckreizes alle halbe, höchstens alle Stunde nachts aufstehen und versuchen, etwas Urin zu lassen, was aber nicht gelang s.

4 **Reichlicher Urin:**
Urin reichlicher und häufiger. – Urin reichlich *6–22,24–298,303.* Vermehrte Urinabsonderung am Tag, während ich die Medizin nahm *11-302.* Urin vermehrt *7G–14,21–303.* Urin hochgestellt, reichlicher Abgang *2–2–307.* Kopfschmerzen mit vermehrtem Wasserlassen *23-5.* Schwangerschaft, häufiges, reichliches Urinieren *a-27.*

5 **Roter Bodensatz:**
Urin mit dickem, rötlichem Sediment nach Abkühlung. – Rotes Sediment beim Stehenlassen *6–9-11,24+26–290G,304+292.* Der Harn zeigt vor und besonders während der Menses ein oft sehr starkes ziegelmehlartiges Sediment *i-2.* Soll blutiges Sediment im Harn gehabt haben *i-6.*

6 **Andere Eigenschaften:**
Urin milchig. – Urin sieht milchig aus, morgens. – Urin dick, milchig, sieht schmutzig aus. – Urin klar, starker Geruch. – Klarer Urin *6–9-11+26,12,13,22,–290G+292,308, 309,298,305.*

Urin dunkelfarbig *7–14-21–303.* Urin bemerkenswert klar und weiß bei jeder Entleerung *4–2–306.* Urin hochgestellt, reichlicher Abgang *2–2–307.*

7 **Zeit, Modalitäten:**
Schlechter 3-5 Uhr nachmittags, läßt vor 8 Uhr wieder nach (Druck auf die Blase) *7–65–249.* Weiterhin Blasenreizung, es wurde aber besser, wenn sie sich entschloß, nicht zu urinieren *7–27–286.* Urin sieht milchig aus, morgens *6–12–308.* Wundheit und Hitze nach dem Urinieren, morgens *6–13–309.* Vor und besonders während der Menses (Ziegelmehlartiges Sediment) *i-2.*

8 **Begleitsymptome:**
Geistesstörungen: I-1-H-10; Schwäche: I-4-E-10; Temperatursymptome: II-4-G-10; Kopfschmerzen: III-1-E-2; Rückenschmerzen: III-2-E-3; Gliederschmerzen: III-3-G-2; Brustschmerzen, Atemnot: IV-1-E-3; Sehstörungen: IV-2-F-10; Bauchschmerzen: V-1-F-15; Stuhldrang: V-3-A-1.

GESCHLECHTSORGANE

1 **Anfallsweise verstärktes weibliches Verlangen, abwechselnd mit schlechtem Gewissen hierdurch:**
Vermehrtes sexuelles Verlangen. – Sexuelles Verlangen jetzt stark, während sie früher nie so etwas hatte. Sie sagte, daß der Trieb zum Beischlaf stark entwickelt sei. – Leidenschaftliche Erregung. – Die leidenschaftliche Erregung, die nachgelassen hatte, kommt wieder, sie war so groß, daß ich Platina gab. – Im ersten Stadium seiner Wirkung, oder Erregungsstadium, kommt plötzlich und irgendwo ein Zustand von sexueller Erregung, eine Neigung, obszöne Worte zu gebrauchen, eine Art Nymphomanie; nach

GESCHLECHTSORGANE

diesem Stadium kommt Trägheit und Niedergeschlagenheit *7—1-4,32,65,69,-—347,348, 352,353,351G*.

Der Geschlechtstrieb, der bisher eingeschlafen gewesen war, wurde so stark, daß die Prüferin sagte: „Ich habe Angst vor mir selbst, ich glaube, ich bin von einem Dämon besessen". Diese Erregung dauerte fast 3 Wochen und nahm an Stärke noch zu, bis ein unkontrollierbarer Orgasmus sie plötzlich beendete. Für ungefähr 10 Tage nach dieser Erregung tiefe Wehmut. Sie war überzeugt, daß das sexuelle Verlangen jenseits ihrer Kontrolle vom Arzneimittel kam, trotzdem litt sie schwer unter dem Gefühl moralischer Entgleisung. Als dieser Zustand plötzlich verschwand, kam ebenso plötzlich die Erregung wieder, dieses miteinander Abwechseln dauerte bis mehr als 4 Monate nach der Prüfung *16A-350,10,30*.

Weibliches Verlangen stark, vorher nicht. Sie kann das Verlangen unterdrücken, wenn sie sich dauernd stark beschäftigt; sobald die Beschäftigung aufhört, kommt das Verlangen in alter Stärke wieder *22T-23*.   Ein Bewußtsein eines unnatürlichen Gefühls- und Gemütszustandes, mit diesem Zustand verbunden ist geschlechtliche Aufregung *28-2*.

Früher geradezu unersättliche Libido, nun vollkommene Abneigung gegen den gesamten Bezirk, so daß sie ihren Mann in Stücke reißen könnte, wenn er sich ihr nähere. Die Abneigung gegen das männliche Geschlecht erstreckt sich überhaupt auf alle Männer und Buben. Wenn ein männliches Wesen nur in ihre Nähe kommt, kann sie schon wütend werden, allerdings jetzt garnicht mehr vom Sexuellen her berührt *r*.   Neigt zu obszönen Reden, danach folgt aber schnell ein schlechtes Gewissen *t*.

2 Die Periode fließt nur, wenn sie sich bewegt:
Menses regelmäßig und wie gewöhnlich, fließt normal, solange sie sich bewegt, sobald sie aber aufhört, sich zu bewegen, hört der Fluß auf. — Kein Fluß heute morgen *7GT—27,28—346*.   Hatte vor 2 Monaten zum letzten Mal die Menses gehörig, seither nur andeutungsweise und nur beim Herumgehen *i-9*. Die Regel fließt nur am Tage, nie nachts *t*.

3 Änderungen im Ablauf der Periode. Periode zu früh:
Die Periode kam nach nur 2 Wochen wieder, eine geringfügige, dunkle, dicke Absonderung, die wie Lochien roch. — Gefühl, als sollte die Periode kommen, 2 Wochen zu früh. — Die Menses kamen zur rechten Zeit, stärker als sonst, nach 24 Stunden hörten sie für 12 Stunden auf und kamen dann wieder *7—45,61,-—343G,244,341*.

Abwärtsdrängende Schmerzen, als wenn die Periode kommen wollte *14A-253; a-22*. Dauernde Beschwerden, als wenn die Periode kommen wollte *16A-315*.   Absonderung hellroten Blutes aus der Vagina (erstmalig in 2 Jahren), 4 Tage lang *5—24—335*. Eine Änderung in der Menstruation: Der Abgang ist nicht ein Viertel so stark wie sonst, aber profuser, hellgelber Fluor hinterher *12GT-342*.   Die erste Periode nach Einnahme kam 5 Tage zu früh, die zweite einen Tag zu spät, die dritte einen Tag zu früh *8-344*.   2 Tage nach Einnahme: Periode mehr als einen Monat zu spät, spärlich und kurzdauernd *10G—2—345*.   Menses zu früh, spärlich, dunkel, stinkend *27-4*.

Chronische Metritis: Periode hellrot und klumpig, intermittierend *aT-16*. Periode unregelmäßig, spärlich, sehr schmerzhaft *a-19,20*. Retroversion: Menses fast nicht vorhanden, nur ein leichtes Schmieren alle 2 bis 3 Monate *a-21*. Teilweise Amenorrhoe, die Menses kommen gelegentlich einmal wieder und bleiben dann wieder weg *b-1*. Die Frau hatte seit 2 Monaten unaufhörliche Blutungen gehabt *d-4*. Regeln gewöhnlich 6 Tage, jetzt 8 oder 10 Tage lang *g*. Die Menses erscheinen zu spät *i-4*. Die Menses sind regelmäßig, aber schwach *i-5*. Hat seit 4 Monaten die Menses verloren *i-6*. Die Menses treten alle 3 bis 4 Wochen ein, dauern lang *i-7*. Blut schwarz, klumpig *i-9*. Litt seit Jahren an zu starker Menstruation *j*. Hat die Menstruation regelmäßig, aber stark, 8 Tage lang *m-1*. Wiedererscheinen der Menses alle 14 Tage mit starkem Blutabgang *m-2*. Durch Aufregung ein Jahr lang Unterbrechung der Periode *bb*. Periode langdauernd, intermittiert *ff*. Periode alle 5 Wochen, 5-6 Tage lang *ii*. Schwarze Schmierblutung nach der Periode. Starke Periode *jj*.

4 **Beschwerden im Zusammenhang mit der Periode:**
Depression, Benommenheit, Ohnmachtsgefühl, Müdigkeit: I-1-G-6. Schwäche: I-4-D-1. Kopfschmerzen: III-1-D-6. Rückenschmerzen: III-2-D-6. Mammaschmerzen, Herzbeschwerden: IV-1-D-11. Bauchschmerzen: V-1-E-8.

Eine Änderung in der Menstruation: Der Abgang ist nicht so stark wie sonst, aber profuser hellgelber Fluor hinterher *12GT-342*. Periode sehr schmerzhaft *a-19,20,21*. Periode mit Schneiden in den Därmen und feuchtkalten Gliedern *aT-24*. Allgemein schlimmer vor der Periode *a-26*. Pruritus besonders ausgeprägt nach der Periode *b-8*. Der Harn zeigt vor und besonders während der Menses ein ziegelmehlartiges Sediment *i-2*. Seit dem letzten Wochenbett vor 5 Jahren tritt 14 Tage nach jeder Periode ein heftiger Mittelschmerz ein. Derselbe beginnt mit Ausfluß und endigt nach einigen Tagen Dauer mit heftigen Leibkrämpfen *n*. Frieren vor der Periode. Gelber Fluor, besonders vor der Periode. Hunger vor der Periode. Flatulenz während der Periode *jj*.

5 **Scharfer Fluor. Wundheit oder Jucken der Vulva:**
Beißen und Reizung der Labien, Hitze, als wären die Teile entzündet, große Empfindlichkeit der gesamten Geschlechtsorgane. — Jucken und Beißen der Labien, mit starken Beschwerden in den Teilen, scharfe Schmerzen die Vagina aufwärts *6—33,15—336,340*. Weißfluß (eine dünne, scharfe Absonderung, die einen braunen Fleck hinterläßt). Sie dachte, es wären die Menses, die in der Woche vorher aufgehört hatten. Sie hatte nie solche Beschwerden gehabt. Schlechter nachmittags und abends bis Mitternacht. — Am nächsten Tag hatte es aufgehört und sie fühlte sich morgens besser, aber am Nachmittag kam es wieder und hielt die ganze Nacht an, war wundmachender als vorher, verursachte einen Ausschlag und etwas Schwellung. — Scharf wie vorher *7GT—39,40, 42—334; a-23*. Periode schwächer, aber profuser hellgelber Fluor hinterher, so scharf, daß der ganze Damm exkorriiert wird, ein neues Symptom für mich *12GT-342*.

Anhaltender Weißfluß, milde, profus, macht Flecke in die Wäsche, grünlich gelb *a-20*. Weißfluß scharf, von schmutzig gelblich brauner Farbe *a-21*. Trockene, mehlige Stellen, ungefähr linsengroß, auf der Schleimhaut zwischen großen und kleinen Schamlippen, jucken unerträglich *a-26*. Die Lochien dauern zu lang, sind profus und wundmachend *cG-3*. Stinkender Weißfluß *hG-1*. Eiweißartiger Weißfluß *hG-3*. Hat viel Fluor *i-6*. Gefühl von Brennen in der Scheide *i-9*. Fluor albus *k*. Leidet seit 12 Jahren an Jucken der Geschlechtsteile und Ausfluß *l*. Reichliche, gelbliche Leukorrhoe *m-1*. Der Mittelschmerz beginnt mit Ausfluß *n*. Dicker, gelber Ausfluß *o*. Vulvaekzem mit großem Juckreiz *s*. Jucken und Beißen im Geschlechtsteil *ee*. Wundmachender Fluor *gg*. Gelber Fluor, besonders vor der Periode *jj*.

6 **Männliche Geschlechtsorgane:**
Verstärkter Geschlechtstrieb, der jahrelang eingeschlafen war (Heilwirkung?). — Samenabgang gegen Morgen (extrem selten). — Nachts unruhig, mit lasziven Träumen gegen Morgen und Samenerguß, der mich weckte *13—10,16,23—349G,311,584GT*. Sexuelles Verlangen stark vermindert *17-62*. Wiederum frühes Erwachen wie am Tage zuvor, ich finde im Hemd die Spuren einer Pollution. — Erwachte wieder bei einer Pollution *19—3,5—5,6*. Demenz durch sexuelle Exzesse *a-2*. Zu schnelle Ejaculation *hh*.

7 **Befunde: Schwellung des antevertierten Uterus, Ovarialzyste links, Uterusprolaps:**
Gefühl, als wenn ein harter Gegenstand rückwärts und abwärts gegen Rectum und Anus drücken würde. — Bei der Untersuchung stand der Uterus tief unten, der Fundus nach vorn, das Os drückte auf das Rectum, der Finger konnte nur schwer hochgeschoben werden *5—43,48—250AG,313A*. Ein dauerndes Gefühl, als müßte Stuhlgang kommen; dies kam von einem Gefühl, als drücke etwas gegen die Vorderwand des Rectum am Anus und etwa 2-3 Zoll darüber. — Wenn sie den Finger in die Scheide einführte, bemerkte sie das Os, das gewöhnlich fast außer Reichweite war, in halber Fingerhöhe; es zeigt nach hinten und drückt gegen das Rectum, der Fundus auf die Blase *7—22,69—278,314*. Gefühl, als wären die inneren Geschlechtsorgane geschwollen *6—33—336*. Als die Symptome wiederkamen, fand ich den Uterus antevertiert, wie früher nie *12G-319*. Höchst wertvoll bei Gebärmutterfibroiden, ja es scheint auf diese Geschwülste eine spezifische Einwirkung zu besitzen. — Bei Lilium handelt es sich um einen wirklichen Druck eines vergrößerten Uterus auf die Blase *26-1,2*. Lageveränderungen des Uterus fast immer mit Verstopfung *27-9*.

Dysenterie: Uterus prolabiert *aT-8*. Das Ovar ist auf beinahe Kindkopfgröße geschwollen *a-10*. Ovarialzyste: Empfindlichkeit des geschwollenen li Ovars. Prolabierter und empfindlicher Uterus *a-14*. Prolaps und teilweises Heraussehen *a-15*. Chronische Metritis: Der Uterus ist nach li gerichtet und steht hoch oben *a-16*. Uterus prolabiert und tumorartig geschwollen, Os stark verhärtet, heiß, berührungsempfindlich *a-17*. Uterusprolaps zweiten Grades mit allgemeiner Bänderschwäche *a-18*. Prolaps: Muttermund am Sacrum eingeklemmt, Fundus vorwärts geneigt gegen das Schambein *a-19*. Anteversion: Fundus nach li geneigt, walnußgroße Hernie in der li Leiste, große Empfindlichkeit des Muttermundes, Uterus tumorartig geschwollen *a-20*. Retroversion: Muttermund auf das Schambein gedrückt, Fundus am Sacrum *a-21.* Dysmenorrhoe durch Lageveränderung des Uterus *aT-25.* Pruritus vulvae: teilweiser Prolaps des Uterus *a-26.* Auftreibung des Unterbauches mit den Schmerzen ein paar Tage nach der Entbindung *b-6.* Wenn der Uterus nach der Entbindung nur langsam zum Normalzustand zurückkehrt *cGT-3.* Sie hatte ein Jahr lang ein Pessar getragen. Abwärtsdrängen, als wenn der Uterus hervortreten wollte *d-1.* Vergrößerung des li Eierstockes ist mit Lilium geheilt worden, von mir eine solche von enormem Umfang *d-2.* Muttermund geschwollen, dunkelrot und sehr empfindlich. Gebärmutter vergrößert und retrovertiert *d-3.* Der Stuhl war geformt wie ein Band. Die Untersuchung ergab eine Retroversion, der Uterus war stark vergrößert *d-4.* Uterus ziemlich hoch, Körper nach re, Hals nach li gerichtet. Das re Ovarium war aus seiner Stelle gerückt und hatte sich in den Douglasschen Raum gesenkt, ein wenig nach li von der Medianlinie. Es war um das Vierfache seines normalen Volumens vergrößert *g.* Anschwellung und Schmerzen im li Ovar *hG-2.* Anteversio uteri *hG-3.* Uterus etwas vergrößert und empfindlich. Trägt ein Pessar *i-6.* Sehr vergrößerter und empfindlicher Uterus mit sehr verdicktem Collum *j.* Bei der Vaginaluntersuchung fand ich den Uterus in normaler Lage, aber etwas geschwollen *k.* Bei der Untersuchung findet sich ein symmetrisch entwickeltes Fibroid des Uterus etwa von der Größe eines Kindskopfes, es ist unbeweglich *m-1.* Fibroid (des Uterus) *m-2.* Uterus gesenkt, verdickt, nach li verlagert. Cervix sehr empfindlich. Auch die Anhänge li sind verdickt *n.* Objektiv ist die Vagina rauh, Cervixriß, starke Erosion der Portio, liseitige Salpingo-Oophoritis, das li Ovarium etwa taubeneigroß, sehr empfindlich *o.* Prolaps *q-1.* Uterusverlagerung *q-2.*

Charakteristische Symptome

Gefühl, als würde sie verrückt werden, wenn sie sich nicht fest in der Hand hält. — Abenteuerliches Durcheinander im Kopf, als wenn ich verrückt werden wollte. — Druck und ein verrücktes Gefühl auf dem Kopf oben darauf, so daß sie ihre Symptome nicht aufschreiben kann. — Der Kopfschmerz hinterließ ein merkwürdiges konfuses Gefühl um den Kopf. — Meine Augen haben einen wilden Ausdruck und mein Mann fürchtet, daß ich wahnsinnig werden könnte. — Ein abenteuerliches Gefühl geht vom Hinterkopf zum Scheitel herauf. Es wird manchmal beschrieben als ein Kriebeln oder als elektrisches Gefühl. — Schreckliche reißende, verrücktmachende Kopfschmerzen, Gefühl, als ob sie den Verstand verlieren sollte; Das abenteuerliche Gefühl scheint den Hinterkopf hinauf zu laufen und der ganze Kopf scheint in Stücke gerissen zu werden. — Findet sich selbst wild, kann aber dieses „Wilde" nicht lokalisieren *1oGT-3; 7GT,7G—8,20—16,111; 6G-82; 12-121; 25-13; a-5; r.*

Niedergedrückte Gemütsstimmung; Dauernde Neigung zum Weinen, mit Befürchtungen, und mit Angst, eine schreckliche innere Krankheit zu haben, die sich schon festgesetzt hat. — Die Mutter kommt und erzählt, daß sie nicht weiß, was sie machen soll. Das Mädchen liegt ihr dauernd in den Ohren, daß sie bestimmt sehr krank sei, daß sie wahrscheinlich eine unheilbare Krankheit habe. Die Patientin ist durch vernünftiges Zureden zwar davon abzubringen, die Angst kommt aber immer wieder *5AGT-9; gg.*

Schlimmer beim Zubettgehen, kann nicht einschlafen; Abenteuerliches Durcheinander im Kopf, als wenn ich verrückt werden wollte und sich niemand um mich kümmerte; Gedanken an Selbstmord; Wie viel Opium es wohl brauchen würde, um mich für immer einschlafen zu lassen und wer meine Leiche finden würde und wer sich wohl darüber Gedanken machen würde; eine neue Gedankenrichtung für sie. — Konnte nicht einschlafen, wollte, daß jemand bei ihr blieb und mit ihr sprach, glaubte sterben zu müssen und kümmerte sich nicht darum, wollte nur wissen, wer ihre Leiche versorgen würde *7—8,61—16,540.*

Schwierigkeiten, ihre Gedanken auszudrücken, sich zu erinnern, Worte zu wählen. — Stumpfsinn; kann das richtige Wort nicht finden, vergesse, was ich sagen wollte, nachmittags. — Große Schwierigkeit, mich auf meine Lektion zu konzentrieren; kann das richtige Wort nicht finden, um meine Gedanken auszudrücken. — Sie kam zu mir, um von ihren Beschwerden zu berichten, weil sie in einem Zustande war, in dem sie sie nicht aufschreiben konnte. — Große Schwierigkeiten, ihre Gedanken auszudrücken, gebrauchte oft falsche Worte; wenn sie sie richtigstellen will, gebraucht sie dann oft wieder falsche Worte. — Alle Symptome sind unklar beschrieben, die Prüfer haben vergeblich versucht, ihre eigenartigen Empfindungen darzustellen *6-17; 13G,13—5,24—34,41; 7-42; 22-2; 25-21.*

Fühlt sich wie gehetzt und doch unfähig, als wenn sie viel zu tun hätte und es nicht könnte. — Fühlt dauernd den Trieb, schnell zu gehen, fühlt sich gehetzt, weiß aber nicht warum. — Gefühl von Gehetztsein, als wäre sie gezwungen, zu arbeiten, ohne arbeiten zu wollen. — Dauerndes Gefühl von Gehetztsein wie von drängenden Pflichten und äußerster Unfähigkeit, sie auszuführen. — Ich kann um mich herum jede Menge Sachen sehen, die ich unbedingt tun muß, aber ich kann mich nicht dazu zwingen, irgendetwas zu tun. — Fühlt sich schlechter durch Bewegung, hat aber den Drang zur Bewegung. — „Übelkeitsgefühl", als müßte sie arbeiten und es geht nicht *7—22,28,—24,45,351; 16AAG-30; 12-40; ff; ii.*

Sie kann kaum ein anständiges Wort zu einem sprechen. Sie geht in die Höhe, wenn man ihr freundlich zuspricht. — Sitzt und brütet und denkt über die Vergangenheit nach. Wenn sie angesprochen wird, springt sie auf und rennt hastig und erregt hin und her und schlägt die Tür zu ohne Grund. — Wurde heute auf der Straße von jemandem angesprochen: Sie wurde so wild, daß sie ihm etwas an den Kopf hätte werfen können; sie dachte gerade über sich selbst nach und wollte nicht gestört werden *25-8,10,11.*

Sie redete unaufhörlich, so laut sie konnte, dann schlief sie vor Erschöpfung ein. Sie wiederholte stundenlang einzelne Worte, wie: ,,beeil dich, beeil dich", tausendmal am Tag *p*.

Während einer Vorlesung starke Reizung im Uterus, Impuls, den Professor zu schlagen. Abends dann Neigung zum Fluchen, das Feuer und andere Dinge zu verdammen, obszöne Gedanken zu denken und auszusprechen; Neigung, andere Leute zu hauen und zu schlagen; als diese Empfindungen kamen, ließen die Uterusschmerzen nach. — Plötzlich kommt eine Neigung, obszöne Worte zu gebrauchen, eine Art Nymphomanie *7—43,—320,351*.

Der Geschlechtstrieb, der bisher eingeschlafen war, wurde so stark, daß die Prüferin sagte: ,,Ich habe Angst vor mir selbst, ich glaube, ich bin von einem Dämon besessen". Diese Erregung dauerte fast 3 Wochen und nahm an Stärke noch zu, bis ein unkontrollierbarer Orgasmus sie plötzlich beendete. Während dieser Anfälle dauernder Drang zu ungewöhnlicher körperlicher Anstrengung, Gehen usw., in der Hoffnung auf Erleichterung, die Linderung hiervon hörte jedoch mit der Anstrengung auf. In diesem Stadium dauerndes Gefühl von Gehetztsein wie von drängenden Pflichten und äußerster Unfähigkeit, sie auszuführen. Für ungefähr 10 Tage nach dieser Erregung tiefe Wehmut, der Prüferin schienen ,,die Himmel Blech, die Erde Eisen zu sein". Sie war überzeugt, daß das sexuelle Verlangen jenseits ihrer Kontrolle vom Arzneimittel kam, trotzdem litt sie schwer unter dem Gefühl moralischer Entgleisung. Als dieser Zustand plötzlich verschwand, kam ebenso plötzlich die Erregung wieder, dieses miteinander Abwechseln dauerte bis mehr als 4 Monate nach der Prüfung. — Im ersten Stadium dieser Wirkung, oder Erregungsstadium, kommt plötzlich und irgendwo ein Zustand von sexueller Erregung, eine Neigung, obszöne Worte zu gebrauchen, eine Art Nymphomanie; nach diesem Stadium kommt Trägheit und Niedergeschlagenheit, und danach ein Gefühl von Gehetztsein, als wäre sie gezwungen, zu arbeiten, ohne arbeiten zu wollen *16A-350; 7-351*.

Früher geradezu unersättliche Libido, nun vollkommene Abneigung gegen den gesamten Bezirk, so daß sie ihren Mann in Stücke reißen könnte, wenn er sich ihr nähere. Die Abneigung gegen das männliche Geschlecht erstreckt sich überhaupt auf alle Männer und Buben. Wenn ein männliches Wesen nur in ihre Nähe kommt, kann sie schon wütend werden, allerdings jetzt garnicht mehr vom Sexuellen her berührt. — Schwindel beim Sprechen, besonders, wenn sie mit Männern spricht *r; bb*.

Merkwürdige, halbwache Träume, mit brennender Hitze die ganze Nacht, Dinge, die kurz nacheinander stattfanden, schienen weit auseinander zu liegen, z.B., wenn ein Kind aufstand zum Urinlassen, schienen die Zwischenräume zwischen Aufstehen, Urinlassen und wieder Hinlegen sehr lang zu sein. — Schreckliche Träume, daß der obere Teil seines Kopfes abgerissen wird, daß jemand ihn mit einem Messer in Stücke schneiden will. — Hatte wirre Träume, in denen ich mich hart abmühte, meinen verlorenen Regenschirm wiederzufinden *13G-588; 17-93; 20-13*.

Kneifender Schmerz in den Därmen 3 Uhr nachmittags, der bis zum Abend allmählich zunahm, abends eine reichliche, biliöse, fäkale Entleerung, gefolgt von einem Gefühl von Beißen und Reizung am Anus und das Rectum hinauf. — Die Symptome gingen mit einer reichlichen Darmentleerung vorüber, danach scharfes Beißen am Anus, und um 8 Uhr abends kam der kneifende Schmerz in den Därmen wieder mit Hitze und Schmerzen in und durch die Stirn ungefähr 5 Uhr nachmittags, — der abends und nachts allmählich zunahm wie vorher, allerdings weniger stark, und der wie vorher etwa 8 Uhr morgens nachließ, zusammen mit einem reichlichen und lockeren Stuhl. Danach das gleiche scharfe Beißen am Anus und das Rectum hinauf. — Später bis zum 8. Tag, allmählich an Stärke abnehmend, jeden Morgen nach dem Aufstehen, Durchfall, der das gleiche scharfe Reizgefühl am Anus und das Rectum hinauf hinterließ. Diese Reizung schien durch einen heißen, reizenden Spray auf die Teile verursacht zu sein, hielt gewöhnlich etwa 2 Stunden an und ließ allmählich nach *6AG—1,2,3,—228*.

Ein Gefühl im Becken, als wenn alles durch die Vagina zu Tage treten wollte, sehr unangenehm und nicht besser durch Lagewechsel. Das Abwärtszerren gegen das Becken hin wird bis zum Magen herauf gefühlt, und sogar bis zu den Schultern; nicht besser im Liegen, aber stärker im Stehen. Sie will mit den Händen den Unterleib nach oben drücken, um dieses Zerrgefühl los zu werden. — Beim Fahren nahm es ständig zu. — Beim Gehen, als ob alles im Becken nach unten drücken würde, so daß sie heftig einatmen muß, um den Thorax nach oben zu ziehen und das Becken von seinem Gewicht zu entlasten. — Im Becken, Gefühl von Herauszerren, als wenn der ganze Inhalt in einen Trichter heruntergedrückt würde, dessen unteres Ende mit der Vagina zusammenfällt. — Starkes Abwärtsdrängen in der Uterusgegend, beim Stehen ein Gefühl, als ob der gesamte Beckeninhalt durch die Vagina herauskommen würde, wenn man nicht mit der Hand auf der Vulva nach oben drückt oder sich hinsetzt. — Heftiges Abwärtsdrücken oder -drängen in den Geschlechtsorganen, mit dem Gefühl, als würden alle inneren Organe von den Brüsten und dem Nabel an durch die Vagina nach außen gezogen, mit einem unwiderstehlichen Verlangen, die Hand gegen die Vulva zu drücken, damit die Teile nicht herauskommen. — Ein so heftiges Abwärtsdrängen, daß sie ihren Leib mit beiden Händen halten mußte, mit Erleichterung durch Druck auf die Vulva und Hinlegen mit einem großen Buch unter den Hüften. — Sie hielt ihren Leib mit den Händen oder preßte die Hand gegen die Vulva. Dieses herabdrängende Gefühl war so stark, daß der Mann in der Nacht diesen Druck ausüben mußte 7AGT—20,21,22—245; 7AG—23—246; 6AA—29—318; 6—31—337; d-3; d-4.

Beim Stuhlgang heftiges Abwärtsdrücken in den Därmen und am Anus, mit Gefühl, als ob Durchfall folgen wollte, aber ohne Stuhlentleerung; bei jeder Anstrengung wird nur eine kleine Menge Urin entleert. — Abwärtsdrängen mit heftigem Druck im Rectum und im Anus und dauerndem Stuhldrang, aber bei jeder Anstrengung zum Stuhl wird nur Urin entleert. Gefühl, als wenn ein harter Gegenstand rückwärts und abwärts gegen Rectum und Anus drücken würde, im Stehen ist der Stuhldrang stärker und heftiger. — Jetzt hat sie abwechselnd einen festen und einen lockeren Stuhl, mehrere am Tag, und ein dauerndes Gefühl, als müßte Stuhlgang kommen; dies kam von einem Gefühl, als drücke etwas gegen die Vorderwand des Rectum am Anus und etwa 2-3 Zoll darüber. — Die letzten 36 Stunden dauernder Stuhldrang durch Druck auf das Rectum, Stuhlgang jede halbe Stunde, dauernder Tenesmus, sie mußte auf der Toilette sitzen bleiben, und Brennen in der Harnröhre 5—43—248A,250AAG; 7—22,23—278.

Häufiger Urindrang, nur wenig auf einmal, danach beißendes Brennen der Harnröhre im letzten Teil der Nacht und am frühen Morgen; Urin milchig, mit dickem rötlichem Sediment nach Abkühlung. — Häufiger Urindrang tagsüber, mit spärlichem Abgang und Gefühl von Reizung und Beißen in der Harnröhre nach jedem Abgang 6—9-11,2-26—290AGT,291AA.

Reißender Schmerz im Unterbauch von der Gegend der Ovarien aus nach abwärts auf beiden Seiten. — Vom vorderen Ende des Darmbeinkammes (auf beiden Seiten) ein kräftiges Ziehen nach unten und hinten 7—7,25—259,264.

Wehtun im Becken zwischen Promontorium und Schambein, sie fühlt den Schmerz nicht im Uterus, sondern darum herum. Sie fühlt dauernd die Stelle der Ovarien auf beiden Seiten, die wehtun wie glühende Kohlen. — Der Schmerz im re Ovar nahm zu, bis zu einem Gefühl, als würde mit einem Messer in das Ovar gestochen und nach unten in die Leiste und die Vorderseite des Oberschenkels geschnitten; Der Schmerz ging bis über die Lumbosacralgegend und sie mußte sich in den Schlaf weinen. Der Schmerz ging bis hinauf zum re Oberbauch, er wurde etwas besser durch Druck auf das Ovar 7GT—23,26—316.

Beim Gehen Schmerzen in beiden Ovarien, besonders li, und von da hinunter in die Vorder- und Innenfläche des li Oberschenkels, konnte kaum einen weiteren Schritt tun. Sobald sie das Bein ausstreckte, mußte sie es sofort wieder beugen, wegen eines Gefühls von Unruhe mußte sie es dann wieder ausstrecken. Schließlich schlief sie auf dem Rücken ein, mit gebeugten Knien und Hüften. — Schmerzen im li Ovar bis zur Vorder- und Innenfläche des li Oberschenkels, mit Verschlimmerung durch Gehen. Wenn sie einen Schritt getan hatte, glaubte sie keinen weiteren Schritt mehr tun zu können; trotzdem zwang sie ein Unruhegefühl dazu, das Bein auszustrecken und zu beugen wie beim Gehen; diesem Drang konnte sie nicht widerstehen, obwohl sie wußte, daß die Anstrengung von großem Schmerz gefolgt werden würde. Die Anstrengung, das Glied zu bewegen, schien eher den Schmerz zu verschlimmern, als die eigentliche Ausführung der Bewegung 7-322; 22-22.

Heftiger, wohl neuralgischer Schmerz im Uterus, so daß ich es nicht ertragen konnte, berührt oder bewegt zu werden, sogar, wenn jemand nur an mein Bett stößt, leide ich Qualen. Ich konnte das Gewicht der Kleidung auf meinem Becken nicht ertragen. Dies dauerte nie länger als 1½ Stunde, und ging vorüber, ohne eine Lahmheit zu hinterlassen. Als die Symptome wiederkamen, fand ich den Uterus antevertiert, wie früher nie 12G-319.

Schmerzen in der re Ovargegend, ein Nagen und Zerren, schlechter beim Gehen, ein Gefühl, als würde etwas locker werden in der Gegend, jedesmal wenn sie den re Fuß fest aufsetzte 9-326.

Menses regelmäßig und wie gewöhnlich, fließen normal, solange sie sich bewegt, sobald sie aber aufhört sich zu bewegen, hört der Fluß auf 7GT-346.

Trockene, mehlige Stellen, ungefähr linsengroß, auf der Schleimhaut zwischen großen und kleinen Schamlippen, jucken unerträglich, erwacht nachts, weil sie diese Stellen kratzt, Jucken so tief drin, daß sie das Fleisch dort abreißen will, allgemein schlimmer vor der Periode. Manchmal wässrige Absonderung aus dem li Nasenloch, wie klares Wasser, jedesmal nur ein Tropfen. Eine Stelle auf der li Seite des Nasenseptums, die ähnlich wie der Ausschlag in der Vulva aussieht a-26.

Mit Intervallen Gefühl in der Bauchhaut wie straff und gespannt 7GT-562.

Gefühl, als würde ein harter Gegenstand im Magen herumkollern, welches mehrere Stunden anhielt, aber während der Nacht verging. — Kriebeln im Magen, als wenn etwas dort herumkriechen würde 15-203; dd.

Vormittags leidet sie an Übelkeit, Gefühl eines Strangs im Halse, zum Schlingen nötigend, dann geht der Schmerz nach dem Magen, fährt hierauf in den Unterleib und strahlt in die Extremitäten, besonders die Finger aus, mit Prickeln. Oft fast Heißhunger, Magenschmerzen nach Essen besser. Wenn die Krämpfe in den Unterleib gehen, hat die Patientin das Gefühl von Herausdrängen in der Scheide und Brennen darin. Die Schmerzen im Abdomen kommen besonders nach Tee- oder Weingenuß. Die Patientin muß nach den Oesophagusbeschwerden oft erbrechen, wobei mitunter schwarze Blutstücke kommen i-9.

Anhaltende Übelkeit und Gefühl eines Klumpens in der Mitte der Brust, der zwar durch Leerschlucken nach unten rutschte, hinterher aber wieder aufstieg. — Wie ein Klumpen unter dem Brustbein, der beim Schlucken sich auf- und abbewegt 5G-189; 14-375.

Starker Hunger, der im Rücken empfunden wird und von da über Hinterkopf und Scheitel. Sie aß enorm viel, fühlte sich aber, als würde sie verhungern 7G-163.

Enormer Appetit, besonders auf Fleisch. Je größer der Appetit, desto ausgeprägter die Symptome 7-162.

Anfälle von Durst gehen jedesmal einem Anfall von Benommenheit, Abgestumpftheit und Niedergeschlagenheit voraus, danach folgen jedesmal die heftigen Symptome während der Prüfung. — Wehtun der Hals- und Nackenmuskeln, immer dann schlimmer, wenn sie „Durstanfälle" hat während der ganzen Prüfung. — Wehtun des re Hüftgelenkes, schlimmer wenn sie „Durstanfälle" hat während der ganzen Prüfung 7G,7,7-178,426,485.

Verlangen nach einem tiefen Atemzug, mit häufigem Seufzen, das aus dem Unterleib zu kommen schien. — Ich kriege keine Luft, ich kann nicht richtig atmen, wenn ich aufgeregt bin. Herzklopfen, das Herz läuft so schnell, daß ich schreien muß. Ich muß schreien, das bessert, sonst könnte ich nicht mehr atmen 6G-357; bb.

Wenn dem Urindrang nicht nachgegeben wird, Blutandrang zur Brust 13G-365.

Gefühl von Zusammendrücken in der Brust, mit Erstickungsgefühl, das, wie sie glaubte, gelindert werden könnte, wenn das Blut, das in ihrem Herzen eingeschlossen zu sein scheint, abgelassen werden könnte, etwas besser durch tiefes Seufzen 8GT-370.

2 Uhr morgens wie ein Zusammenschnüren in der li Brustseite, hinüber zur anderen Seite, und scharfe Schmerzen zur Kehle hinauf, zum Schlüsselbein und zur li Achselhöhle, besser durch Lagewechsel, dauerte aber bis nach dem Aufstehen morgens 6G-381.

Erwachte plötzlich durch Schmerzen li, als würde das Herz heftig ergriffen und der Griff allmählich nachgelassen, besser durch Reiben und Druck; dadurch wurden Herzschlag und Atmung unterbrochen 2A-400.

Heftiger Frost gegen Abend, machte starke Schmerzen in und um das Herz, bis in den Rücken unter das Schulterblatt; der Schmerz ist ein Zusammenschnüren, als wäre das Herz in einem Schraubstock; das Blut scheint alles zum Herzen geströmt zu sein, dadurch Gefühl, als müßte ich

Charakteristische Symptome

mich zusammenkrümmen. Ich kann mich kaum aufrichten beim Nachhausegehen. Das Herz schüttelt sich richtig vor Kälte, obwohl das Wetter mild ist *9G-598*.

Herzanfälle, Gefühl, als ob das Herz gequetscht würde. Kann am besten auf der li Seite liegen, Liegen auf der re Seite macht Herzklopfen und Gefühl eines Gewichtes in der li Brustseite. — Während sie früher immer auf der re Seite schlief, schlief sie jetzt auf der li. — Herzklopfen bis in den Hals, besser, wenn sie flach auf dem Rücken liegt. Herzklopfen, schlimmer wenn sie auf der re Seite liegt *eGT; p; ee*.

Herzanfälle, Gefühl, als ob das Herz gequetscht würde. Finger manchmal taub, besonders re. — Ein sehr charakteristisches, auf das Herz bezogenes Symptom ist Taubsein und Ameisenlaufen im re Arm und in der re Hand, verbunden mit Herzschwäche *eG; 25-1*.

Bloße Berührung an einer Stelle unter der li Brustdrüse erzeugt heftigen Schmerz *i-8*.

Kältegefühl im Rücken, als wenn kaltes Wasser darauf gegossen würde, beim Zubettgehen. — Kältegefühl von der Herzspitze bis unter das li Schulterblatt. Kältegefühl vom Hinterkopf das Rückgrat hinunter *5'T-610; eG*.

Heftiger, heißer Schmerz durch den ganzen Kopf, verschwand fast vollkommen durch häufiges Niesen, der Kopf wurde plötzlich ganz klar *6G-66*.

Völle im Kopf und Drücken von innen nach außen, als wenn der Inhalt durch jede Öffnung (Augen, Ohren usw.) herauskäme. — Drückendes Völlegefühl in der Schläfen- und Stirnregion des Gehirns, wie ein Bersten, das durch Druck gebessert wurde. Gefühl in den Ohren und in der Umgebung der Ohren, als würde etwas herausgedrückt *10GT-74; 12-106*.

Gefühl, als wäre das Gehirn locker und fiele von einer Seite zur anderen oder beim Bücken nach vorwärts *17-14*.

Brennen und Beißen der Lider, nur nicht in hellem Licht. Tränenfluß beim nach unten Sehen *a-6*.

Nadelstechen in den Fingern beider Hände, die Unterarme hinauf, mit einer Empfindung wie starkes Auswärtsdrücken, als ob das Blut durch die Adern hindurchdrückte, bis in die Nacht. — Hitze in den Händen, Armen und Beinen, mit allgemeiner Unruhe; ein Gefühl von Druck nach außen, als würde das Blut aus den Adern herausbersten *6—29,11—471,617*.

Gefühl, wie von einem elektrischen Strom von der Spitze des li Zeigefingers aus, bis zu den übrigen li Fingern und den Unterarm herauf, dann im re Zeigefinger und den anderen Fingern bis zur Hand und zum Unterarm *6G-470*.

Hitze in Handflächen und Fußsohlen, von da die Glieder aufwärts, mit Unruhe die ganze Nacht. — Große Hitze in Händen, Armen, Füßen und Beinen, mit starkem Verlangen, sie aus dem Bett in die kühle Luft zu strecken. — Brennende Hitze in den Handflächen und Fußsohlen, von da aufwärts über die ganzen Glieder, mit allgemeiner Unruhe des ganzen Körpers, 5 Uhr nachmittags, sehr viel schlechter abends und nach dem Zubettgehen, sucht dauernd einen kühlen Platz im Bett, oder möchte Arme und Beine in die kühle Luft herausstrecken, dadurch vorübergehend Besserung des Brennens und der Unruhe *6—12,20,8-15—618,620,622*.

Häufige Ohnmachtsanwandlungen, besonders in einem warmen Raum oder nach langem Aufsein mit kaltem Schweiß auf den Handrücken und auf den Füßen *14,5-535*.

Heftiger Schmerz in den zweiten Gelenken der Finger und im Knöchelgelenk, so daß der Wagen angehalten werden mußte, die Erschütterung war so schmerzhaft *10-455*.

Schneller Schmerz im Ringfinger beider Hände und den entsprechenden Zehen beider Füße gleichzeitig, verging nach wenigen Sekunden *3-457*.